覚えておきたいショートカット

知っておくと便利な時短と効率化のためのショートカットキーを集めました。

ブックの操作

Ctrl + N	新規ワークシートの作成
Ctrl + O	ブックを開く
Ctrl + S	ブックを保存（上書き保存）
F12	名前を付けて保存
Alt + F4	Excel を閉じる

コピー貼り付け

Ctrl + C	選択範囲をコピー
Ctrl + X	選択部分を切り取る
Ctrl + V	コピーしたデータを貼り付け
Ctrl + Alt + V	［形式を選択して貼り付け］ダイアログを表示

アクティブセルの移動

Ctrl + BackSpace	アクティブセルに移動（日本語入力システムによっては使えない）
Ctrl + Home	セル A1 を選択

↑→←↓	上下左右に移動
	動する
	動する
	行の A 列
PageUp	画面単位で上方向にスクロール
PageDown	画面単位で下方向にスクロール
Alt + PageUp	画面単位で左方向にスクロール
Alt + PageDown	画面単位で右方向にスクロール
Ctrl + ↓	範囲の最終セルに移動
Ctrl + ↑	範囲の先頭セルに移動
Ctrl + →	範囲の右端セルに移動
Ctrl + ←	範囲の左端セルに移動
Ctrl + End	範囲の右下隅のセルの選択

セルの選択

Ctrl + Shift + ↓	範囲の最終セルまでを選択
Ctrl + Shift + ↑	範囲の先頭セルまでを選択
Ctrl + Shift + →	範囲の右端セルまでを選択
Ctrl + Shift + ←	範囲の左端セルまでを選択
Ctrl + Shift + ：	表全体を選択
Ctrl + A	ワークシート・表全体を選択

文字の入力

F2	セルを編集可能にする
Alt + Enter	セル内で改行
Ctrl + ；	現在の日付を入力
Ctrl + ：	現在の時刻を入力
Ctrl + D	上のセルと同じデータを入力
Ctrl + R	左のセルと同じデータを入力
F4	セル参照を絶対参照や複合参照に変更
Ctrl + Shift + ＋	行・列の挿入(*)
Ctrl + −	行・列の削除
Ctrl + @	時刻を「h:mm」の書式に設定
Ctrl + Shift + #	日付を「yyyy/mm/dd」の書式に設定
Ctrl + B	文字を太字にする
Ctrl + I	文字を斜体にする
Ctrl + Delete	カーソルから後ろの文字を削除
Ctrl + Shift + !	表示形式を桁区切りスタイルに設定
Ctrl + Shift + $	表示形式を通貨スタイルに設定
Ctrl + Shift + %	表示形式をパーセントスタイルに設定

操作の取り消し・再実行

Ctrl + Z	操作を元に戻す
Ctrl + Y	元に戻した操作をやり直す

その他

Ctrl + 1	［セルの書式設定］ダイアログを表示
Ctrl + Shift + F	［セルの書式設定］ダイアログの［フォント］タブを表示
Ctrl + F	［検索と置換］ダイアログの［検索］タブを表示
Ctrl + H	［検索と置換］ダイアログの［置換］タブを表示
Ctrl + P	印刷画面を表示
Ctrl + Shift + &	外枠に罫線を設定
Ctrl + Shift + _	すべての罫線を解除
Ctrl + Shift + End	表の右下までを選択
Ctrl + Shift + Home	セル A1 までを選択
Ctrl + PageUp	左のシートに切り替える
Ctrl + PageDown	右のシートに切り替える

ウィンドウの表示

Ctrl + F10	ウィンドウの最大化・元に戻す
Ctrl + F9	ウィンドウの最小化
Ctrl＋マウスのホイールを奥に回す	拡大表示
Ctrl＋マウスのホイールを手前に回す	縮小表示
Ctrl + F6	ブックを切り替えて表示

（*）テンキーの［+］を使う場合は［Shift］キーを押す必要はありません。

押さえておきたい 関数一覧

本書で紹介した関数以外にも、便利で使いやすい様々な関数があります。
これだけは知っておきたい関数を集めました。

日付・時刻		
日付や時刻を求める	TODAY	現在の日付を求める
	NOW	現在の日付と時刻を求める
日付から年・月・日を取り出す	YEAR	日付から「年」を取り出す
	MONTH	日付から「月」を取り出す
	DAY	日付から「日」を取り出す
	WEEKDAY	日付から「曜日」を取り出す
時刻から時・分・秒を取り出す	HOUR	時刻から「時」を取り出す
	MINUTE	時刻から「分」を取り出す
	SECOND	時刻から「秒」を取り出す
日付を表す数値を求める	DATE	年、月、日から日付を求める
時刻を表す数値を求める	TIME	時、分、秒から時刻を求める

数学（計算）		
合計する	SUM	数値を合計する
	SUMIF	条件に一致した数値を合計する
	SUMIFS	複数の条件に一致した数値を合計する
積を求める	PRODUCT	積を求める
数値を丸める	INT	小数点以下を切り捨てる
	ROUNDDOWN	切り捨てて指定の桁数まで求める
	ROUNDUP	切り上げて指定の桁数まで求める
	ROUND	四捨五入して指定の桁数まで求める
符号の変換や検査	ABS	絶対値を求める

論理（条件）		
条件によって異なる値を出す	IF	条件によって異なる値を返す
	IFS	複数の条件を順に並べて異なる値を返す
	SWITCH	検索値に一致する値を探し、それに対応する結果を返す
条件を組み合わせる	AND	すべての条件が満たされているかを調べる
	OR	いずれかの条件が満たされているかを調べる

検索		
表を検索してデータを取り出す	VLOOKUP	範囲を縦方向に検索
	HLOOKUP	範囲を横方向に検索
	XLOOKUP	範囲を下に向かって検索し、対応範囲の値を返す

セルの位置や検索値の位置を求める	ROW	セルの行番号を求める
	COLUMN	セルの列番号を求める
	MATCH	検査値の相対位置を求める
	ROWS	行数を求める
	COLUMNS	列数を求める

文字列の操作		
文字列の一部を取り出す	LEFT	左端から何文字かを抜き出す
	RIGHT	右端から何文字かを取り出す
	MID	指定した位置から何文字かを取り出す
文字列を置き換える	SUBSTITUTE	文字列を置き換える
	REPLACE	指定した文字数の文字列を置き換える
余計な文字を削除する	CLEAN	印刷できない文字を削除する
	TRIM	余計な空白文字を削除する
ふりがなを取り出す	PHONETIC	セルのふりがなを取り出す
全角文字と半角文字を変換する	JIS	全角文字にする
	ASC	半角文字にする
大文字と小文字を変換する	UPPER	英字を大文字にする
	LOWER	英字を小文字にする
数値の表示を様々な形式に整える	YEN	数値に￥記号と桁区切り記号を付ける
	DOLLAR	数値に$記号と桁区切り記号を付ける
	FIXED	数値に桁区切り記号と小数点を付ける
	TEXT	数値に表示形式を適用した文字列を返す
数値の表記を変える	ROMAN	数値をローマ数字の文字列に変換する
	ARABIC	数値をアラビア数字の文字列に変換する

統計関数		
データの個数を調べる	COUNT	数値や日付、時刻の個数を求める
	COUNTA	データの個数を求める
	COUNTBLANK	空のセルの個数を求める
	COUNTIF	条件に一致するデータの個数を求める
平均値を求める	AVERAGE	数値の平均を求める
	AVERAGEIF	条件に一致した数値の平均を求める
	AVERAGEIFS	複数の条件に一致した数値の平均を求める
最大値や最小値を求める	MAX	数値の最大値を求める
	MIN	数値の最小値を求める
順位を求める	LARGE	大きい方から何番目かの値を求める
	SMALL	小さい方から何番目かの値を求める
	RANK.EQ	順位を求める
	RANK.AVG	順位を求める

「Prologue」で全体像をつかんでおくといいでしょう）。もちろん、勉強したいという意気込みは好ましいのですが、とにかく、パラパラとページをめくってみてください。「見るだけ」で何らかの新しい発見に出会うことでしょう。「この機能を使えば一瞬で作業が終わるじゃないか、これまでの苦労は何だったんだ」「こういうふうにデータを取り扱えば、処理がもっとスムーズになるじゃないか」などの気づきが得られれば、効率化に向けて大きく一歩を踏み出せます。

この本では、効率化に役立つ、ミスを減らせる、よく使う、といった観点から評価したランキング形式で目次を作成し、項目を並べてあります。それは、どこから手を付けるのがExcelの活用につながる近道なのかを示すガイドになっています。しかし、読者のみなさんの業務内容によって、何が重要かということが異なるでしょうから「むしろ、こっちの方がランキングとしては上だよな」という項目があるかもしれません。そういう観点で様々な機能を眺めるのもいいことだと思います。一方で、自分にとっては重要でない機能や、すぐには使わない機能でも、将来役に立つことがあるかもしれません。折に触れて、別のページを眺めておいてもらうのもいいのではないかと思います。

繰り返しになりますが、最初は「見るだけ」でかまいません。これは使えそうだ、という機能を見つけたら、そこから詳しく操作の方法を追いかけてみてください。詳細な機能や関連事項の中にも、日々の業務に活用できるヒントがちりばめられていると思います。それにより、「なんとなく」使えるというレベルから、エキスパートとしての使い方ができるレベルに自分自身を高めていくことができるでしょう。「見るだけ」がその第一歩なのです。

2020年5月　羽山　博

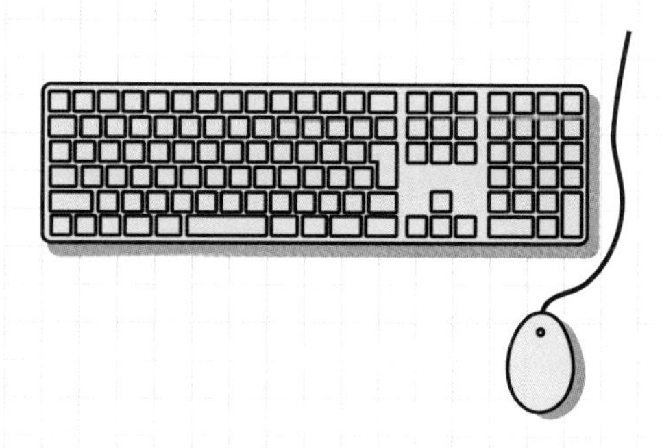

ビジネスで使える順!

超速Excel 見るだけノート

Contents

Chapter2

入力とデータ処理の時短ワザ最強ランキング

Chapter3

一瞬で伝わる表を作る書式設定ランキング

Chapter4

一瞬で計算が終わる関数最速ランキング

Chapter5

パパッとグラフを作る時短ワザランキング

Chapter6

見映えが劇的に変わるコスパ最強ワザランキング

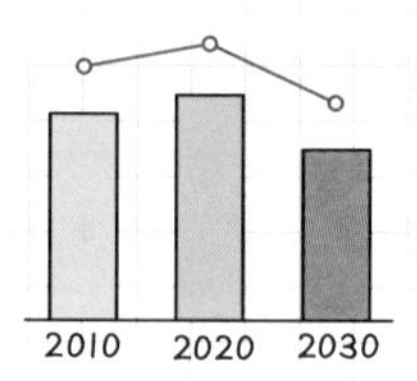

Chapter7

よくあるトラブルを一瞬で解決する便利ワザランキング

特典

覚えておきたいショートカット
押さえておきたい関数一覧

1	oooo	------------
2	oooo	------------
3	oooo	------------
4	oooo	------------
5	oooo	------------
6	oooo	------------
7	oooo	------------

CHOUSOKU
Excel
MIRUDAKE
notes

Prologue

これだけは覚えておこう
超基本がわかる
Excelのルール

Excel の時短ワザを学ぶ前に、 基本的な操作のやり方、 表やグラフの作り方、 関数の仕組みなどを理解しておく必要があります。本章ではまず最初にこれだけは覚えておきたい超基本的なワザをまとめました。 基本のキを使いこなして、 その後に続く便利ワザを身に付けていきましょう。

「なぜExcelなのか？」を理解する

Excelが仕事でよく使われるのには理由があります。まずは、Excelの役割や基本的な機能を知っておきましょう。

Excelは、マイクロソフト社のOfficeというパッケージソフトの中に入っている、表計算ソフトです。**なぜ仕事でExcelがよく使われるのかというと、データを効率よく「残す」「見せる」「集計・分析する」ことができるからです**。ビジネスの場では、正確かつスピーディーな分析や資料作成をすることが求められます。そのような場面で威力を発揮するのがExcelなのです。

Excelの役割

Excel を使う上でまず知っておきたい主な機能は**「計算ができる」「グラフが作れる」「データの見せ方が変えられる」の３つです**。計算ができればデータの分析ができます。グラフが作れるとデータを視覚的にわかりやすく表示できるので、説得力のある資料が作成できます。また、並べ替えなどによってデータの見せ方が変えられると、分析の観点を明確にできます。

Excelの３つの主な機能

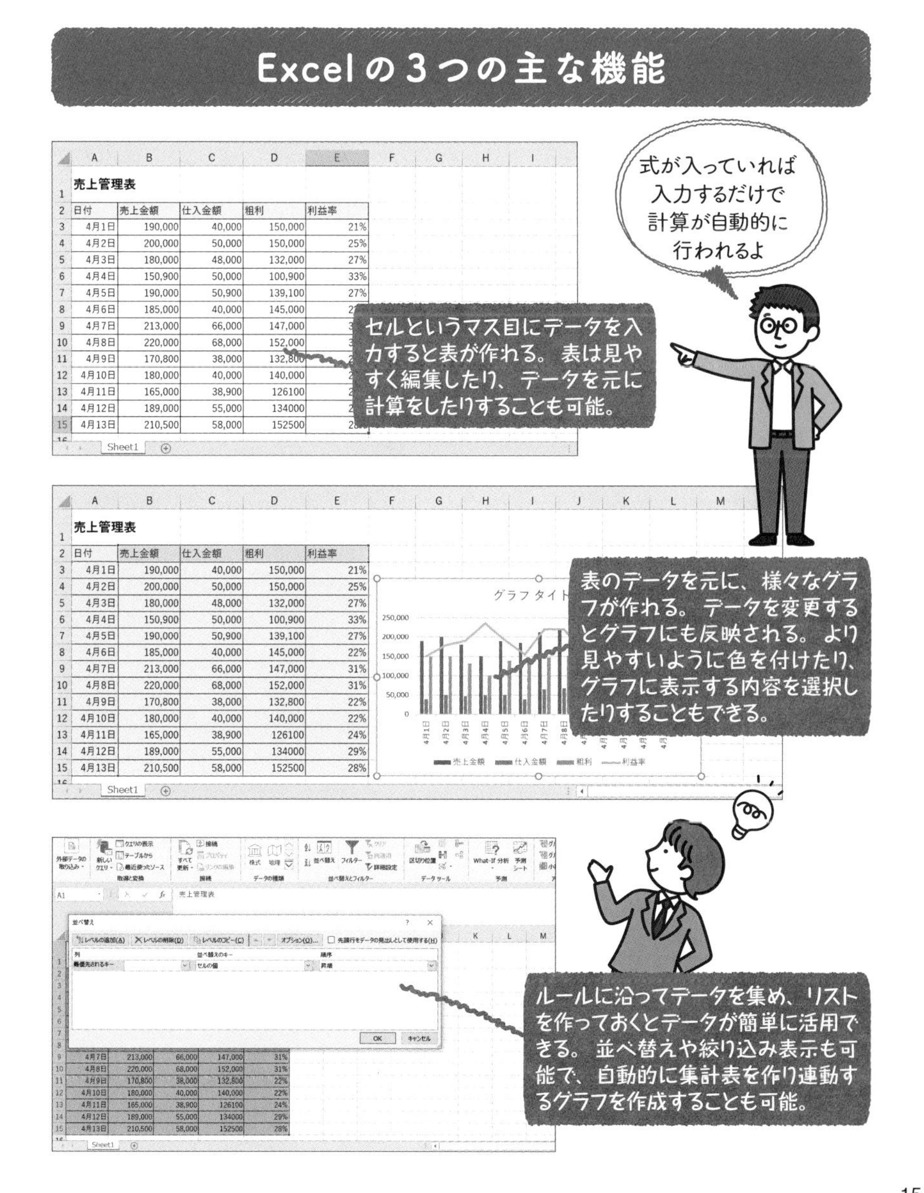

売上管理表

日付	売上金額	仕入金額	粗利	利益率
4月1日	190,000	40,000	150,000	21%
4月2日	200,000	50,000	150,000	25%
4月3日	180,000	48,000	132,000	27%
4月4日	150,900	50,000	100,900	33%
4月5日	190,000	50,900	139,100	27%
4月6日	185,000	40,000	145,000	22%
4月7日	213,000	66,000	147,000	31%
4月8日	220,000	68,000	152,000	31%
4月9日	170,800	38,000	132,800	22%
4月10日	180,000	40,000	140,000	22%
4月11日	165,000	38,900	126100	24%
4月12日	189,000	55,000	134000	29%
4月13日	210,500	58,000	152500	28%

キーボードと Excel 用語を覚える

実際に操作する前に、よく使うキーボードのキーと、Excel の画面の各部の名前を覚えておきましょう。

まずは、**キーボードのよく使うキーの名称と役割を覚えましょう**。また、ショートカットキーと呼ばれる複数のキー操作の組み合わせを覚えると、よく使う機能を素早く実行でき、作業スピードがぐんと上がります。本書でもショートカットキーやキーボードの名称がたくさん出てきます。基本的なキーの名称や役割は最初に覚えておいてください。

よく使うキーの役割を覚えよう

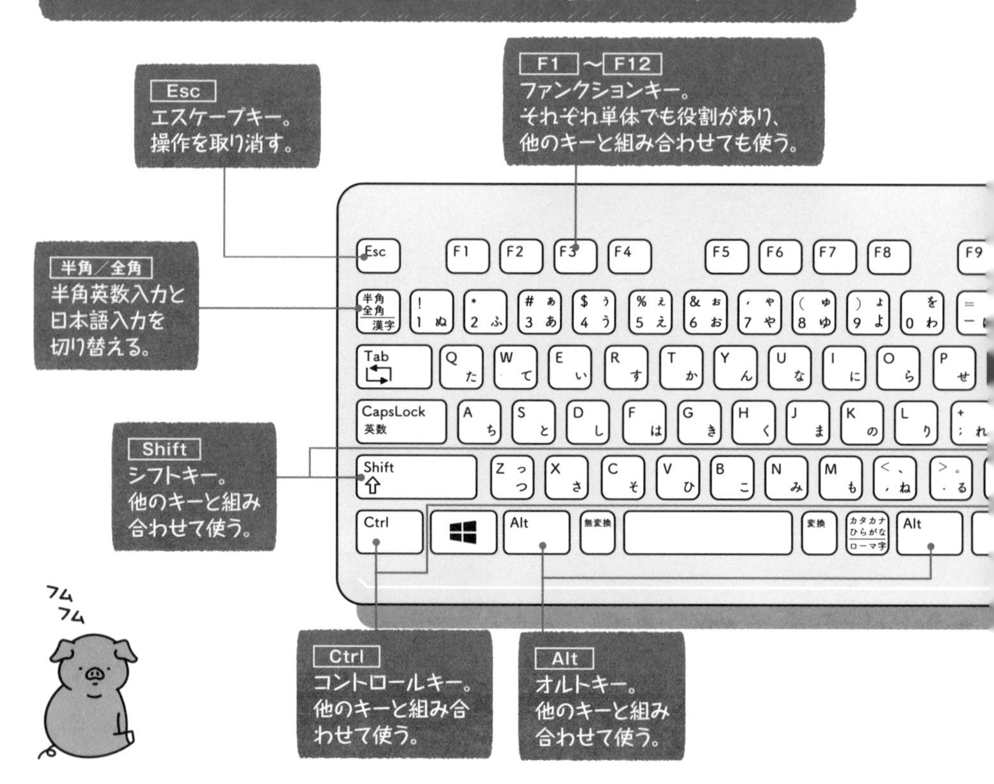

Excelで新しいブックを開くと、画面に様々なタブやボタンが表示されます。Excelのバージョンや使っているパソコンによって表示されるタブやボタンが異なる場合がありますが、本書でもタブやボタンの名称はよく出てきますので、はじめに頭に入れておきましょう。それぞれの役割や機能を一度に覚えるのは大変なので、徐々に覚えていけば問題ありません。

セルや書式バーの名前と働きを覚えよう

●覚えておきたい各部名称

クイックアクセスツールバー	ウィンドウ左上にある、小さなボタンが並んでいる部分。「元に戻す」「上書き保存」などよく使う機能を登録しておける。
タブ	ウィンドウ上部の「ファイル」「ホーム」「挿入」など表示する部分。様々な機能を目的ごとに整理するのに使われる。
数式バー	選択中のセルに入力されているデータの内容が表示される。
列見出し	セル上部にA、B、C…という列番号が付けられている。
セル	格子状に並んでいるマス目。セルの位置はセル番号で表される。たとえば「C列目の2行目」は「セルC2」という。
行見出し	セル左側に1、2、3…という行番号が付けられている。
シート	計算表を作成する作業場所。1つのブックには複数のシートを作成ができる。
名前ボックス	選択中のセル番号が表示される。

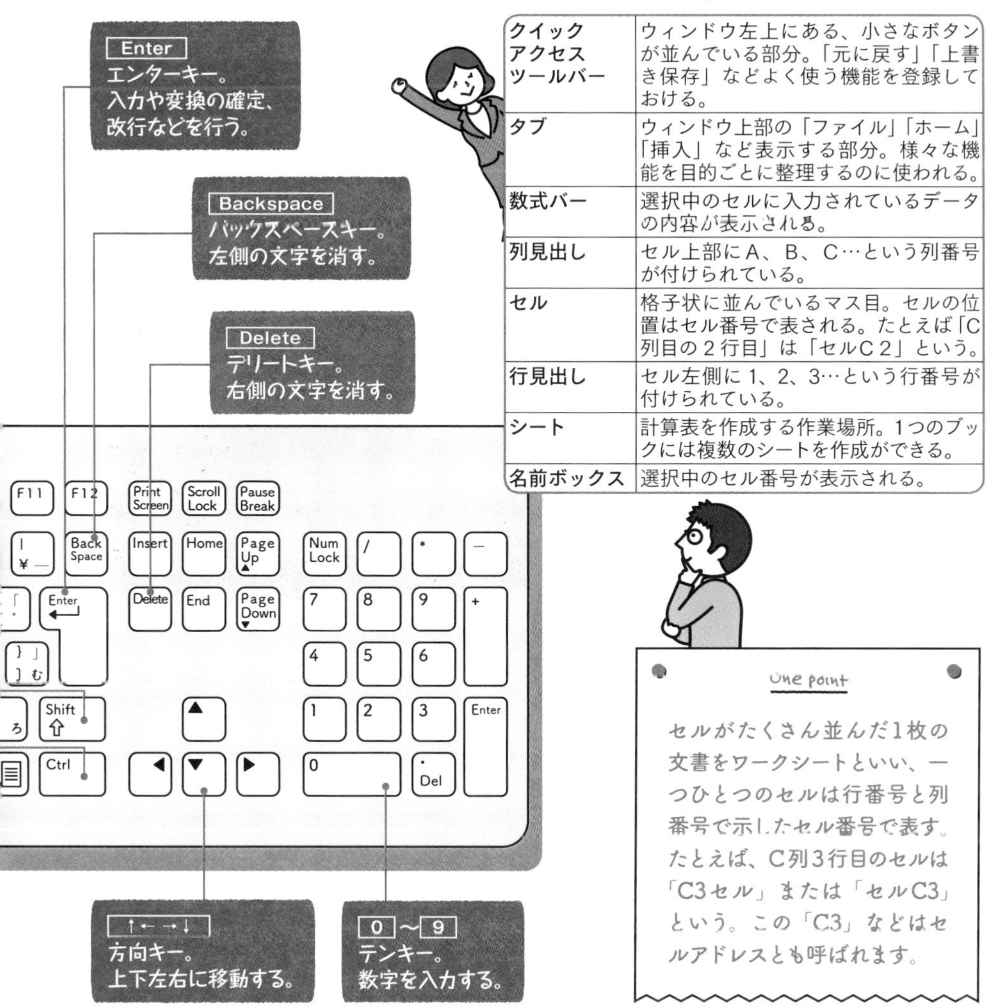

One point

セルがたくさん並んだ1枚の文書をワークシートといい、一つひとつのセルは行番号と列番号で示したセル番号で表す。たとえば、C列3行目のセルは「C3セル」または「セルC3」という。この「C3」などはセルアドレスとも呼ばれます。

Excel作業の基本は開いて、編集して、保存する

たとえば「開く」といってもいろいろな方法があります。ここでは、もっとも簡単で覚えやすい方法を紹介します。

Excelでの作業は、**「ブックを開く」「編集する」「保存する」までが1つの流れです。** 開いたブックを編集しても、保存するのを忘れてしまうと編集した内容が消えてしまいます。ブックを開く方法や保存する方法はいくつかありますが、ここでは、ブックを新規作成する方法を見ていきましょう。また、ショートカットキーも併せて覚えると作業がよりスムーズになります。

ブックを開いて閉じるまで

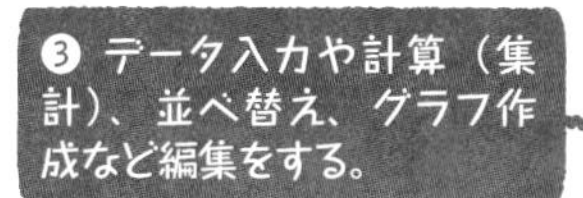

❸ データ入力や計算（集計）、並べ替え、グラフ作成など編集をする。

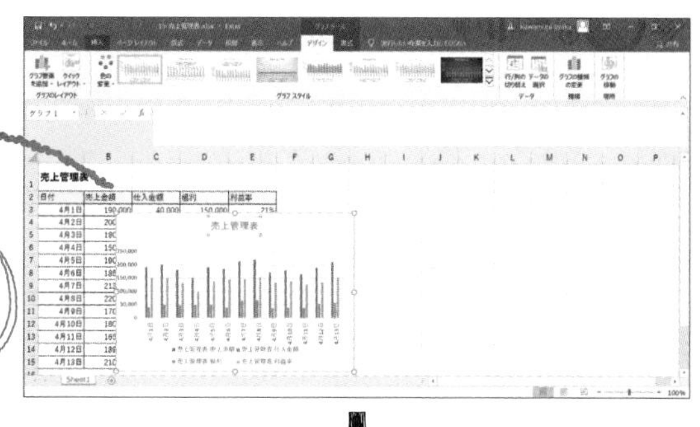

保存先はひとまず「このPC」を選択し「デスクトップ」を選ぼう

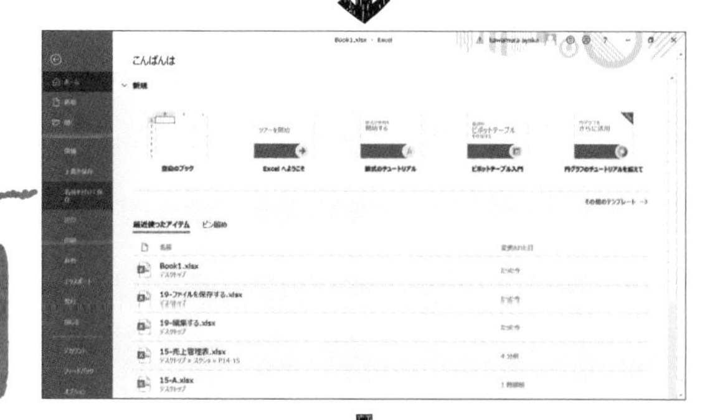

❹［ファイル］タブをクリックし、［名前を付けて保存］をクリック。保存先を選び、名前を付けて保存する。

上書き保存はこまめにしよう！

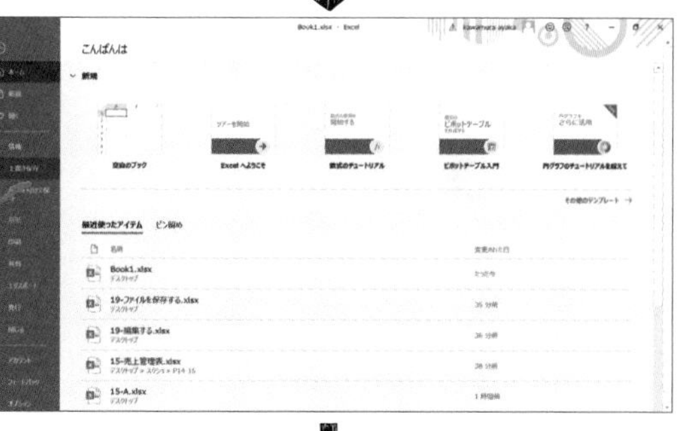

❺ ブックをさらに編集して、また保存する場合は［ファイル］タブをクリックし、［上書き保存］をクリックする。Ctrl ＋ S でも上書き保存できる。

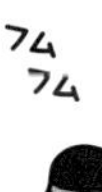

❻［閉じる］ボタンをクリックし、Excelを閉じる。ブックのみ閉じたいときは Ctrl ＋ W 、Excelを終了したいときは Alt ＋ F4 も使える。

新規ファイルより新規シートで大幅時短に

Excel は、1 つのブックの中に複数のワークシートを作ることができます。複数の表を簡単に切り替えて利用できます。

1つのブックで表を作成しているときに、関連のある別の表を作りたいということもよくあります。全く違う業務に関するものなら新しいブックを作るべきですが、**関連のある表ならワークシートを追加した方がスムーズです**。1つのブックに複数のシートを作成すれば、いちいちブックを開いたり閉じたりする手間が省けるので、時短につながります。以下、ワークシートのことをシートと略して呼ぶことにします。

シートを追加する

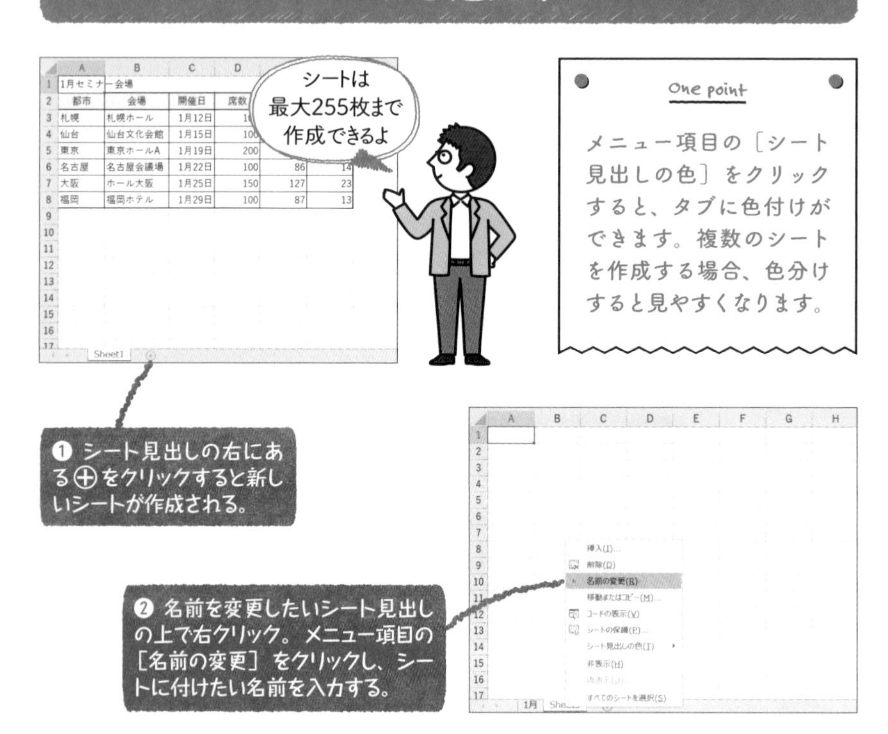

ブックの中のシートは、移動したり、削除したりすることができます。また、シートとシートの間に新しいシートを挿入することも可能です。シートに入力したデータや作成した表をうっかり消してしまうなどのミスが起こらないよう、保護しておくこともできます。表やデータを管理しやすくするため、シートに対してできるいろいろな操作を覚えておきましょう。

●移動

移動したいシート見出しをドラッグする（マウスボタンを押したまま目的の位置まで動かす）。

●挿入

挿入したい場所の右のシート見出しを右クリックし、［挿入］を選択。［ワークシート］を選び、［OK］をクリックする。

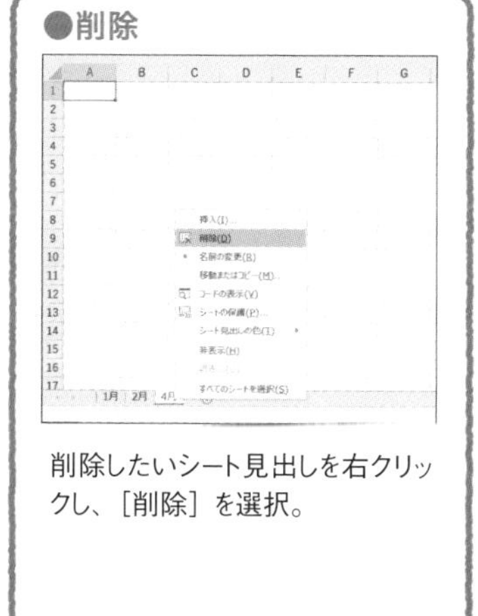

●削除

削除したいシート見出しを右クリックし、［削除］を選択。

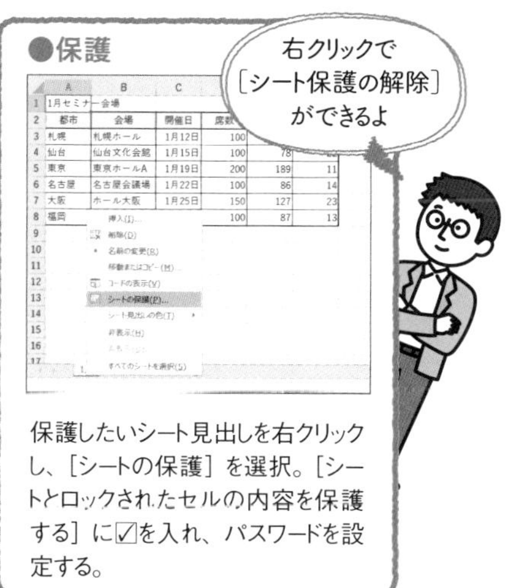

●保護

保護したいシート見出しを右クリックし、［シートの保護］を選択。［シートとロックされたセルの内容を保護する］に☑を入れ、パスワードを設定する。

表を見やすくするテクニック（罫線、セル、文字色、フォント）

データや表をより見やすくするためには、書式の設定が必須です。文字色やセルの罫線などの設定ができます。

書式とは、罫線の種類やフォントの種類・サイズ、色、配置などのこと。また、日付や数値をどのように表示するかといった表示形式も書式に含まれます。セルに色をつけたり、罫線を太くしたりすることにより、重要なデータを目立たせたり、注意を引いたりすることができます。**書式の設定はホームタブやダイアログボックスで行うことができます**。

ホームタブから速攻で書式設定

フォントの選択や文字の大きさ、セルの塗りつぶしなどよく使う書式は、［ホーム］タブで設定できる。

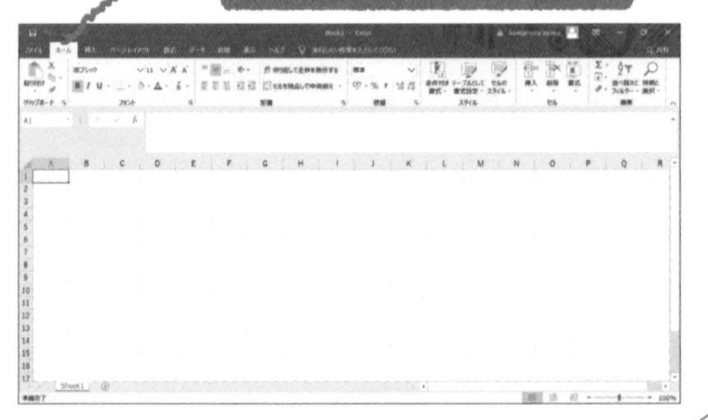

One point

［セルの書式設定］ダイアログボックスは、Ctrl + 1 でも表示できます。また、セルを右クリックして［セルの書式設定］を選んでも表示できます。

［ホーム］タブの［フォント］、［配置］、［数値］の右下にある矢印をクリックすると、［セルの書式設定］ダイアログが表示され、より詳細な書式設定ができる。

ボタンなどにカーソルを合わせると何ができるのか表示されるよ

最初から
表示されている枠線は
印刷されないよ

●罫線

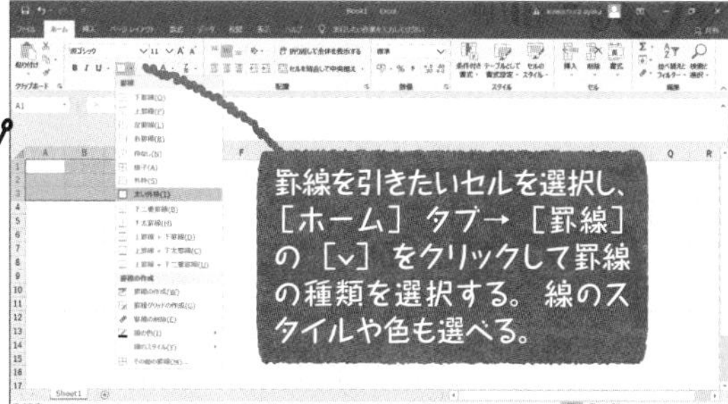

罫線を引きたいセルを選択し、［ホーム］タブ→［罫線］の［∨］をクリックして罫線の種類を選択する。線のスタイルや色も選べる。

●文字

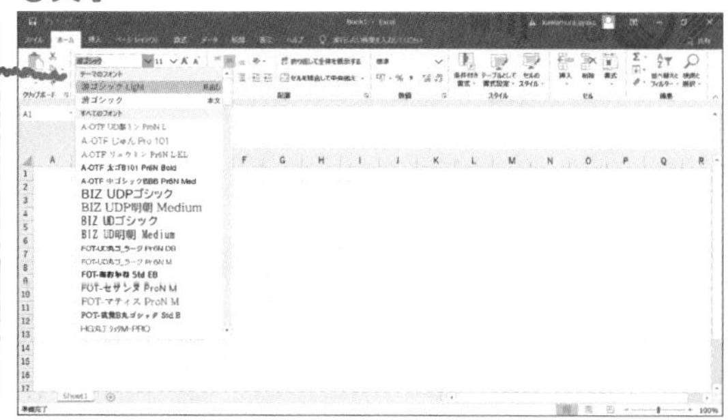

文字書式を設定したり飾りをつけたいセルを選択し、［ホーム］タブ→［フォント］でフォントの種類を、［フォントサイズ］でフォントサイズを選ぶ。［太字］［斜体］［下線］のボタンをクリックすると文字のスタイルなどが設定でき、［フォントの色］で文字に色が付けられる。

●塗りつぶし

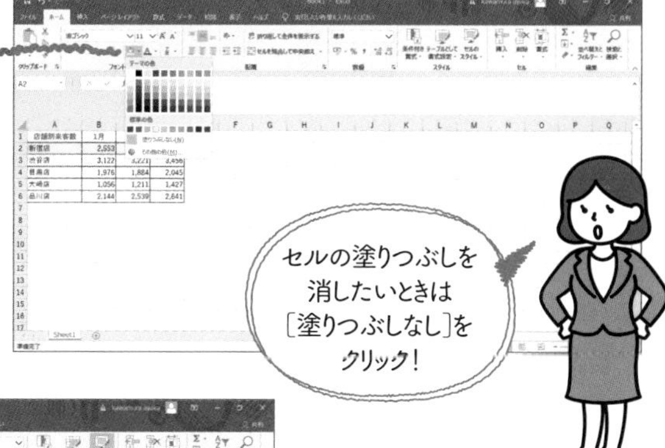

塗りつぶしたいセルを選択し、［ホーム］タブ→［塗りつぶしの色］の［∨］をクリック。［その他の色］をクリックすると豊富な色から選べるようになる。

セルの塗りつぶしを
消したいときは
［塗りつぶしなし］を
クリック！

●セルのスタイル

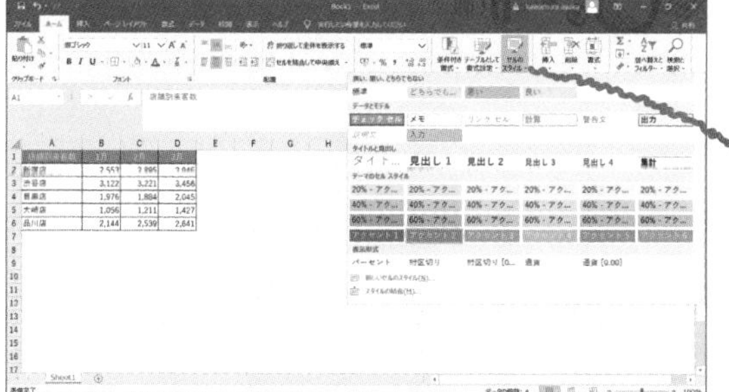

セルを選択し、［ホーム］タブ→［セルのスタイル］をクリック。あらかじめ用意されているスタイルから選択して簡単に書式の設定ができる。

並べ替えを使いこなして表の特徴を見える化する

並べ替えの機能は、ランキング表を作るなど、データの加工や分析に役立ちます。基本的な並べ替えの方法を紹介します。

膨大なデータを一覧表にするとき、並び順を考えながら入力すると時間がかかります。ひとまずデータをすべて入力し、あとから並べ替え機能を使って並べ替えた方が効率的です。また、何らかの観点でデータを分析するときにも役立ちます。**並べ替えの基準となる列を、複数指定することも可能**です。数値以外に、日付や文字での並べ替えもできます。

並べ替えの基準となる列を指定する

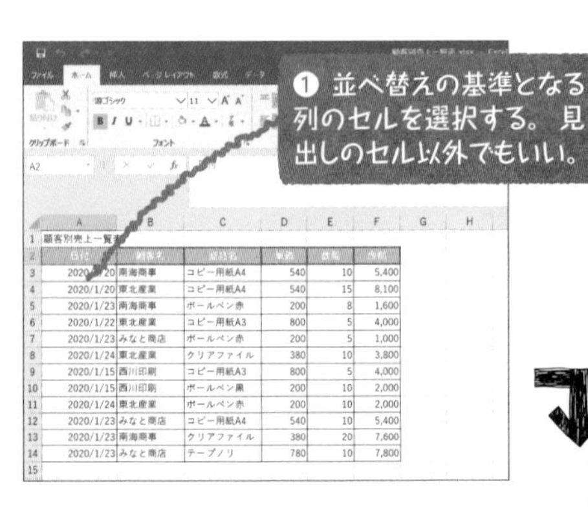

顧客別売上一覧表

日付	顧客名	商品名	単価	数量	金額
2020/1/20	南海商事	コピー用紙A4	540	10	5,400
2020/1/20	東北産業	コピー用紙A4	540	15	8,100
2020/1/23	南海商事	ボールペン赤	200	8	1,600
2020/1/22	東北産業	コピー用紙A3	800	5	4,000
2020/1/23	みなと商店	ボールペン赤	200	5	1,000
2020/1/24	東北産業	クリアファイル	380	10	3,800
2020/1/15	西川印刷	コピー用紙A3	800	5	4,000
2020/1/15	西川印刷	ボールペン黒	200	10	2,000
2020/1/24	東北産業	ボールペン赤	200	10	2,000
2020/1/23	みなと商店	コピー用紙A4	540	10	5,400
2020/1/23	南海商事	クリアファイル	380	20	7,600
2020/1/23	みなと商店	テープノリ	780	10	7,800

ここでは日付順に並べ替えてみるよ

❷［データ］タブを表示し、小さい順に並べ替えたいときは［昇順］、大きい順に並べ替えたいときは［降順］を選択する。

顧客別売上一覧表

日付	顧客名	商品名	単価	数量	金額
2020/1/15	西川印刷	コピー用紙A3	800	5	4,000
2020/1/15	西川印刷	ボールペン黒	200	10	2,000
2020/1/20	南海商事	コピー用紙A4	540	10	5,400
2020/1/20	東北産業	コピー用紙A4	540	15	8,100
2020/1/22	東北産業	コピー用紙A3	800	5	4,000
2020/1/23	南海商事	ボールペン赤	200	8	1,600
2020/1/23	みなと商店	ボールペン赤	200	5	1,000
2020/1/23	みなと商店	コピー用紙A4	540	10	5,400
2020/1/23	南海商事	クリアファイル	380	20	7,600
2020/1/23	みなと商店	テープノリ	780	10	7,800
2020/1/24	東北産業	クリアファイル	380	10	3,800
2020/1/24	東北産業	ボールペン赤	200	10	2,000

One point

昇順で並べ替える場合、文字はあいうえお順、数値は小さい順、日付は古い順になります。文字は漢字や英字でも並べ替えられますが、読み方が特殊な場合はふりがなの列を作っておくといいでしょう。

複数の列を基準に並べ替えるなど、複雑な条件を指定したいときは、ダイアログボックスを使いましょう。たとえば、日付を入力したA列を基準に並べ替えるとき、同じ日に複数の顧客の売り上げがあったとします。その場合、顧客を入力した列も並べ替えることにより、日付順・顧客順の表が作成できます。

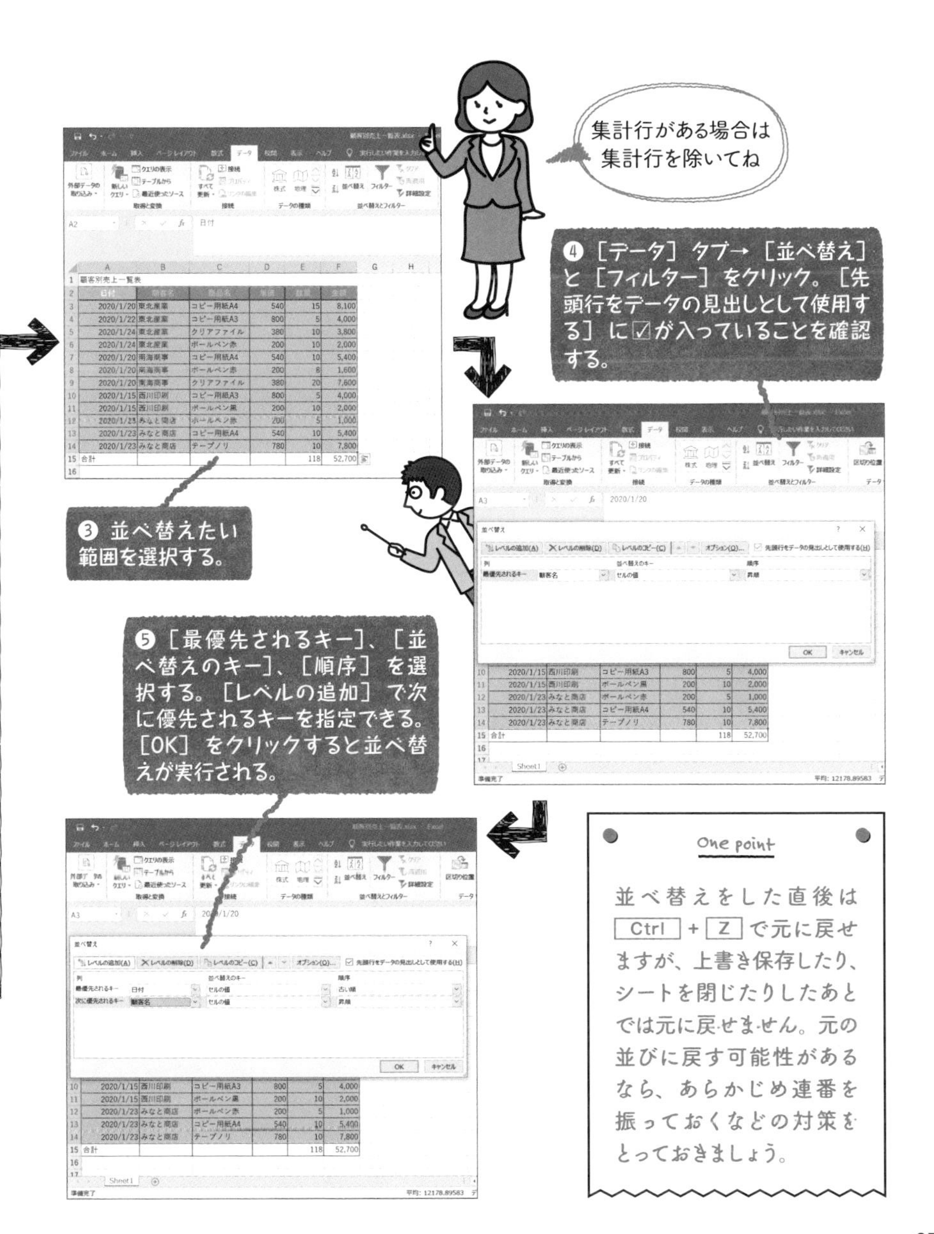

［挿入］タブから グラフも写真も入れられる

ワークシートにはグラフや写真を挿入できます。視覚的にアピールできる資料の作成に役立てましょう。

グラフは表のデータの特徴をわかりやすく表現できるツールです。一般的によく使われる棒グラフ、折れ線グラフ、円グラフをはじめ様々な種類のグラフが目的に合わせて作成できます。元のデータを更新するとグラフも自動的に更新されるので、変更にも簡単に対処できます。**グラフの作成は［挿入］タブから行います。**

［挿入］タブでグラフの種類を選択

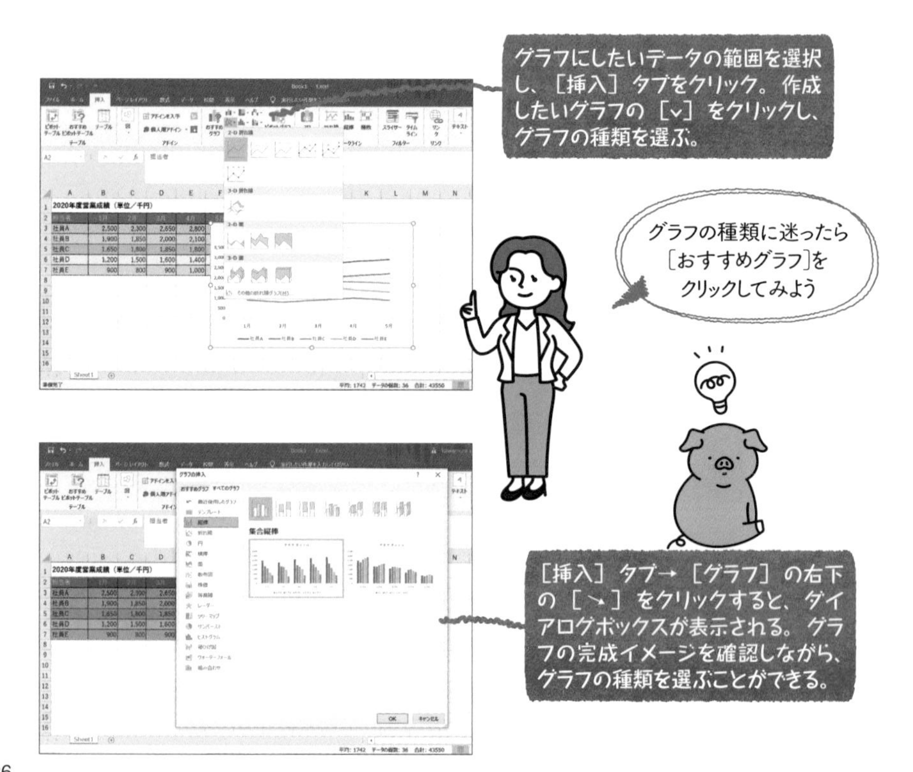

グラフだけでなく画像や図なども挿入できます。画像はパソコンに保存してあるものはもちろん、オンラインから検索して挿入することも可能。また、デスクトップに開いているウィンドウのスクリーンショットを撮影し、シートに貼り付ける機能もあります。［挿入］をうまく活用すると資料の見やすさや説得力が上がります。

挿入した画像の書式は［図の書式］タブで変更できるよ

●画像の挿入

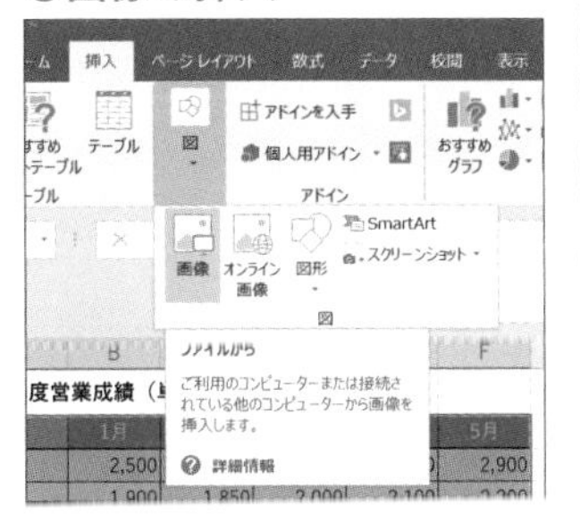

［挿入］タブ→［図］→［画像］をクリックし、［このデバイス…］をクリックしてパソコンに保存してある画像を選択。［挿入］をクリック。

●オンライン画像の挿入

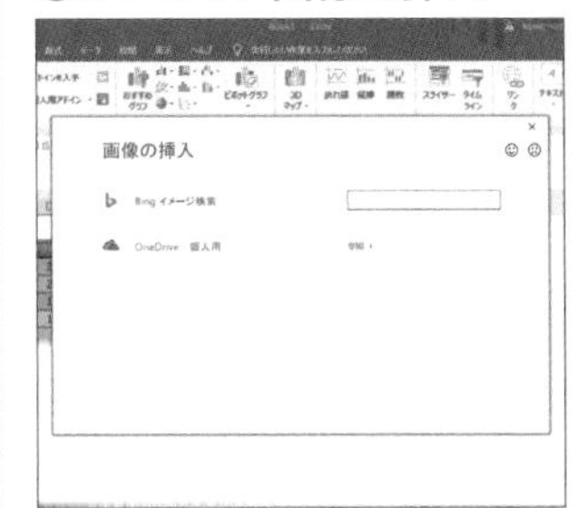

［挿入］タブ→［図］→［画像］をクリックし、［オンライン画像］を選択。［検索］ボックスにキーワードを入れ、画像を検索して［挿入］で確定。

●図形の挿入

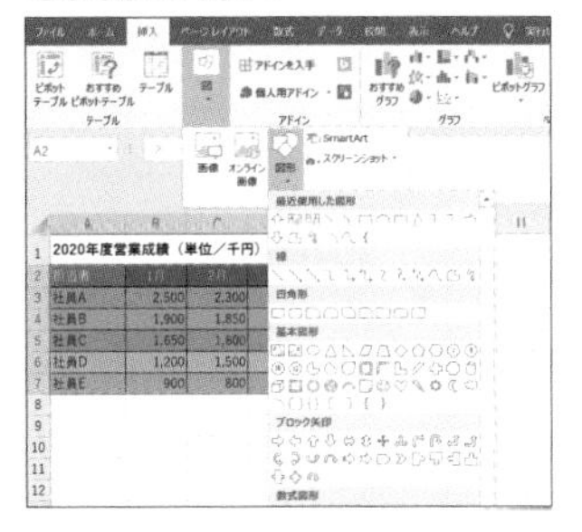

［挿入］タブ→［図］→［図形］をクリックし、［図形］を選択。挿入したい図形を選び、シート上でクリックする。

●スクリーンショットの挿入

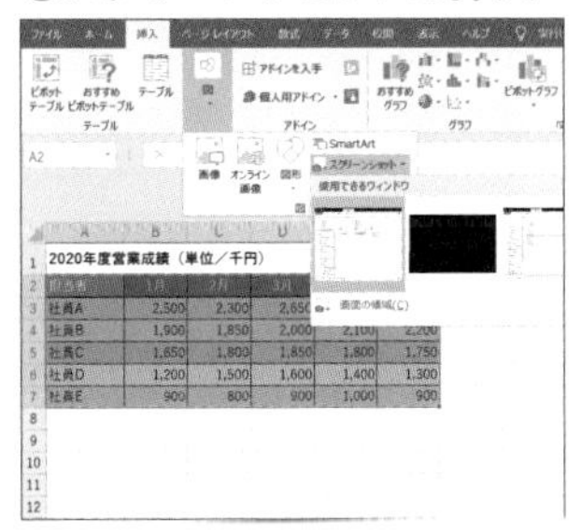

スクリーンショットを撮りたいアプリを起動しておく。［挿入］タブ→［図］→［スクリーンショット］→［画像の領域］を選択。

「数式」を使いこなして計算を自動化する

数式を使えば、身近な計算はもちろん、専門的な計算もできます。また、関数を使えば複雑な計算も簡単にできます。

売上の管理などでは様々な計算を行ったり、集計を行ったりする必要があります。手作業での処理には手間がかかるだけでなく、ミスにもつながってしまいます。Excel の数式を使えば、**単なる四則演算だけでなく、条件によって計算方法を変えるといったこともできます**。まずは、数式の入力方法を紹介します。数式の基本的な仕組みを理解するところからはじめましょう。

数式の入力方法

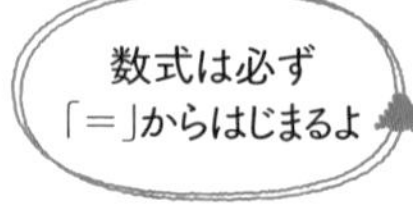

ASC | =A1+A2

	A	B	C
1	395		
2	262		
3	=A1+A2		
4			

計算結果を表示したいセルに「=（セルアドレス）+（セルアドレス）」と入力。数式の内容は数式バーか、数式が入っているセルをダブルクリックすると確認できる。

ASC | =A3

	A	B	C
1	350		=A3
2	262		
3	612		
4			
5			

数式の中で指定されているセルの値が変われば計算結果も自動的に変更される。「＝A3」のように、単に他のセルのデータを参照すれば同じ値を別のセルに表示することもできる。

Excelの数式では、算術演算子の記号を使って計算します。足し算は「+」、引き算は「-」、掛け算は「*」、割り算は「/」という算術演算子を使います。また、算術演算子の優先順位は算数と同じで、掛け算と割り算が優先されます。足し算や引き算を優先させたい場合は、「=(A1+A2)*A3」のように、先に計算したい部分を（ ）で囲みましょう。

数式バーをクリックしても修正できるよ

●四則演算

ASC　=A1+B1

	A	B	C
1	12	16	=A1+B1
2	13	15	
3	14	14	
4	15	13	
5	16	12	
6			

数式内のセルアドレスは、マウスの操作で自動的に入力できる。「=」を入力したあと、セルA1をクリックすれば自動的に「A1」と入力される。続けて算術演算子「*」を入力し、セルA2をクリックすれば、自動的に「A2」が入力される。Enter を押すと計算結果が表示される。

●修正

ASC　=A1*B2

	A	B	C	D
1	12	16	=A1*B2	
2	13	15		
3	14	14		
4	15	13		
5	16	12		
6				
7				

修正したいときは、数式が入力されているセルをダブルクリック。数式の中で参照しているセルには色の付いた枠が表示される。その枠をマウスでドラッグすると数式の中のセルアドレスを変更できる。

●オートSUM

ASC　=SUM(A1:B1)

	A	B	C
1	12	16	=SUM(A1:B1)
2	13	15	SUM(数値1, [数値2],
3	14	14	
4	15	13	
5	16	12	
6			

合計や平均などのよく使う計算は、［オートSUM］を使うと便利。決まった計算方法を表す「関数」が自動的に入力される。計算したい複数のセルを選択し、［数式］→［オートSUM］→［合計］をクリックすると、選択範囲の次のセルに計算結果が表示される。

●エラー

C1　=A1+B2C2

	A	B	C	D
1	12	16	#NAME?	
2	13	15		
3	14	14		
4	15	13		
5	16	12		
6				

数式を入力したセルの左上に緑色の印がついたら、エラーの証拠。エラーが出たセルをクリックすると［エラーのトレース］ボタンが表示されるので、クリックしてエラーの内容を確認する。

関数はよく使う便利なものだけまず覚える

数式に慣れてきたら次に覚えたいのが関数。関数はたくさんあるので、よく使う便利なものから覚えていきましょう。

関数とは、決まった計算をするためにExcelが用意した公式のようなものです。前ページではオートSUMを使って合計を求めましたが、関数を利用すると合計以外の計算も簡単にできます。Excelには数百種類以上の関数が用意されていますが、一度にすべて覚えるのは無理ですから、**よく使われる「SUM」、「AVERAGE」、「COUNT」の3つをまずは覚えましょう**。これらの関数はオートSUMと呼ばれる機能を使って入力できます。

3つの関数でほとんどの仕事ができる！

SUM

ASC　=SUM(B2:B6)

	A	B	C	D
1	店舗別来客数	1月	2月	3月
2	新宿店	2,553	2,895	2,945
3	渋谷店	3,122	3,221	3,456
4	目黒店	1,976	1,884	2,045
5	大崎店	1,056	1,211	1,427
6	品川店	2,144	2,539	2,641
7	合計	=SUM(B2:B6)		
8				
9				
10				

合計値。セルを複数選択し［数式］→［オートSUM］→［合計］をクリック。数式は「＝SUM(B2:B6)」となる。

AVERAGE

ASC　=AVERAGE(B2:B6)

	A	B	C	D
1	店舗別来客数	1月	2月	3月
2	新宿店	2,553	2,895	2,945
3	渋谷店	3,122	3,221	3,456
4	目黒店	1,976	1,884	2,045
5	大崎店	1,056	1,211	1,427
6	品川店	2,144	2,539	2,641
7	平均	=AVERAGE(B2:B6)		
8				
9				
10				

平均値。セルを複数選択し［数式］→［オートSUM］→［平均］をクリック。数式は「＝AVERAGE(B2:B6)」となる。

COUNT

ASC　=COUNT(B2:B6)

	A	B	C	D
1	店舗別来客数	1月	2月	3月
2	新宿店	2,553	2,895	2,945
3	渋谷店	3,122	3,221	3,456
4	目黒店	1,976	1,884	2,045
5	大崎店	1,056	1,211	1,427
6	品川店	2,144	2,539	2,641
7		=COUNT(B2:B6)		
8				
9				
10				

数値の個数。セルを複数選択し［数式］→［オートSUM］→［数値の個数］をクリック。数式は「=COUNT(B2:B6)」となる。

「SUM」、「AVERAGE」、「COUNT」の次に覚える関数は、目的によって異なります。条件によって異なる計算をしたいなら「IF」や「AND」などの論理関数を覚えるのがいいでしょう。名簿などの一覧表を作りたいなら「ROW」などの検索 / 行列関数を覚えておきたいところです。ここでは、次に覚えるべき関数をを目的別に紹介しますので、**どの関数が自分の仕事に必要か当てはめてみてください**。

目的別で使える関数

条件によって異なる計算がしたい

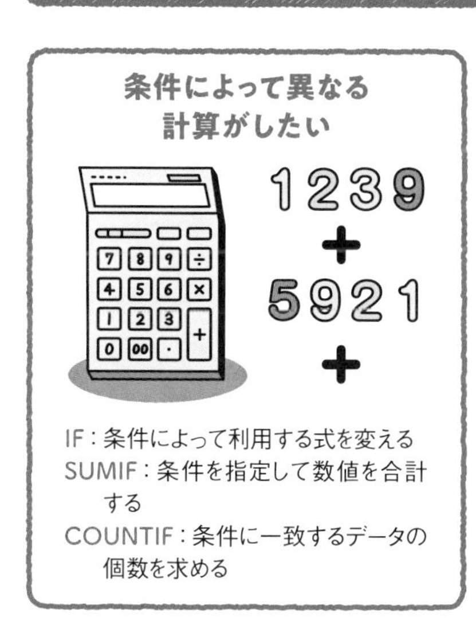

IF：条件によって利用する式を変える
SUMIF：条件を指定して数値を合計する
COUNTIF：条件に一致するデータの個数を求める

データを分析したい

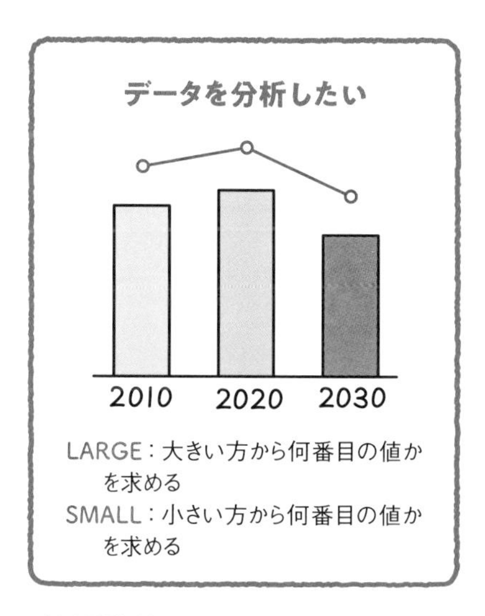

LARGE：大きい方から何番目の値かを求める
SMALL：小さい方から何番目の値かを求める

伝票の請求書を扱いたい

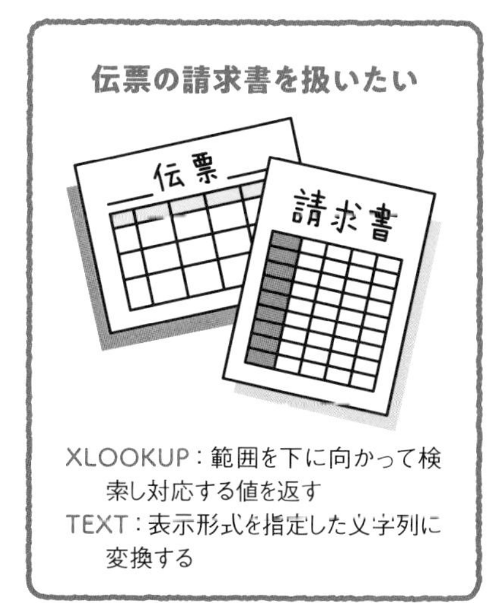

XLOOKUP：範囲を下に向かって検索し対応する値を返す
TEXT：表示形式を指定した文字列に変換する

名簿などの一覧表を作りたい

1	OOOO	-------------
2	OOOO	-------------
3	OOOO	-------------
4	OOOO	-------------
5	OOOO	-------------
6	OOOO	-------------
7	OOOO	-------------

ROW：セルの行番号を求める
LEN：文字数を求める
LEFT：文字数を指定して取り出す

01

column

意外と知らない Excel用語の意味

Excel では様々なカタカナ語が使われています。
意味を知れば難しそうに思えた機能もグッと身近になります。

KEY WORD

セル

データや数式を入力するのに使われるマス目の「cell」には「細胞」という意味もありますが、元々は「小部屋」を指す言葉です。イメージ通りの名称で覚えやすい単語です。

KEY WORD

ワークシート

「sheet（シート）」は「1 枚の紙」という意味。表計算ソフトのことを英語で「Spreadsheet（スプレッドシート）」と呼びます。直訳すると「広げた紙」なので、ワークシートは「ワーク（作業）用に広げた大きな紙」という意味合いになります。

KEY WORD

ダイアログボックス

「dialog」とは「会話」という意味です。書式などをユーザーと会話しながら設定するためのウィンドウといったイメージです。

KEY WORD

サム

数値を合計する関数の「SUM」。英単語の「sum」は「合計」を意味する言葉です。ExcelでSUMを使う際は［Σ（シグマ）］のアイコンをクリックしますが、ギリシア文字のΣも合計を表す記号として使われています。

KEY WORD

ピボットテーブル

大量のデータを使って様々な集計を行う「ピボットテーブル」。「ピボット（pivot）」は「回転軸」という意味です。分析の軸（ピボット）を自由に変えて集計表を作成できます。テーブルは「机」ではなく「表」という意味になります。

KEY WORD

フィルター

条件に合うデータを抽出する機能の「フィルター」。異物などを取り除く濾過装置であるフィルターが、名前の由来です。Excelにおいてもフィルター機能を通すことで、必要なデータだけを取り出すことができるのです。

KEY WORD

ハンドル

「Handle」は「取っ手」や「扱う」という意味を持ちます。Excelには、セルの右下に表示される小さな四角い部分の「フィルハンドル」、グラフなどの周囲に表示される小さな○の「リサイズハンドル」があります。フィルは「満たす」、「リサイズ」は「大きさを変える」という意味になり、ハンドルはそうした操作を扱うための部分であることがわかります。

CHOUSOKU
Excel
MIRUDAKE
notes

Chapter 1

マウスに触らない ショートカット ランキング

本章では、身に付けておくべきショートカットのワザを紹介していきます。時短を目指すならショートカットは必須スキル。定番のものから意外に使える便利なワザまで、基本的なショートカットを押さえておきましょう。

Technique

1 Shift + →（方向キー）で範囲選択

時短 ★★★
ミス削減 ★★☆
使用頻度 ★★★

セル範囲を選択するときはマウスでドラッグするより、ショートカットを利用した方がスピーディーに選択できます。

複数の範囲をコピーしたり、切り取ったりする場合には、あらかじめセル範囲を選択しておく必要があります。マウスでドラッグすれば、範囲の選択はできますが、キーボードから手を離したくないときは、Shift + →（方向キー）を使いましょう。**方向キーを押した回数だけ、選択範囲が広げられます**。この操作で、行方向と列方向に選択範囲を広ければ、四角い範囲の選択もできます。

Shift + → でセルを選択

One point

セルの選択範囲を減らすことも可能。左の列の場合、Shift + ← で選択範囲を縮小できる。

先頭のセルを方向キーやマウスで選択。

	A	B	C	D	E	F
1		1月	2月	3月	4月	合計
2	繰越し	#REF!	#REF!	#REF!	#REF!	
3	家計	¥220,000	¥220,000	¥220,000	¥200,000	¥860,000
4	ローン	¥270,000	¥40,000	¥40,000	¥40,000	¥390,000
5	その他	¥50,000	¥100,000	¥50,000	¥100,000	¥300,000
6	小計	¥540,000	¥360,000	¥310,000	¥340,000	¥1,550,000
7	収入					
8	残高	#REF!	#REF!	#REF!	#REF!	

Shift + → を押すと右方向に選択範囲が広がる。

	A	B	C	D	E	F
1		1月	2月	3月	4月	合計
2	繰越し	#REF!	#REF!	#REF!	#REF!	
3	家計	¥220,000	¥220,000	¥220,000	¥200,000	¥860,000
4	ローン	¥270,000	¥40,000	¥40,000	¥40,000	¥390,000
5	その他	¥50,000	¥100,000	¥50,000	¥100,000	¥300,000
6	小計	¥540,000	¥360,000	¥310,000	¥340,000	¥1,550,000
7	収入					
8	残高	#REF!	#REF!	#REF!	#REF!	

選択されたセルの内容をすべて消去したい場合、Delete キーを押します。範囲を選択して Backspace キーを押してしまうと先頭のセルの内容が消去されるので注意が必要です。Shift ＋ → （方向キー）で範囲を選択し Delete キーで消去するという操作は、セル範囲の消去に使うお決まりのパターンです。

選択範囲の内容を Delete キーで一発消去

	A	B	C	D	E	F
1		1月	2月	3月	4月	合計
2	繰越し	#REF!	#REF!	#REF!	#REF!	
3	家計	¥220,000	¥220,000	¥220,000	¥200,000	¥860,0
4	ローン	¥270,000	¥40,000	¥40,000	¥40,000	¥390,0
5	その他	¥50,000	¥100,000	¥50,000	¥100,000	¥300,0
6	小計	¥540,000	¥360,000	¥310,000	¥340,000	¥1,550,0
7	収入					
8	残高	#REF!	#REF!	#REF!	#REF!	

先頭のセルを選択し、Shift ＋ → を押し、選択範囲を右方向に広げる。

	A	B	C	D	E	F
1		1月	2月	3月	4月	合計
2	繰越し	#REF!	#REF!	#REF!	#REF!	
3	家計	¥220,000	¥220,000	¥220,000	¥200,000	¥860,
4	ローン	¥270,000	¥40,000	¥40,000	¥40,000	¥390,
5	その他	¥50,000	¥100,000	¥50,000	¥100,000	¥300,
6	小計	¥540,000	¥360,000	¥310,000	¥340,000	,550,000
7	収入					
8	残高	#REF!	#REF!	#REF!	#REF!	

Shift ＋ ↓ を押すと同じ幅のまま下方向に選択範囲が広がる。

	A	B	C	D	E	F
1		1月	2月	3月	4月	合計
2	繰越し	#REF!	#REF!	#REF!	#REF!	
3	家計	¥220,000	¥220,000	¥220,000	¥2[illegible]0,000	¥860,
4	ローン	¥270,000				¥270,
5	その他	¥50,000				¥50,000
6	小計	¥540,000	¥220,000	¥220,000	¥200,000	¥1,180,000
7	収入					
8	残高	#REF!	#REF!	#REF!	#REF!	

選択範囲を決めたら、Delete キーを押す。選択したセルの内容がすべて消去される。

One point

［ホーム］タブの［編集］グループにある［クリア］→［すべてクリア］を選択すると、罫線などの書式もすべて消去できます。

Technique 2

Ctrl + C と Ctrl + V で別の場所にコピー・貼り付け

時短 ★★★
ミス削減 ★★★
使用頻度 ★★★

セルのコピーと移動は基本中の基本。時短にもっとも効果のある機能なので、ショートカットで作業する癖をつけよう。

セルをコピーして違う場所へ貼り付ける場合、マウスの操作を行うよりも、**Ctrl + C 、Ctrl + V を使う方がすばやく操作できます**。一度コピーしたセルは、その範囲が点線で示されている間は、何度でも貼り付けることができます。この状態は、Esc を押せば解除できます。Enter でも貼り付けは可能ですが、コピー状態が解除されるので続けて貼り付けることはできません。

Ctrl + C でコピー、Ctrl + V で貼り付け

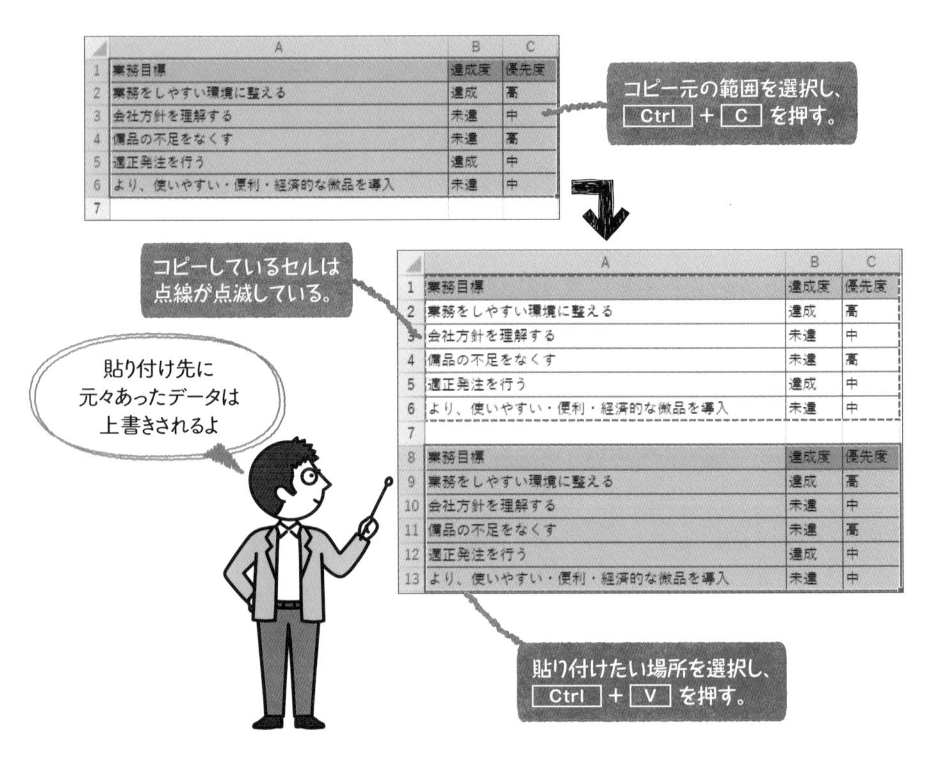

	A	B	C
1	業務目標	達成度	優先度
2	業務をしやすい環境に整える	達成	高
3	会社方針を理解する	未達	中
4	備品の不足をなくす	未達	高
5	適正発注を行う	達成	中
6	より、使いやすい・便利・経済的な備品を導入	未達	中
7			

	A	B	C
1	業務目標	達成度	優先度
2	業務をしやすい環境に整える	達成	高
3	会社方針を理解する	未達	中
4	備品の不足をなくす	未達	高
5	適正発注を行う	達成	中
6	より、使いやすい・便利・経済的な備品を導入	未達	中
7			
8	業務目標	達成度	優先度
9	業務をしやすい環境に整える	達成	高
10	会社方針を理解する	未達	中
11	備品の不足をなくす	未達	高
12	適正発注を行う	達成	中
13	より、使いやすい・便利・経済的な備品を導入	未達	中

セルを移動するには、まず移動元のセルを選択し Ctrl + X を押して切り取ります。次に移動先の位置を選択、 Ctrl + V を押して貼り付けます。なお、切り取り後、マウスを右クリックして［切り取ったセルの挿入］を選択すれば、貼り付け先のデータを右または下に移動させて貼り付けることもできます。いずれの場合も、貼り付けた後、元のセルの内容は消去されます。

Ctrl + X で切り取り、Ctrl + V で貼り付ける

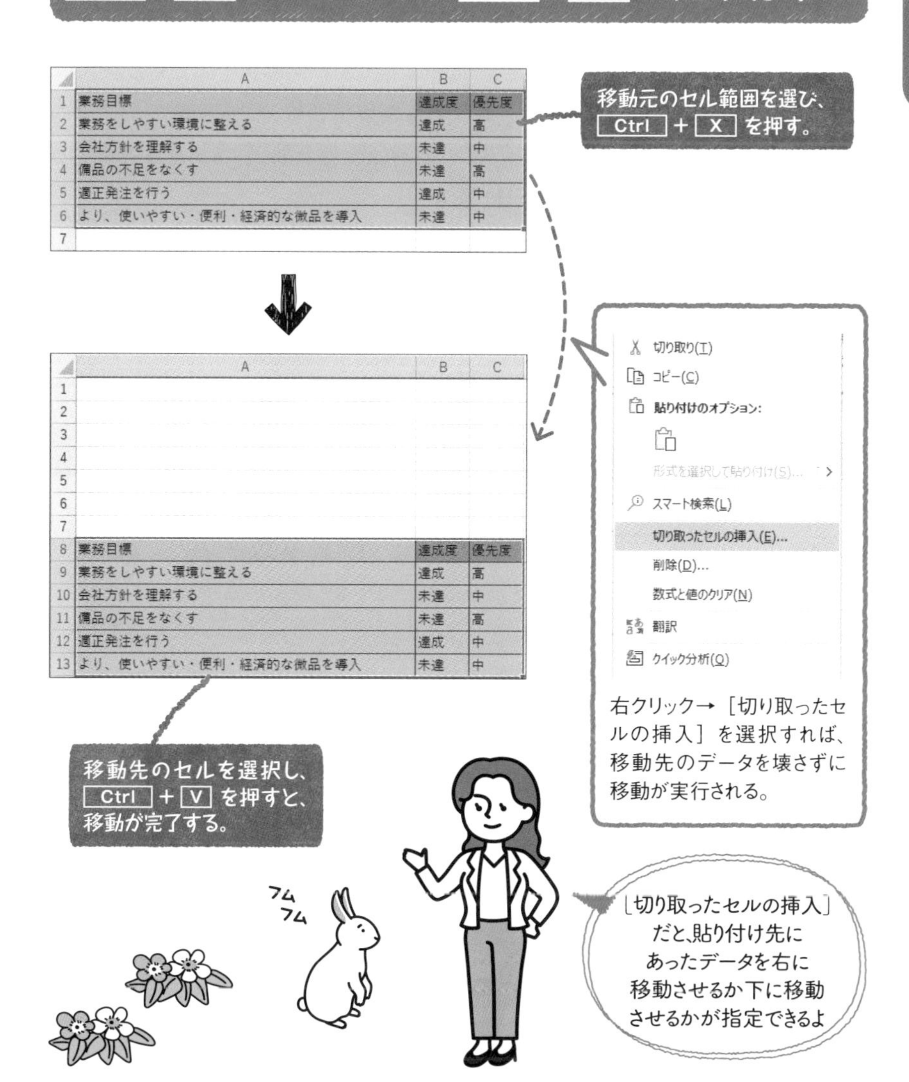

Technique

3 操作を間違ったら Ctrl + Z で復活、Ctrl + Y で再実行

時短 ★★★
ミス削減 ★★★
使用頻度 ★★☆

人間にはミスがつきものです。でも慌てる必要はありません。その場合はショートカットキーで元に簡単に戻せます。

入力や編集を行っているときに操作を誤って、うっかり大切なデータを消してしまった、というのは誰にでも経験のあることです。同じデータをもう一度入力し直すのは効率がよくないばかりか、心も折れてしまいます。そこで役立つのが Ctrl + Z です。このキーを押せば**直前の操作が取り消されるので、間違って消してしまったデータも元通りに復活します。**

Ctrl + Z で元に戻す

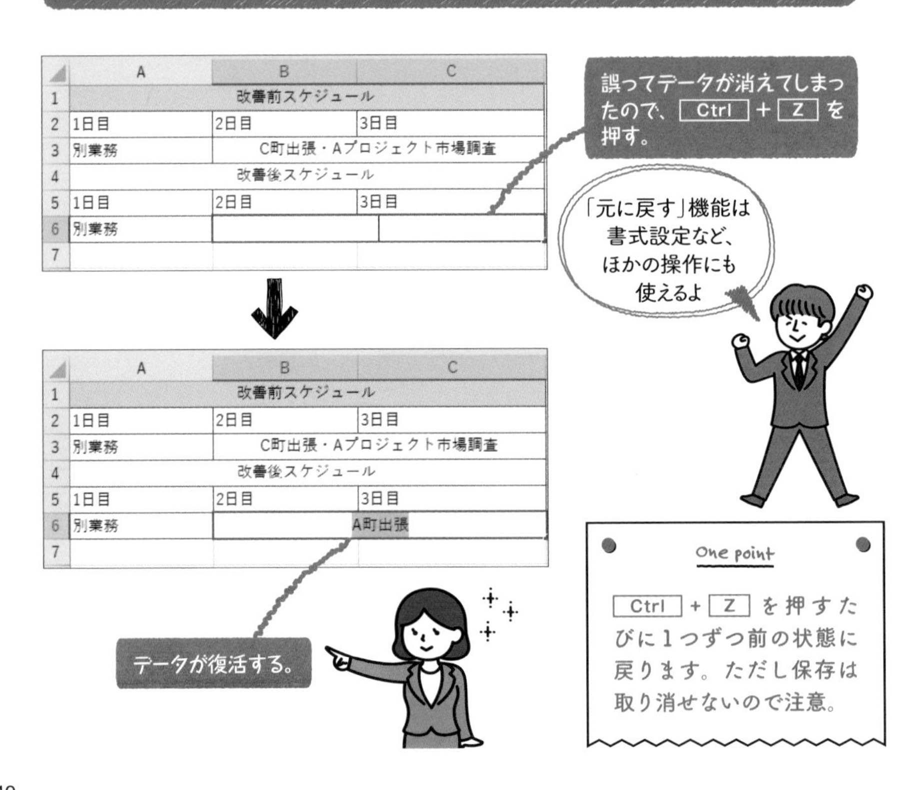

	A	B	C
1	改善前スケジュール		
2	1日目	2日目	3日目
3	別業務	C町出張・Aプロジェクト市場調査	
4	改善後スケジュール		
5	1日目	2日目	3日目
6	別業務		
7			

	A	B	C
1	改善前スケジュール		
2	1日目	2日目	3日目
3	別業務	C町出張・Aプロジェクト市場調査	
4	改善後スケジュール		
5	1日目	2日目	3日目
6	別業務	A町出張	
7			

One point

Ctrl + Z を押すたびに1つずつ前の状態に戻ります。ただし保存は取り消せないので注意。

また、Ctrl + Z を何度も押せば、何段階か前の状態に戻せます。しかし、Ctrl + Z を押しすぎると、思ったよりも操作を戻しすぎてしまうこともあります。その場合は **Ctrl + Y を押しましょう。元に戻した操作をやり直すことができます**。なお、Ctrl + Z による「元に戻す」操作や Ctrl + Y による「操作のやり直し」は入力や削除の操作だけでなく、図形や画像の操作、書式設定の操作などでも使えます。

Ctrl + Z で元に戻しても Ctrl + Y でもう一度やり直せる

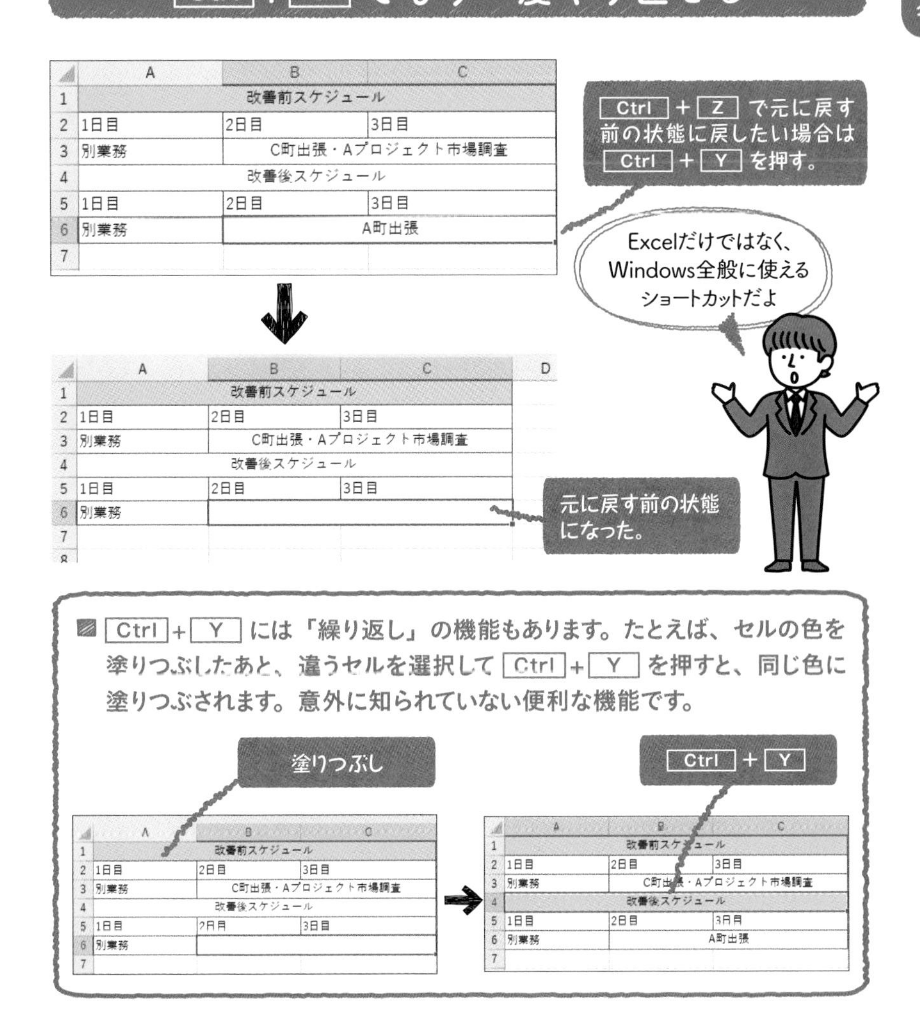

Technique

4 セル内の文字を F2 でサクサク修正

時短 ★★★
ミス削減 ★☆☆
使用頻度 ★★★

セル内の文字や数式を修正する場合、セルをダブルクリックしていませんか？　もっと簡単な方法を紹介します。

セル内の文字や数式を修正するとき、ダブルクリックをするよりも **F2 キーを押す方法が一番手っ取り早く作業できます**。F2 キーを押すと、編集モードに切り替わり文字の後ろにカーソルが表示され、すぐに修正できる状態になります。ほかにもセルを編集する方法として、数式バーで入力する方法もありますが、修正する位置にマウスを動かす手間がかかります。

セルを選択し F2 キーを押すだけ

	A	B	C	D
1	番号	会社名	担当者名	住所
2	1	株式会社ABC	山田花子	東京都世田谷区喜多町X-X-X
3	2	三菱商事	鈴木太郎	神奈川県横浜市中区X-X-X
4	3	株式会社空海社	山口紀子	東京都世田谷区喜多町X-X-X
5	4	水島商店	福岡大輔	神奈川県横浜市中区X-X-X
6	5	株式会社アイウエオ	斎藤俊介	東京都世田谷区喜多町X-X-X
7	6	松本証券	加藤里美	神奈川県横浜市中区X-X-X

セルを選択し、F2 キーを押す。

C3 | × ✓ fx | 鈴木太郎

	A	B	C	D
1	番号	会社名	担当者名	住所
2	1	株式会社ABC	山田花子	東京都世田谷区喜多町X-X-X
3	2	三菱商事	鈴木太郎	神奈川県横浜市中区X-X-X
4	3	株式会社空海社	山口紀子	東京都世田谷区喜多町X-X-X
5	4	水島商店	福岡大輔	神奈川県横浜市中区X-X-X
6	5	株式会社アイウエオ	斎藤俊介	東京都世田谷区喜多町X-X-X
7	6	松本証券	加藤里美	神奈川県横浜市中区X-X-X

セルの末尾にカーソルが表示され、編集できる状態になる。← 、→ でカーソルを移動して修正し、Enter キーで入力の終了。

One point

方向キーはセルを選択するためのキーですが、セル内で方向キーを使ってカーソルを移動したい場合は、「編集モード」に切り替える必要があります。その切り替えを行うのが F2 キーなのです。

また、セル内の文字もショートカットを使えば効率よく編集できます。F2 キーでセルを編集できる状態にしたあと、セル内の文字を全選択する場合は Ctrl ＋ A を押します。また、Ctrl ＋ Home で文字の先頭にカーソルが移動します。Ctrl ＋ Shift ＋ ← なら単語単位で文字を選択できます。途中で編集を取り消したい場合、Esc を押すと元に戻せます。

F2 と併せて覚えたいカーソル移動術

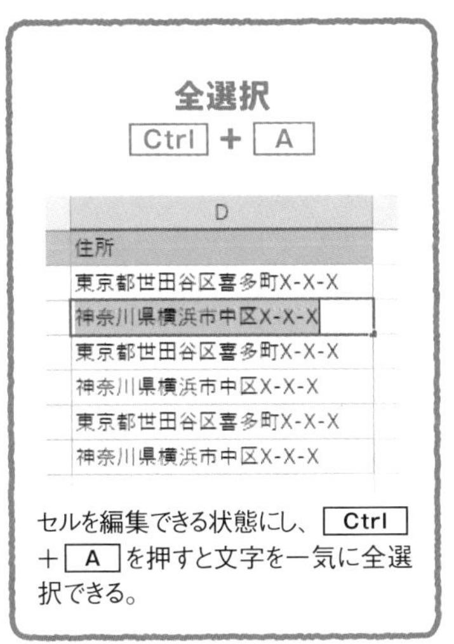

全選択

Ctrl ＋ A

D
住所
東京都世田谷区喜多町X-X-X
神奈川県横浜市中区X-X-X
東京都世田谷区喜多町X-X-X
神奈川県横浜市中区X-X-X
東京都世田谷区喜多町X-X-X
神奈川県横浜市中区X-X-X

セルを編集できる状態にし、Ctrl ＋ A を押すと文字を一気に全選択できる。

文字頭に移動

Ctrl ＋ Home

D
住所
東京都世田谷区喜多町X-X-X
神奈川県横浜市中区X-X-X
東京都世田谷区喜多町X-X-X
神奈川県横浜市中区X-X-X
東京都世田谷区喜多町X-X-X
神奈川県横浜市中区X-X-X

セルを編集できる状態にし、Ctrl ＋ Home を押すと文字の先頭にカーソルが移動する。

文字選択

Ctrl ＋ Shift ＋ ←

D
住所
東京都世田谷区喜多町X-X-X
神奈川県横浜市中区X-X-X
東京都世田谷区喜多町X-X-X
神奈川県横浜市中区X-X-X
東京都世田谷区喜多町X-X-X
神奈川県横浜市中区X-X-X

セルを編集できる状態にし、Ctrl ＋ Shift ＋ ← を押すと単語単位で文字を選択できる。

元に戻す

Esc

D
住所
東京都世田谷区喜多町X-X-X
神奈川県横浜市中区X-X-X
東京都世田谷区喜多町X-X-X
神奈川県横浜市中区X-X-X
東京都世田谷区喜多町X-X-X
神奈川県横浜市中区X-X-X

セル内の文字を修正しても、入力を終了させる前なら ESC で元に戻せる。

Alt + ↓ で反復入力作業を効率化

時短 ★★☆
ミス削減 ★★☆
使用頻度 ★★☆

すでに入力したデータを入力し直すのはムダな作業です。同じ文字列を入力したいなら、反復入力の機能を活用しましょう。

何日にもわたってデータを蓄積していく場合、同じ列に複数の同じ文字列が入力されることがあります。たとえば、来場者一覧に同じ顧客名を入力しないといけないこともあるでしょう。コピーと貼り付けを使っても構いませんが、もっと簡単な方法があります。それが Alt + ↓ です。**このキーを押すと、以前に入力した文字列が一覧表示されます。あとは、そこから選択するだけです。**

Alt + ↓ で一覧から文字列を選択

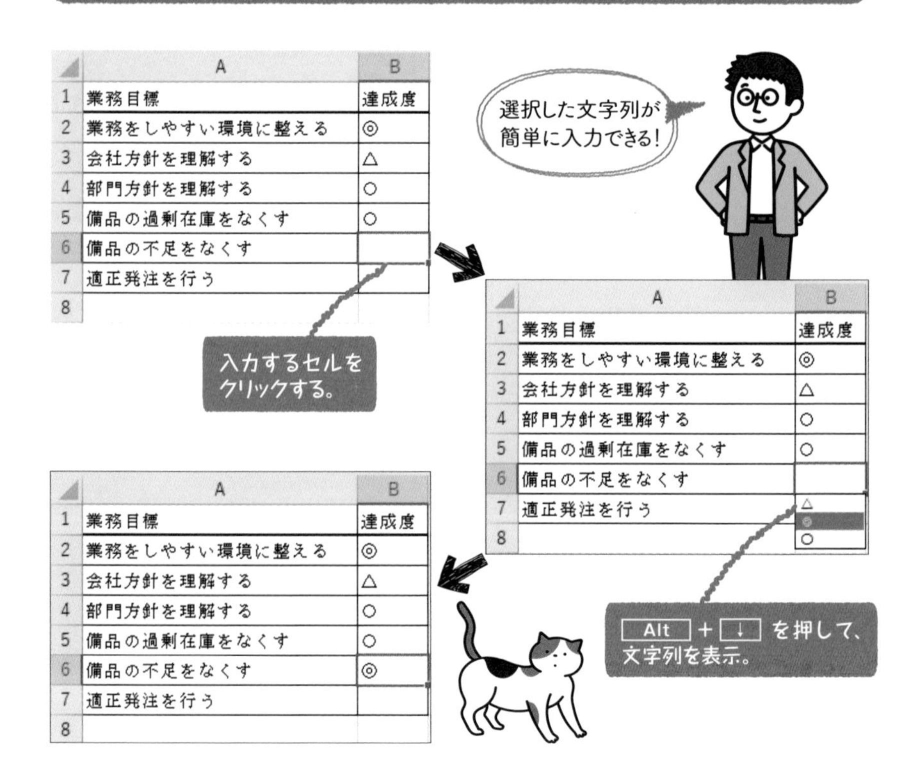

	A	B
1	業務目標	達成度
2	業務をしやすい環境に整える	◎
3	会社方針を理解する	△
4	部門方針を理解する	○
5	備品の過剰在庫をなくす	○
6	備品の不足をなくす	
7	適正発注を行う	
8		

	A	B
1	業務目標	達成度
2	業務をしやすい環境に整える	◎
3	会社方針を理解する	△
4	部門方針を理解する	○
5	備品の過剰在庫をなくす	○
6	備品の不足をなくす	
7	適正発注を行う	△
8		◎
		○

	A	B
1	業務目標	達成度
2	業務をしやすい環境に整える	◎
3	会社方針を理解する	△
4	部門方針を理解する	○
5	備品の過剰在庫をなくす	○
6	備品の不足をなくす	◎
7	適正発注を行う	
8		

ほかにも、同じデータを入力するのに便利な機能があります。Ctrl＋D（R）を使えば、隣接する上（左）のデータが選択範囲にコピーされます。また、あらかじめセル範囲を選択しておき、データの入力終了時にCtrl＋Enterを押せば、選択したすべてのセルに同じデータが入力できます。

Ctrl＋D（R）で上と左の文字をコピー

● Ctrl＋Dで上の文字をコピー

	A	B	C
1	業務目標	上期達成度	下期達成度
2	売り上げを達成する	◎	○
3	営業活動をスムーズに行う	△	○
4	製品・商品に精通する	△	○
5	業務をしやすい環境に整える		

コピー先のセルを選んで
Ctrl＋Dを押す。
上の文字が挿入される。

● Ctrl＋Rで左の文字をコピー

	A	B	C
1	業務目標	上期達成度	下期達成度
2	売り上げを達成する	◎	○
3	営業活動をスムーズに行う	△	○
4	製品・商品に精通する	△	△
5	業務をしやすい環境に整える		

コピー先のセルを選んで
Ctrl＋Rを押す。
左の文字が挿入される。

● Ctrl＋Enterで複数のセルに一括入力

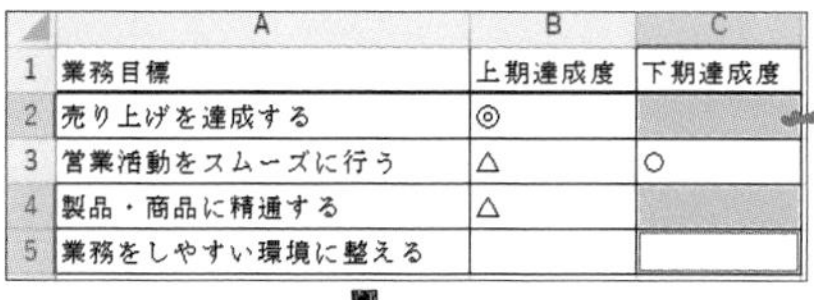

	A	B	C
1	業務目標	上期達成度	下期達成度
2	売り上げを達成する	◎	
3	営業活動をスムーズに行う	△	○
4	製品・商品に精通する	△	
5	業務をしやすい環境に整える		

セルを1カ所クリックし、
2カ所目以降はCtrl
を押しながらクリック。

F2

	A	B	C
1	業務目標	上期達成度	下期達成度
2	売り上げを達成する	◎	
3	営業活動をスムーズに行う	△	○
4	製品・商品に精通する	△	
5	業務をしやすい環境に整える		△

そのままデータ
を入力。

Ctrl＋Enter

	A	B	C
1	業務目標	上期達成度	下期達成度
2	売り上げを達成する	◎	△
3	営業活動をスムーズに行う	△	○
4	製品・商品に精通する	△	△
5	業務をしやすい環境に整える		△

Ctrl＋Enterを押すと
選択したすべてのセルに同じ
データが入力される。

Alt＋↓は
数値や日付には使えないけど、
Ctrl＋D、Ctrl
＋R、Ctrl＋Enterは
どんなデータでも可能だよ

Technique 6

Ctrl + ; と Ctrl + : で現在の日付と時刻を一発入力

時短 ★★☆
ミス削減 ★★★
使用頻度 ★☆☆

現在の日付や時刻をワンタッチで入力できます。「2020/4/1」や「19:41」の形式や、異なる表示も可能です。

請求書や報告書、チェックリストなどでは、日付や時刻の入力が必要になることがあります。そのために、時計やスマホを見て日時を確認して入力するのはムダなことです。コンピュータに設定されている日時をそのまま使った方が簡単で正確なのは言うまでもないことです。**Ctrl + ; を使えば現在の日付を、Ctrl + : であれば現在の時刻を自動的に入力できます。**

Ctrl + ; と Ctrl + : で日付や時刻を入力

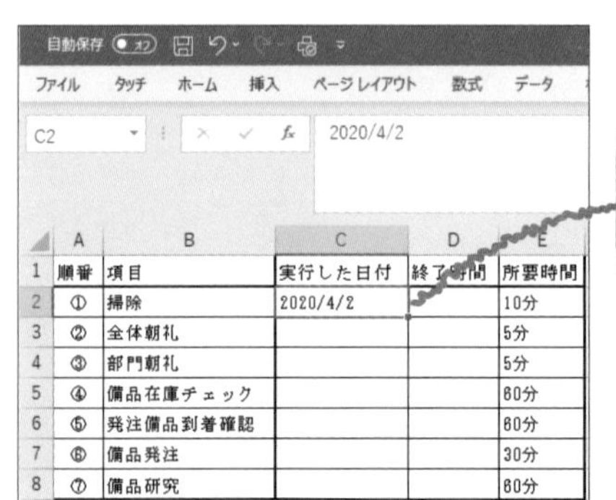

	A	B	C	D	E
1	順番	項目	実行した日付	終了時間	所要時間
2	①	掃除	2020/4/2		10分
3	②	全体朝礼			5分
4	③	部門朝礼			5分
5	④	備品在庫チェック			60分
6	⑤	発注備品到着確認			60分
7	⑥	備品発注			30分
8	⑦	備品研究			60分

入力したいセルを選択し Ctrl + ; を押す。現在の日付が入力される。

いちいちカレンダーで確認する必要なし！

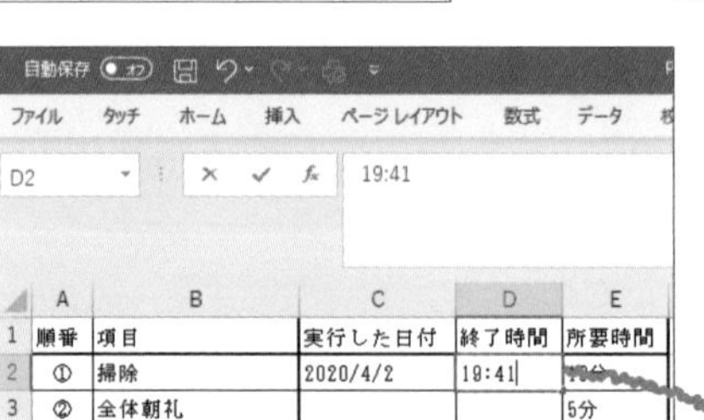

	A	B	C	D	E
1	順番	項目	実行した日付	終了時間	所要時間
2	①	掃除	2020/4/2	19:41	10分
3	②	全体朝礼			5分
4	③	部門朝礼			5分
5	④	備品在庫チェック			60分
6	⑤	発注備品到着確認			60分
7	⑥	備品発注			30分
8	⑦	備品研究			60分

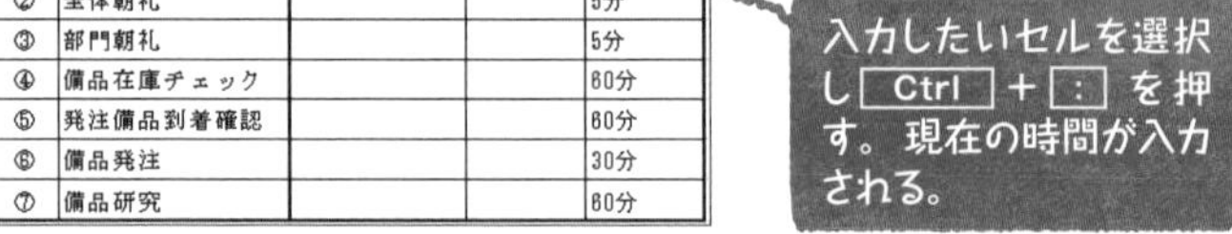

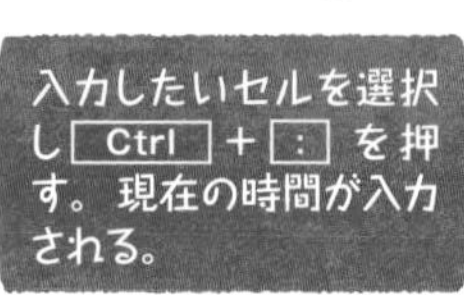

入力したいセルを選択し Ctrl + : を押す。現在の時間が入力される。

日時は、「m 月 d 日」「yyyy/mm/dd」「h 時 mm 分」「h:mm」などの形式で表示できます。「m 月 d 日」という表示形式の日付を「yyyy/mm/dd」の形式で表示したい場合は、セルを選択して Ctrl + Shift + # を押すだけで済みます。同様に Ctrl + @ を押せば、時刻を「h:mm」の形式で表示できます。

日付の表示形式は Ctrl + Shift + # で変更

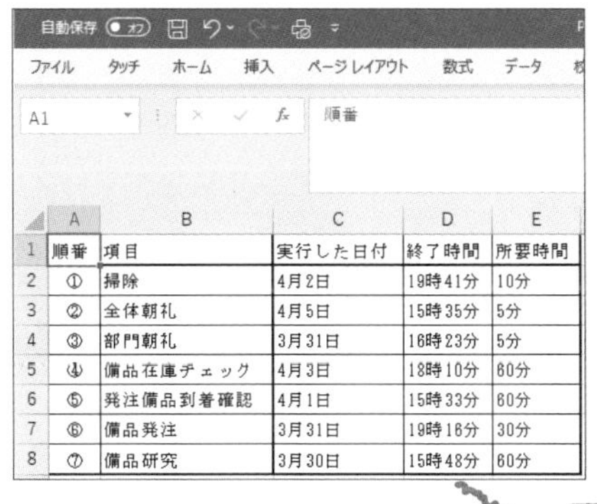

A1 | 順番

	A	B	C	D	E
1	順番	項目	実行した日付	終了時間	所要時間
2	①	掃除	4月2日	19時41分	10分
3	②	全体朝礼	4月5日	15時35分	5分
4	③	部門朝礼	3月31日	16時23分	5分
5	④	備品在庫チェック	4月3日	18時10分	60分
6	⑤	発注備品到着確認	4月1日	15時33分	60分
7	⑥	備品発注	3月31日	19時16分	30分
8	⑦	備品研究	3月30日	15時48分	60分

One point

入力されたデータの表示形式を変更するだけでなく、あらかじめセルの表示形式を設定しておくことも可能。

「m月d日」「h時mm分」の形式で表示されている。

C2 | 2020/4/2

	A	B	C	D	E
1	順番	項目	実行した日付	終了時間	所要時間
2	①	掃除	2020/4/2	19時41分	10分
3	②	全体朝礼	2020/4/5	15時35分	5分
4	③	部門朝礼	2020/3/31	16時23分	5分
5	④	備品在庫チェック	2020/4/3	18時10分	60分
6	⑤	発注備品到着確認	2020/4/1	15時33分	60分
7	⑥	備品発注	2020/3/31	19時16分	30分
8	⑦	備品研究	2020/3/30	15時48分	60分

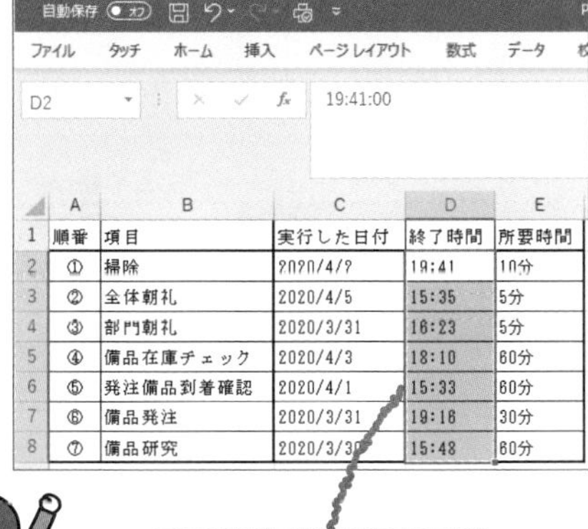

D2 | 19:41:00

	A	B	C	D	E
1	順番	項目	実行した日付	終了時間	所要時間
2	①	掃除	2020/4/2	19:41	10分
3	②	全体朝礼	2020/4/5	15:35	5分
4	③	部門朝礼	2020/3/31	16:23	5分
5	④	備品在庫チェック	2020/4/3	18:10	60分
6	⑤	発注備品到着確認	2020/4/1	15:33	60分
7	⑥	備品発注	2020/3/31	19:16	30分
8	⑦	備品研究	2020/3/30	15:48	60分

セルを選択して Ctrl + Shift + # を押す。「yyyy/mm/dd」形式になる。

セルを選択して Ctrl + @ を押す。「h:mm」形式になる。

Technique 7

Ctrl + Shift + ! で3桁ごとにカンマを表示

時短 ★★☆
ミス削減 ★★☆
使用頻度 ★★★

桁数の大きな数字がそのまま入力された表はとても見づらいですね。3桁ごとにカンマを入れると数字が読みやすくなります。

販売管理や経理などのデータには、桁数の大きな数字がたくさん並びます。このとき、特に表示形式が設定されていないと、数字が非常に読みづらくなります。だからといって、手作業で桁区切りのカンマや通貨単位、%などを入力するのは得策ではありません。表示形式を設定して見やすくしましょう。

数値データを読みやすくする

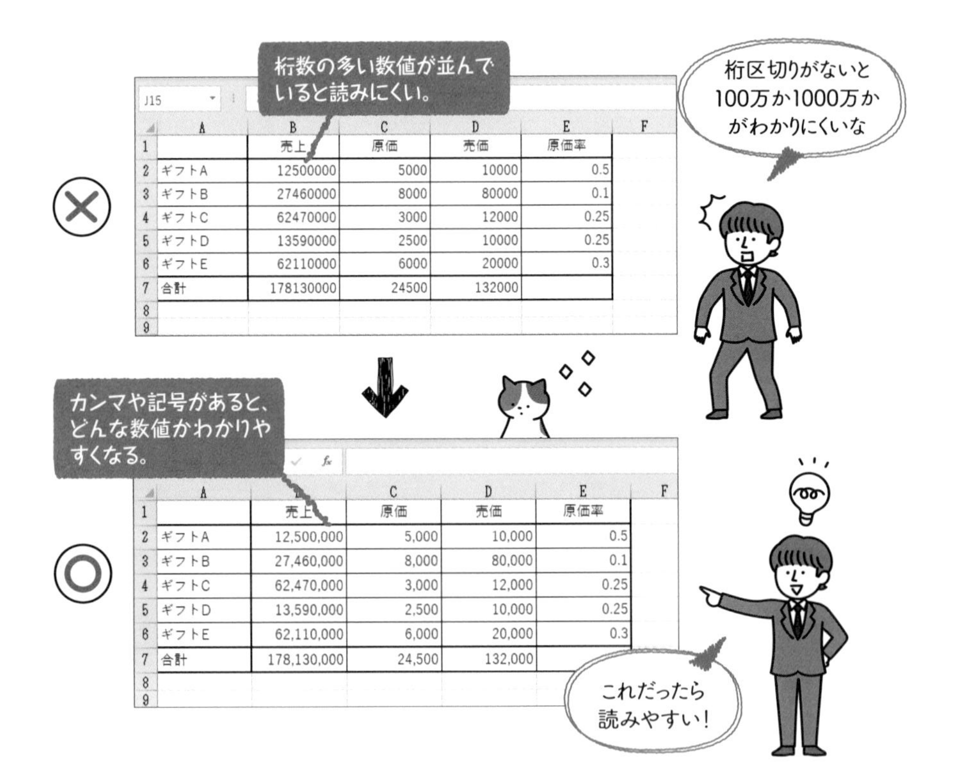

	A	B	C	D	E
1		売上	原価	売価	原価率
2	ギフトA	12500000	5000	10000	0.5
3	ギフトB	27460000	8000	80000	0.1
4	ギフトC	62470000	3000	12000	0.25
5	ギフトD	13590000	2500	10000	0.25
6	ギフトE	62110000	6000	20000	0.3
7	合計	178130000	24500	132000	

	A	B	C	D	E
1		売上	原価	売価	原価率
2	ギフトA	12,500,000	5,000	10,000	0.5
3	ギフトB	27,460,000	8,000	80,000	0.1
4	ギフトC	62,470,000	3,000	12,000	0.25
5	ギフトD	13,590,000	2,500	10,000	0.25
6	ギフトE	62,110,000	6,000	20,000	0.3
7	合計	178,130,000	24,500	132,000	

表示形式を変えたいセル範囲を選択して、 Ctrl + Shift + ! を押してみましょう。瞬く間に桁区切りのカンマが表示されます。通貨記号 (¥) を付けたいなら Ctrl + Shift + $ を使い、パーセント表示にしたいときには Ctrl + Shift + % を押します。数値の規模や意味がひと目で見て取れるようになります。

数値を見やすくする3つのショートカットキー

● Ctrl + Shift + ! でカンマを表示する

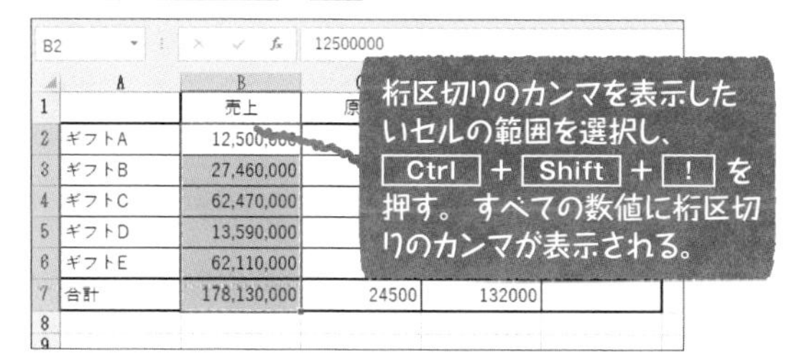

B2 12500000

	A	B	C	D	E
1		売上	原		
2	ギフトA	12,500,000			
3	ギフトB	27,460,000			
4	ギフトC	62,470,000			
5	ギフトD	13,590,000			
6	ギフトE	62,110,000			
7	合計	178,130,000	24500	132000	

● Ctrl + Shift + $ で¥を表示する

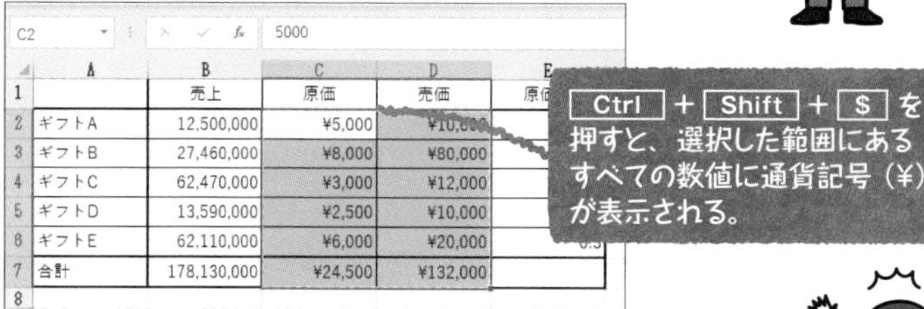

C2 5000

	A	B	C	D	E
1		売上	原価	売価	原価
2	ギフトA	12,500,000	¥5,000	¥10,000	
3	ギフトB	27,460,000	¥8,000	¥80,000	
4	ギフトC	62,470,000	¥3,000	¥12,000	
5	ギフトD	13,590,000	¥2,500	¥10,000	
6	ギフトE	62,110,000	¥6,000	¥20,000	
7	合計	178,130,000	¥24,500	¥132,000	

● Ctrl + Shift + % で%表示にする

E2 50%

	A	B	C	D	E
1		売上	原価	売価	原価率
2	ギフトA	12,500,000	¥5,000	¥10,000	50%
3	ギフトB	27,460,000	¥8,000	¥80,000	10%
4	ギフトC	62,470,000	¥3,000	¥12,000	25%
5	ギフトD	13,590,000	¥2,500	¥10,000	25%
6	ギフトE	62,110,000	¥6,000	¥20,000	30%
7	合計	178,130,000	¥24,500	¥132,000	

Ctrl + Shift + % を押すと、選択した範囲にあるすべての数値がパーセント表示になる。

Technique 8

Ctrl + B で太字、Ctrl + I で斜体、Ctrl + U で下線

時短 ★★☆
ミス削減 ★★☆
使用頻度 ★★☆

データを太字や斜体にしたり、下線を引くときに、マウスを使って作業していませんか？　ショートカットで一瞬で設定しよう。

セル内の文字を**太字にするときには、Ctrl + B を使います**。また、**斜体にする場合は Ctrl + I 、下線を引く場合は Ctrl + U を使います**。ただし、単に派手にするためだけに文字の書式を変えるとかえって見づらい表になってしまいます。強調すべき理由があるときに使ってこそ、活きてくる機能です。

太字・斜体・下線を使って強調

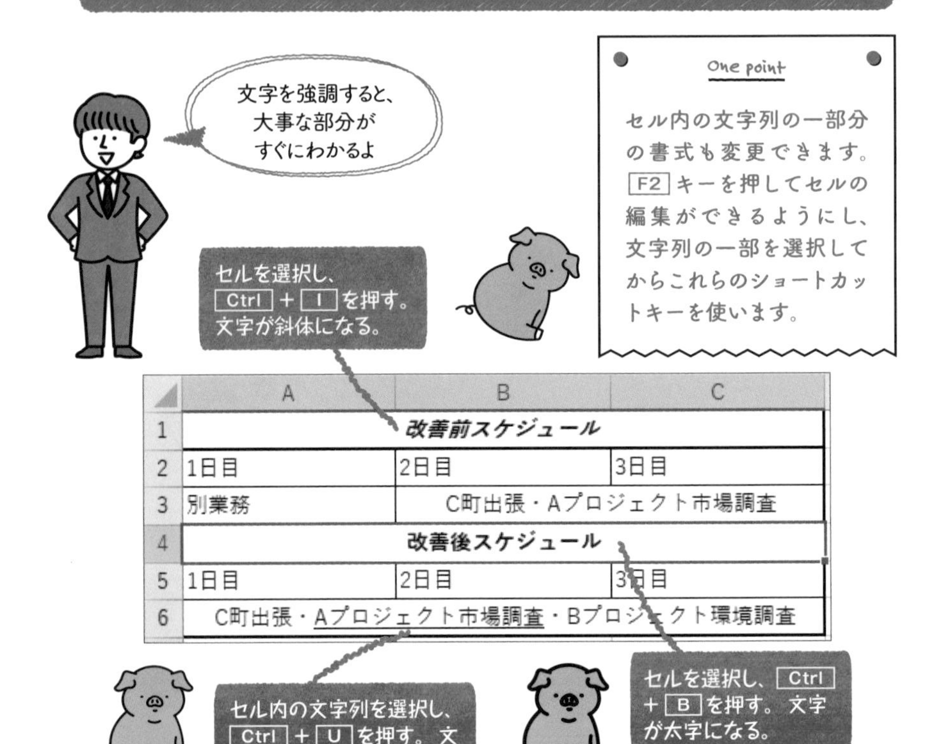

書式設定には［ホーム］タブの［フォント］グループにあるボタンや前ページで紹介したショートカットキーが使えますが、それらはよく使うものに限られています。**詳細な書式設定を行いたいときには Ctrl ＋ 1 キーを押して［セルの書式設定］ダイアログを表示してみてください。そこから様々な設定ができます。**

Ctrl ＋ 1 でセルの書式設定

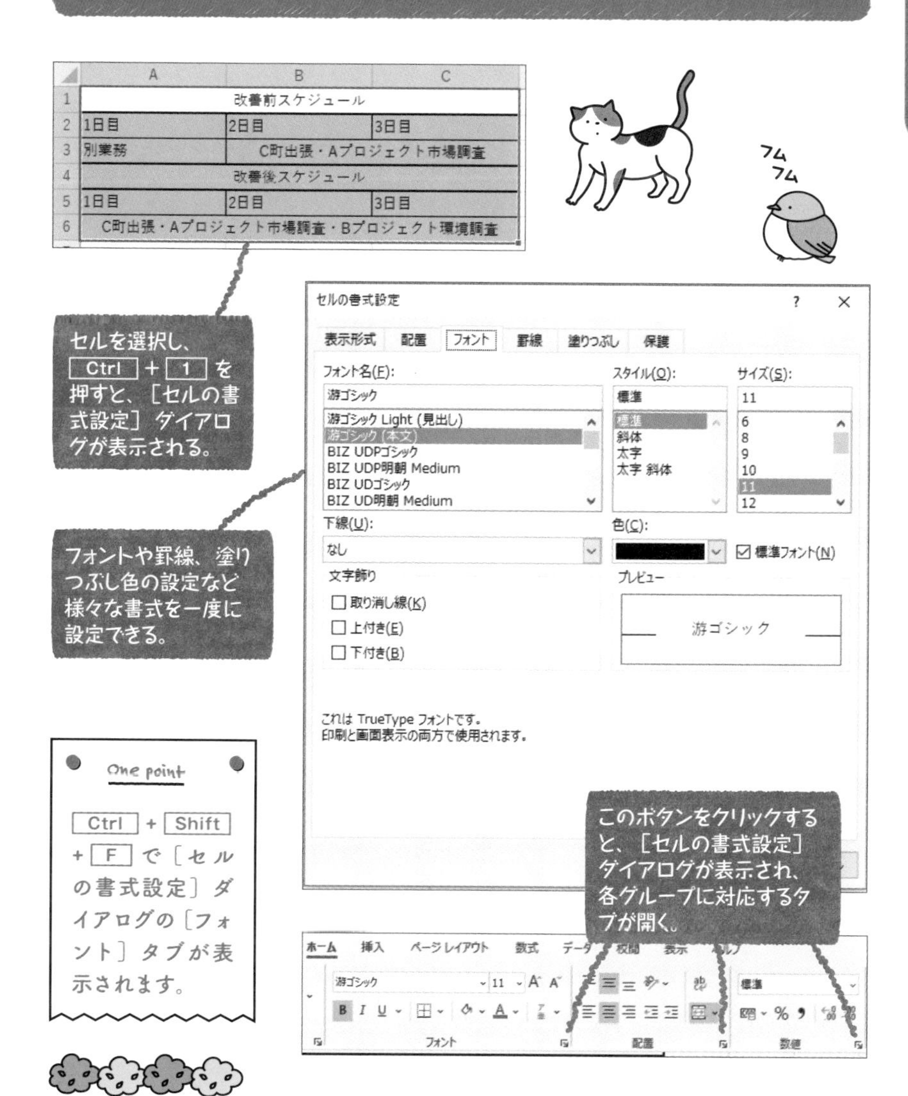

One point

Ctrl ＋ Shift ＋ F で［セルの書式設定］ダイアログの［フォント］タブが表示されます。

Technique 9

Ctrl + Shift + & で表の外枠を作成

時短 ★★☆
ミス削減 ★☆☆
使用頻度 ★★☆

表の体裁を整えるのによく使う罫線も、マウスやタブなどを使わずにショートカットキーで手早く設定・削除しよう。

表の外枠を罫線で囲みたいときは、［ホーム］タブやダイアログボックスからの設定よりもショートカットキーの方が素早く操作できます。**外枠を付けたい範囲を選択し、Ctrl + Shift + & を押せば、一瞬で黒い実線の外枠が付けられます**。単一のセルを選択して、このキーを押せば、そのセルだけを囲むことができるので、強調するという目的にも利用できます。

Ctrl + Shift + & で外枠を設定

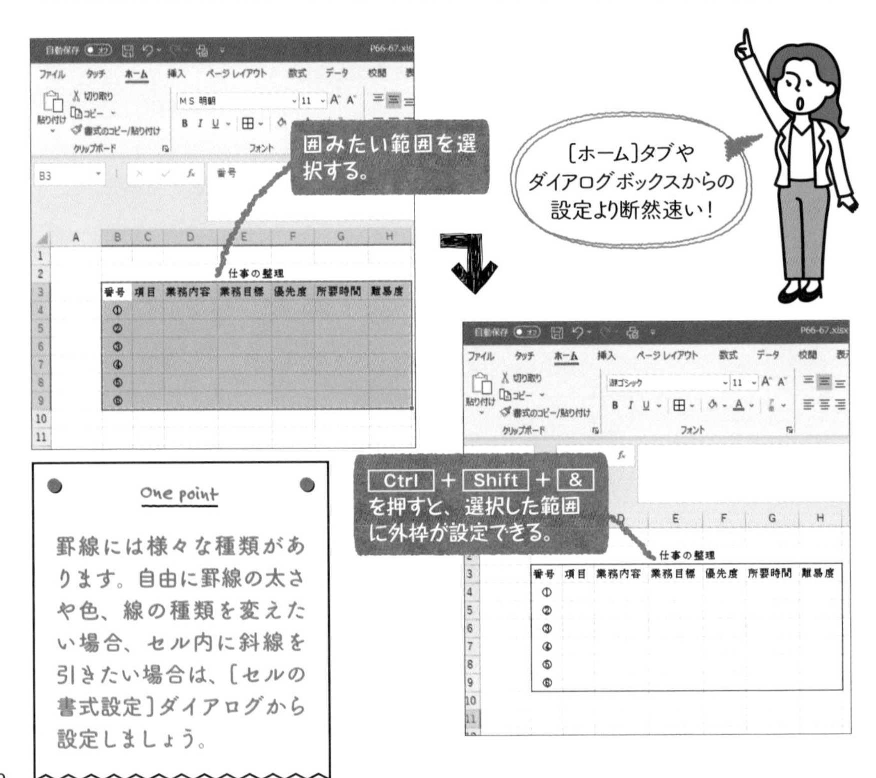

One point

罫線には様々な種類があります。自由に罫線の太さや色、線の種類を変えたい場合、セル内に斜線を引きたい場合は、［セルの書式設定］ダイアログから設定しましょう。

罫線の削除には、［ホーム］タブやダイアログボックスで［枠なし］を選択するのが一般的です。しかし、少々手間がかかり効率的とはいえません。この操作も範囲を設定して、Ctrl＋Shift＋_を押せば一瞬で済みます。ただし、斜線は［セルの書式設定］ダイアログからの操作で削除する必要があります。

Ctrl＋Shift＋_で罫線を一気に削除

KEY WORD → ☑ 検索、置換

Technique 10

Ctrl + F で検索 Ctrl + H で置き換え

時短 ★★☆
ミス削減 ★★☆
使用頻度 ★★☆

顧客名や商品名がどこにあるか探したいときはショートカットキーでパパッと調べましょう。文字列の置き換えも簡単です。

作成した膨大なデータの中から、特定の文字列を探すのはたいへん時間がかかります。このようなときには、Ctrl + F **を使って検索してみましょう。一瞬で検索文字列の入力されているセルが表示できます**。さらに、Ctrl + H **を使えば指定した文字列に置き換えることも可能です**。この場合、一括してすべて置き換えることも、検索文字列1つ1つについて判断することもできます。

Ctrl + F で文字列を検索

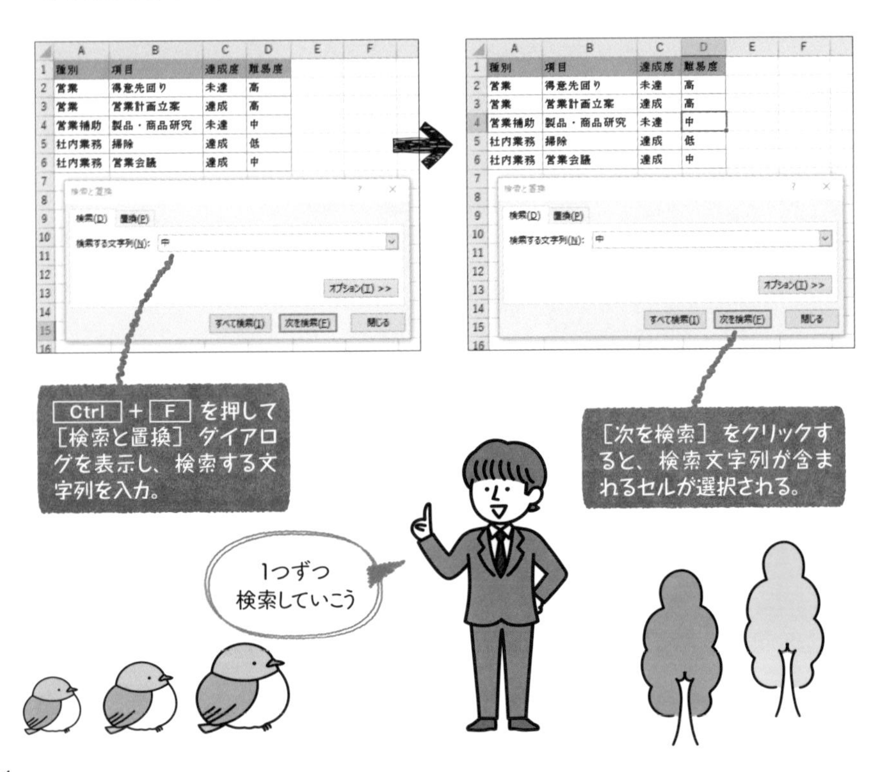

Ctrl + H で文字列を置換

すべての文字を置換

［すべて置換］をクリックすると、見つかった文字列が一度に置き換えられる。

1つずつ置換

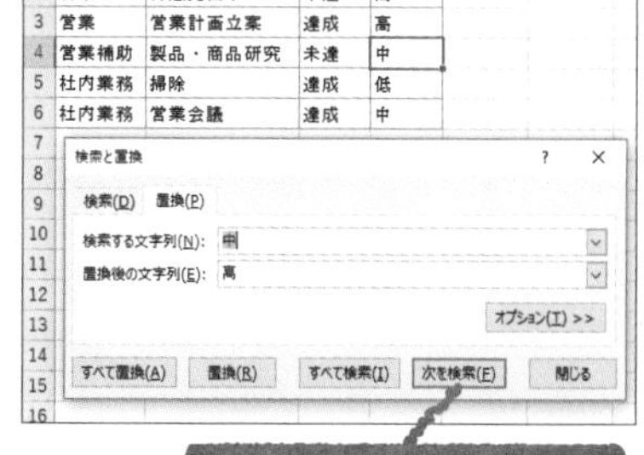

［次を検索］をクリックすると検索文字列を含むセルが1つだけ選択される。

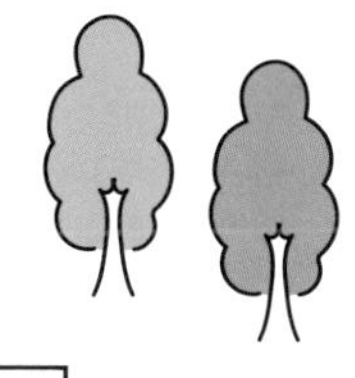

One point

［検索と置換］ダイアログボックスで［すべて検索］をクリックすると、検索文字列を含むセルが一覧表示されます。

Technique 11

時短 ★☆☆
ミス削減 ★☆☆
使用頻度 ★☆☆

Enter だけだと改行できない! Alt + Enter を使ってセルの中で改行

セルに入力されている長い文章を改行して読みやすくしましょう。ショートカットで簡単に改行を入力できます。

1つのセルの中に長い文章を入力すると列幅を超えてだらだらと表示されるので、非常に読みづらくなります。とくに、一カ所だけ長い文章があると、ほかのセルとのバランスが極端に悪くなります。文章を途中で区切って下の行に続きを書くこともできますが、それはあまりスマートな方法ではありません。このようなときには、セル内で改行しましょう。

Alt + Enter で改行しよう

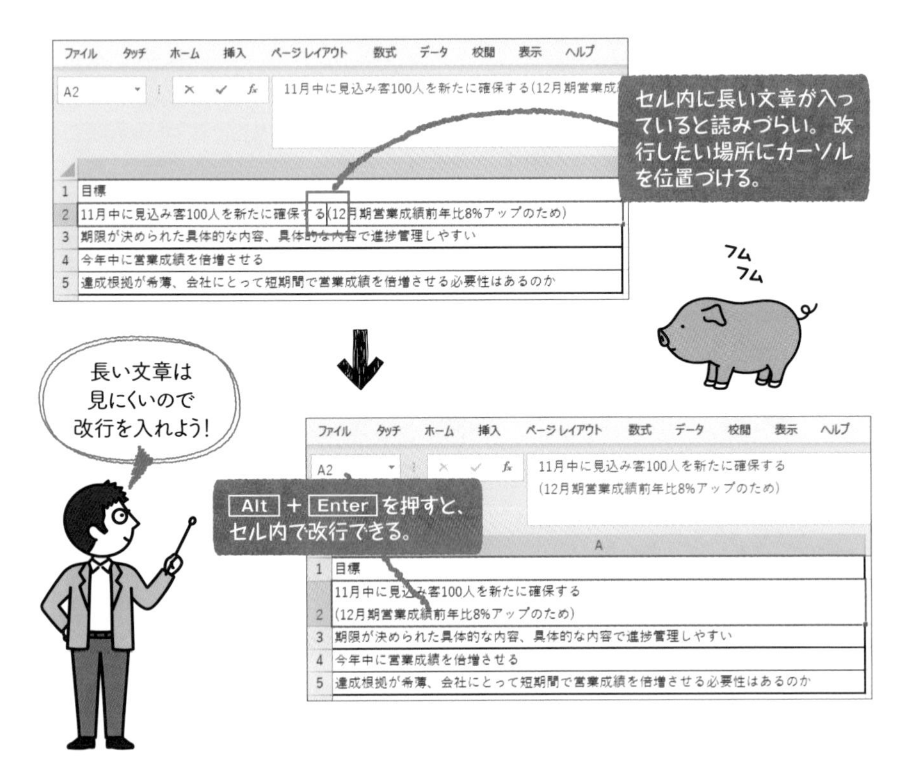

Wordのように改行したい場所にカーソルを位置づけて、**単純に Enter を押しても、セル内では改行されず、次のセルが選択されてしまいます。Excelでは、セル内で改行するには Alt + Enter を使います**。この機能を利用すれば、長い文章があっても、見やすい表が作れるでしょう。

改行を取り消す簡単な2つの方法

● Delete を押す

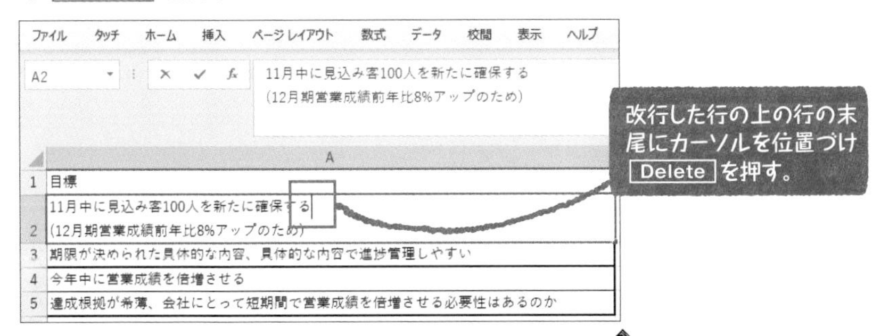
ファイル タッチ ホーム 挿入 ページレイアウト 数式 データ 校閲 表示 ヘルプ

A2 11月中に見込み客100人を新たに確保する
(12月期営業成績前年比8%アップのため)

	A
1	目標
2	11月中に見込み客100人を新たに確保する (12月期営業成績前年比8%アップのため)
3	期限が決められた具体的な内容、具体的な内容で進捗管理しやすい
4	今年中に営業成績を倍増させる
5	達成根拠が希薄、会社にとって短期間で営業成績を倍増させる必要性はあるのか

改行した行の上の行の末尾にカーソルを位置づけ Delete を押す。

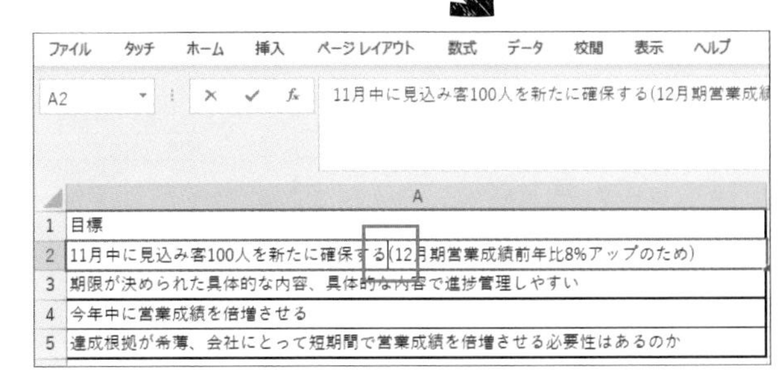
ファイル タッチ ホーム 挿入 ページレイアウト 数式 データ 校閲 表示 ヘルプ

A2 11月中に見込み客100人を新たに確保する(12月期営業成績

	A
1	目標
2	11月中に見込み客100人を新たに確保する(12月期営業成績前年比8%アップのため)
3	期限が決められた具体的な内容、具体的な内容で進捗管理しやすい
4	今年中に営業成績を倍増させる
5	達成根拠が希薄、会社にとって短期間で営業成績を倍増させる必要性はあるのか

● Backspace を押す

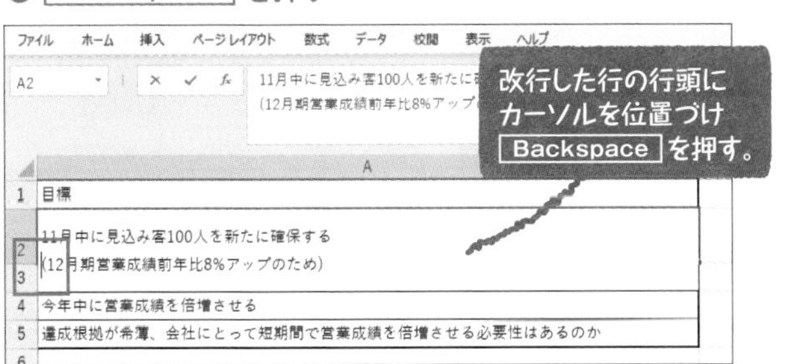
ファイル ホーム 挿入 ページレイアウト 数式 データ 校閲 表示 ヘルプ

A2 11月中に見込み客100人を新たに確
(12月期営業成績前年比8%アップ

	A
1	目標
2 3	11月中に見込み客100人を新たに確保する (12月期営業成績前年比8%アップのため)
4	今年中に営業成績を倍増させる
5	達成根拠が希薄、会社にとって短期間で営業成績を倍増させる必要性はあるのか
6	

改行した行の行頭にカーソルを位置づけ Backspace を押す。

One point

Delete はカーソルの直後の文字を削除するキー、Backspace はカーソルの直前の文字を削除するキーです。

Technique 12

行・列の挿入・削除は Ctrl + + 、Ctrl + − でラクラク簡単

時短 ★★☆
ミス削減 ★☆☆
使用頻度 ★★☆

行・列の挿入・削除は、マウス操作でもできますが、ショートカットキー１つで柔軟に対処できます。

行や列の挿入・削除には、行見出しや列見出しを右クリックして[挿入]または[削除]を選択するのが簡単ですが､ショートカットキーでも簡単にできます。**行を挿入する場合は、Shift + スペース キーを押して行を選択し、Ctrl + + キーを押します**。列を追加する場合は Ctrl + スペース キーを押して列を選択し、Ctrl + + を押します。いずれも、選択した行や列の手前に新しい行や列が挿入されます。+ はテンキーの + を使います。

Ctrl + + で行・列を挿入する

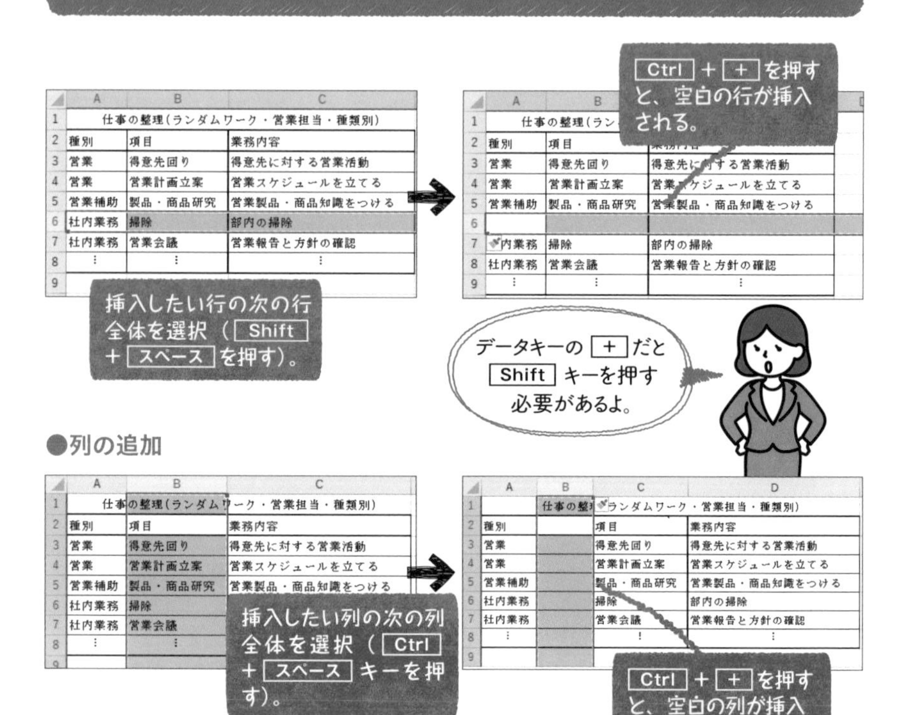

	A	B	C
1	仕事の整理（ランダムワーク・営業担当・種類別）		
2	種別	項目	業務内容
3	営業	得意先回り	得意先に対する営業活動
4	営業	営業計画立案	営業スケジュールを立てる
5	営業補助	製品・商品研究	営業製品・商品知識をつける
6	社内業務	掃除	部内の掃除
7	社内業務	営業会議	営業報告と方針の確認
8	⋮	⋮	⋮
9			

削除の場合は、削除したい列や行を選択し、Ctrl＋−を押します。行や列ではなくセルを選択していた場合はCtrl＋Shift＋＋やCtrl＋−キーを押すと、セルの挿入・削除ができるダイアログボックスが表示されます。複数の列や行を選択するには、Shift＋→やShift＋↓キーで複数のセルを選択し、Ctrl＋スペースやShift＋スペースを押します。

Ctrl＋−で行・列を削除する

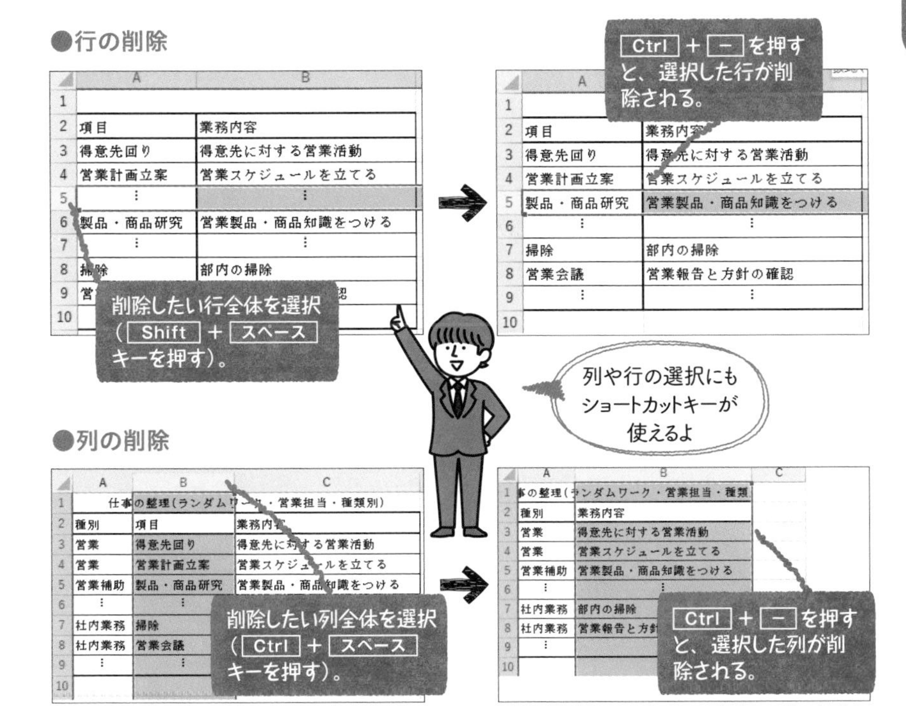

●複数の行・列の削除

Shift＋↓で複数のセルを選択し、Shift＋スペースで行全体を選択。

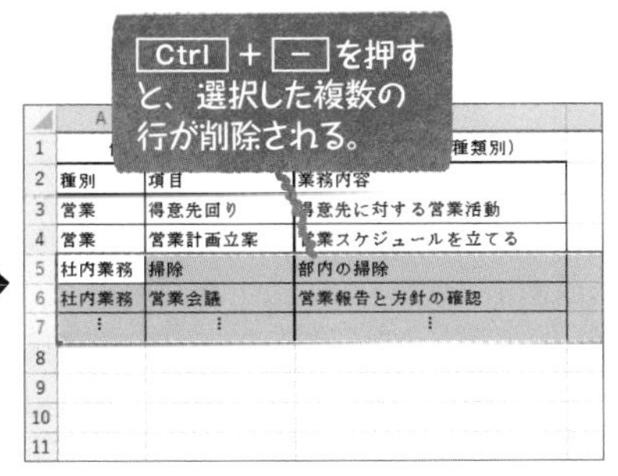

Shift + F2 で メモの作成

時短 ★☆☆
ミス削減 ★★☆
使用頻度 ★☆☆

セルの内容に注意事項や補足を書きとめたい場合には、メモ機能が便利です。ショートカットキーで簡単に挿入できます。

セルに**自分用のメモを残しておきたい場合には、メモ機能が便利です**。一方、ワークシートを同僚や上司にチェックしてもらったり、決済してもらったりするには、コメント機能を使って変更の理由や補足事項などを挿入しておくと、**会話形式でコメントのやりとりができるようになります**。なお、Microsoft 365 以外では、ここで紹介するメモ機能のことをコメント機能と呼んでいます。

Shift + F2 でメモを挿入

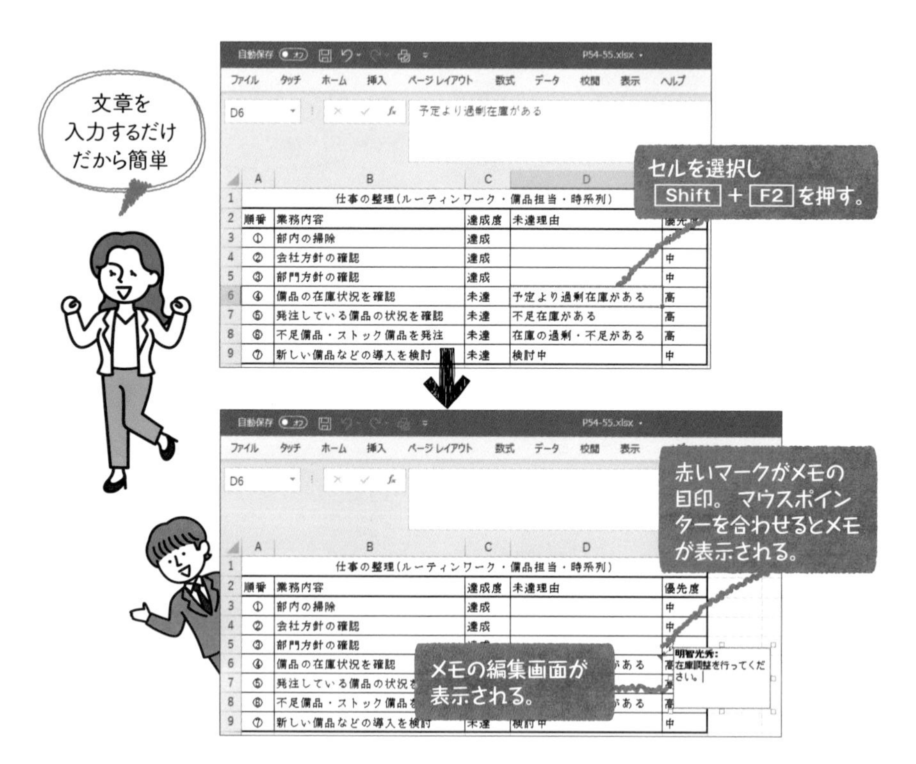

Shift + F2 **を押せば、メモが作成されます**。自分の名前があらかじめ表示されているので、続けてメモを書き込めば OK です。対象セルの右肩には赤い三角印が付くので、メモが設定されていることがすぐにわかります。メモはあとから修正したり、常に表示した状態にすることも可能です。

覚えておきたいコメント機能の基本操作

● [校閲] タブでメモを削除

●右クリックでメモを編集・削除・表示・非表示

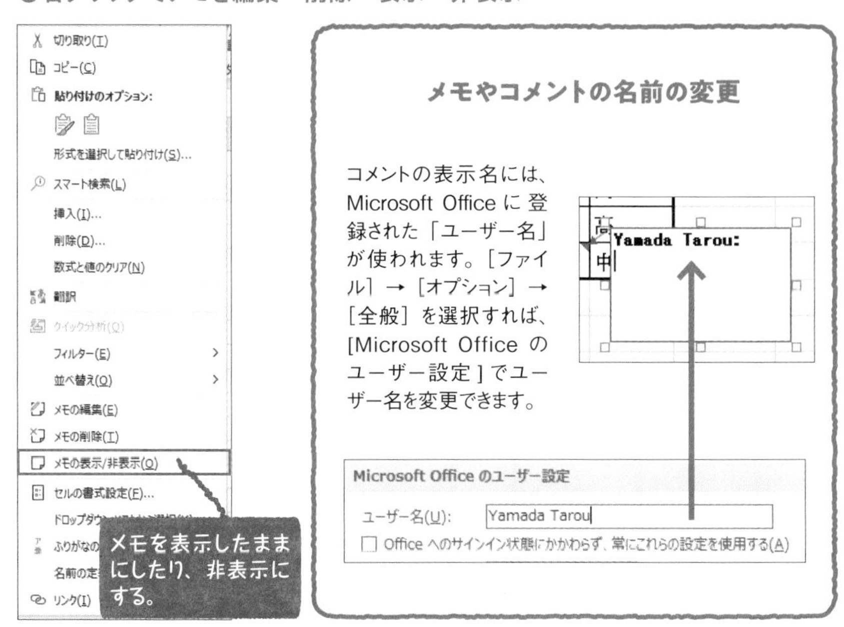

Technique 14

Ctrl + → （方向キー）で表の端まで高速移動

時短 ★★☆
ミス削減 ★☆☆
使用頻度 ★☆☆

表の端まで移動するときマウスでスクロールしたり、方向キーを使っていませんか？　ワンタッチでできる便利ワザを紹介します。

大きな表の一番端のセルを表示したいとき、画面をスクロールしたり、長時間方向キーを押し続けたりする人はいませんか？　このようなときに **Ctrl + → （方向キー）を使えば、一瞬で表の左右上下の端に到達できます**。最下段に表示されている合計やデータの個数などを確認するときにとても便利なショートカットキーです。

Ctrl + → （方向キー）で表内をワープ！

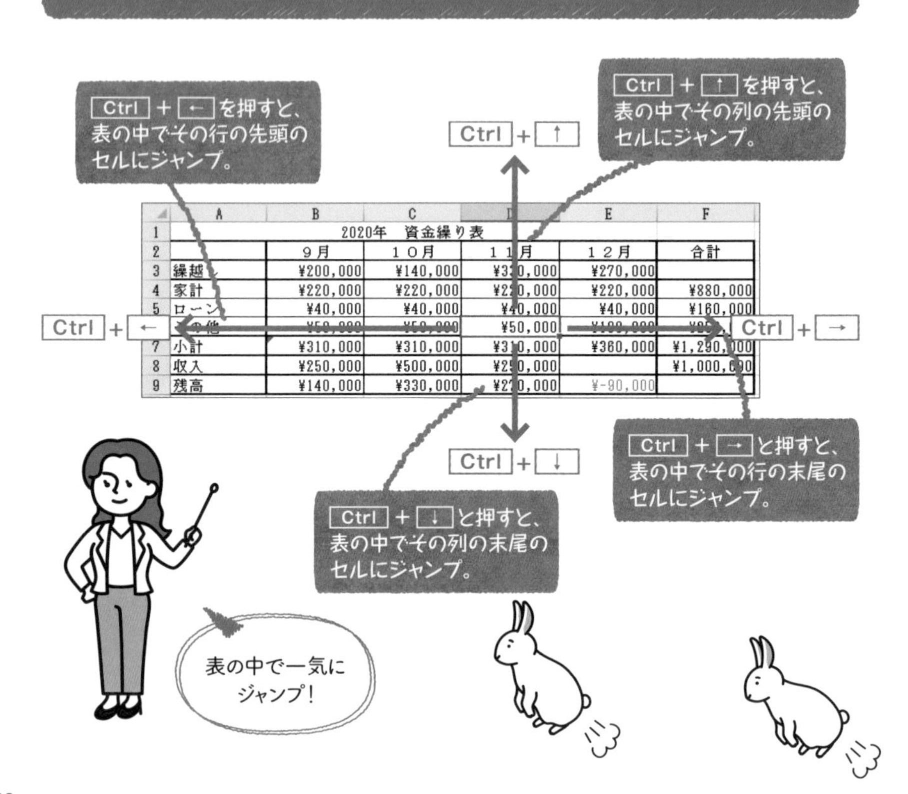

	A	B	C	D	E	F
1	2020年　資金繰り表					
2		９月	１０月	１１月	１２月	合計
3	繰越し	¥200,000	¥140,000	[illegible]	¥270,000	
4	家計	¥220,000	¥220,000	[illegible]	¥220,000	¥880,000
5	ローン	¥40,000	¥40,000	¥40,000	¥40,000	¥160,000
6	その他	[illegible]	[illegible]	¥50,000	[illegible]	[illegible]
7	小計	¥310,000	¥310,000	[illegible]	¥360,000	¥1,290,000
8	収入	¥250,000	¥500,000	[illegible]		¥1,000,000
9	残高	¥140,000	¥330,000	[illegible]	¥-90,000	

離れた位置に複数の領域があるとき、Ctrl＋→（方向キー）を押せば、1つ目の領域の末尾から2つ目の領域の先頭のセルにジャンプできます。また、表から次の表へ移動することもできます。1つの表の途中に空のセルがあれば、その前の位置にジャンプするので、入力のし忘れがないか確認するときにも使えます。

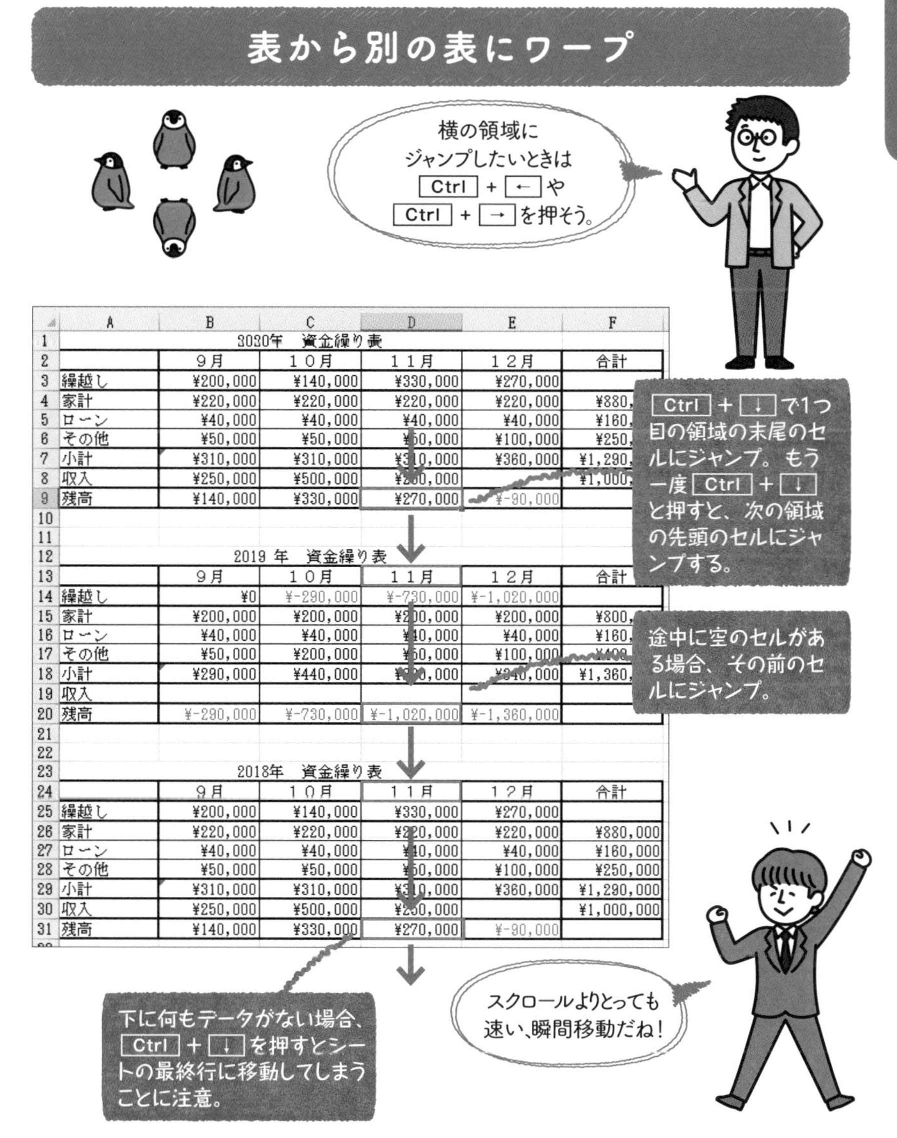

	A	B	C	D	E	F
1		3030年　資金繰り表				
2		９月	１０月	１１月	１２月	合計
3	繰越し	¥200,000	¥140,000	¥330,000	¥270,000	
4	家計	¥220,000	¥220,000	¥220,000	¥220,000	¥880,
5	ローン	¥40,000	¥40,000	¥40,000	¥40,000	¥160,
6	その他	¥50,000	¥50,000	¥50,000	¥100,000	¥250,
7	小計	¥310,000	¥310,000	¥310,000	¥360,000	¥1,290,
8	収入	¥250,000	¥500,000	¥2[illegible]0,000		¥1,000,
9	残高	¥140,000	¥330,000	¥270,000	¥-90,000	
10						
11						
12		2019 年　資金繰り表				
13		９月	１０月	１１月	１２月	合計
14	繰越し	¥0	¥-290,000	¥-730,000	¥-1,020,000	
15	家計	¥200,000	¥200,000	¥200,000	¥200,000	¥800,
16	ローン	¥40,000	¥40,000	¥40,000	¥40,000	¥160,
17	その他	¥50,000	¥200,000	¥50,000	¥100,000	¥400,
18	小計	¥290,000	¥440,000	¥[illegible]0,000	¥[illegible]40,000	¥1,360,
19	収入					
20	残高	¥-290,000	¥-730,000	¥-1,020,000	¥-1,360,000	
21						
22						
23		2018年　資金繰り表				
24		９月	１０月	１１月	１２月	合計
25	繰越し	¥200,000	¥140,000	¥330,000	¥270,000	
26	家計	¥220,000	¥220,000	¥220,000	¥220,000	¥880,000
27	ローン	¥40,000	¥40,000	¥40,000	¥40,000	¥160,000
28	その他	¥50,000	¥50,000	¥50,000	¥100,000	¥250,000
29	小計	¥310,000	¥310,000	¥310,000	¥360,000	¥1,290,000
30	収入	¥250,000	¥500,000	¥250,000		¥1,000,000
31	残高	¥140,000	¥330,000	¥270,000	¥-90,000	

Ctrl + Shift + → (方向キー) で行・列の連続した範囲を選択

時短 ★★★
ミス削減 ★★☆
使用頻度 ★★★

表の先頭あるいは末尾までを一気に選択するなら、Ctrl + Shift + → (方向キー) を使いましょう。

Shift + → で選択範囲を広げるのは前ページで見た通りです。一方、Ctrl + → (方向キー) で表の末尾までジャンプできるのはP.62で見ました。これらを組み合わせた **Ctrl + Shift + → (方向キー) を押せば、表の末尾まで選択範囲が広げられます**。マウスでの操作より格段に速く操作できます。

Ctrl + Shift + → (方向キー)で表の末尾まで一気に選択

●行の選択

	A	B	C	D	E
1		6月	7月	8月	合計
2	繰越し	#REF!	#REF!	#REF!	
3	家計	¥220,000	¥220,000	¥220,000	¥660,000
4	ローン	¥40,000	¥270,000	¥40,000	¥350,000
5	その他	¥50,000	¥100,000	¥50,000	¥200,000
6	小計	¥310,000	¥590,000	¥310,000	¥1,210,000
7	収入	¥300,000	¥1,000,000		¥1,300,000
8	残高	#REF!	#REF!	#REF!	

先頭のセルを選択し、Ctrl + Shift + → を押す。表の右端まで選択された。

●列の選択

	A	B	C	D	E
1		6月	7月	8月	合計
2	繰越し	#REF!	#REF!	#REF!	
3	家計	¥220,000	¥220,000	¥220,000	¥660,000
4	ローン	¥40,000	¥270,000	¥40,000	¥350,000
5	その他	¥50,000	¥100,000	¥50,000	¥200,000
6	小計	¥310,000	¥590,000	¥310,000	¥1,210,000
7	収入	¥300,000	¥1,000,000		¥1,300,000
8	残高	#REF!	#REF!	#REF!	
9					

Ctrl + Shift + ↓ を押すと、その列の表の下端まで選択される。

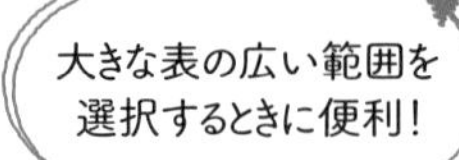

途中に空欄があると、その手前まで選択される

	D	
	8月	
!	#REF!	
,000	¥220,000	
,000	¥40,000	
,000	¥50,000	
,000	¥310,000	¥1
,000		
!	#REF!	

連続してデータが入力されている範囲が選択される。空のセルがあるとその手前までの選択となる。

また、**行方向・列方向の選択だけでなく、データが入力されている範囲の右下やワークシートの先頭までを一気に選択することも可能**です。Ctrl + Shift + End なら、現在のセルから表の右下のセルまで一気に選択できます。一方、Ctrl + Shift + Home を使うと、現在のセルから A1（左上の始点のセル）までを瞬時に選択できます。大きな表の場合、途中に空のセルがあっても、端まで選択されます。

Ctrl + Shift + End or Home で四角い範囲を選択

● Ctrl + Shift + End で右下まで選択

	A	B	C	D
1		6月	7月	合
2	繰越し	#REF!	#REF!	
3	家計	¥220,000	¥220,000	¥440,000
4	ローン	¥40,000	¥270,000	¥310,000
5	その他	¥50,000	¥100,000	¥150,000
6	小計	¥310,000	¥590,000	¥900,000
7	収入	¥300,000	¥1,000,000	¥1,300,000
8	残高	#REF!	#REF!	

先頭のセルを選択。

一気に先頭や末尾までを消去したいときにも便利!

	A	B	C	D
1		6月	7月	合計
2	繰越し	#REF!	#REF!	
3	家計	¥220,000	¥220,000	¥440,000
4	ローン	¥40,000	¥270,000	¥310,000
5	その他	¥50,000	¥100,000	¥150,000
6	小計	¥310,000	¥590,000	¥900,000
7	収入	¥300,000	¥1,000,000	¥1,300,000
8	残高	#REF!	#REF!	

● Ctrl + Shift + Home で左上まで選択

	A	B	C	D
1		6月	7月	合計
2	繰越し	#REF!	#REF!	
3	家計	¥220,000	¥220,000	¥440,000
4	ローン	¥40,000	¥270,000	¥310,000
5	その他	¥50,000	¥100,000	¥150,000
6	小計	¥310,000	¥590,000	¥900,000
7	収入	¥300,000	¥1,000,000	¥1,300,000
8	残高	#REF!	#REF!	

末尾のセルを選択し、Ctrl + Shift + Home を押すと、A1までの範囲が選択される。

One point

Ctrl +方向キーは表の先頭や末尾にジャンプ、Shift +方向キーは複数セルを選択するというショートカットキーです。この2つの合わせ技です。

Technique 16

Ctrl + Shift + : でデータが入力されている範囲を選択

時短 ★★☆
ミス削減 ★★☆
使用頻度 ★☆☆

ワークシートや表の範囲を選択するときは Ctrl + Shift + : や Ctrl + A を使いましょう。一瞬で選択できます。

［コピー］や［切り取り］の前には、コピー元や移動元の範囲を選択しておく必要があります。データが入力されている範囲やワークシート全体のように決まった範囲であれば、マウスでの選択よりもショートカットキーの方が便利です。たとえば、Ctrl + Shift + : **では、現在のセルを含み、データが入力されている範囲が選択できます**。

Ctrl + Shift + : でデータの範囲を選択

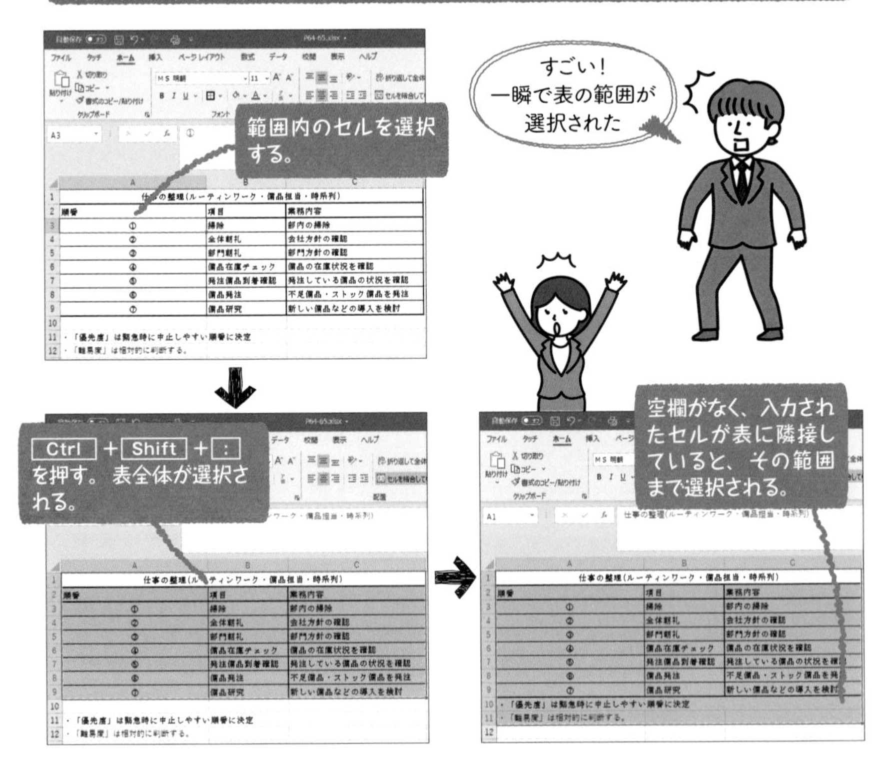

仕事の整理（ルーティンワーク・備品担当・時系列）		
順番	項目	業務内容
①	掃除	部内の掃除
②	全体朝礼	会社方針の確認
③	部門朝礼	部門方針の確認
④	備品在庫チェック	備品の在庫状況を確認
⑤	発注備品到着確認	発注している備品の状況を確認
⑥	備品発注	不足備品・ストック備品を発注
⑦	備品研究	新しい備品などの導入を検討

・「優先度」は緊急時に中止しやすい順番に決定
・「難易度」は相対的に判断する。

前ページの「データが入力されている範囲」は「周囲を空のセルで囲まれた範囲」ということです。表の上部に見出しなどがある場合、そのセルも選択されるので注意しましょう。一方、**ワークシート全体を選択したい場合は Ctrl + A を使います**。ワークシート全体をコピーしたり、消去したりするときに使えるショートカットキーです。

Ctrl + A でワークシート全体を選択

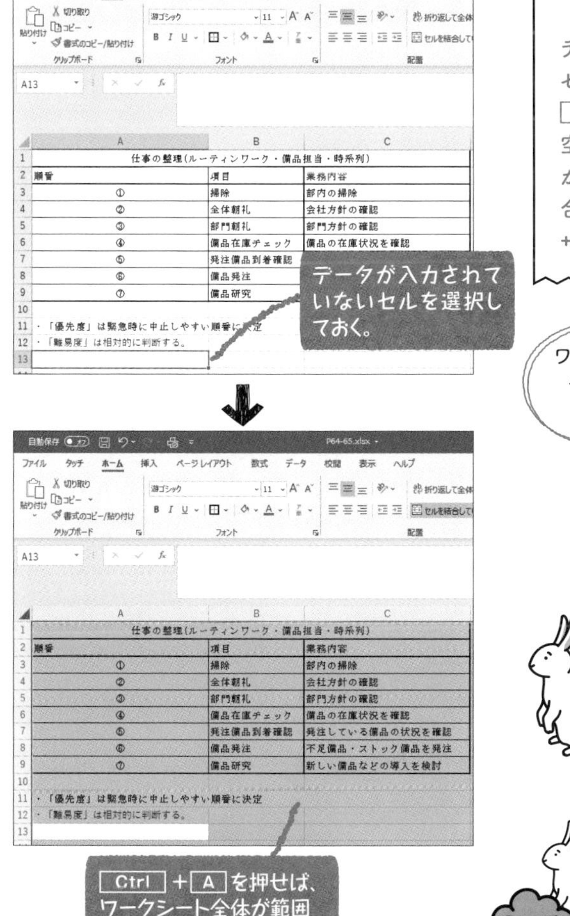

	A	B	C
1	仕事の整理(ルーティンワーク・備品担当・時系列)		
2	順番	項目	業務内容
3	①	掃除	部内の掃除
4	②	全体朝礼	会社方針の確認
5	③	部門朝礼	部門方針の確認
6	④	備品在庫チェック	備品の在庫状況を確認
7	⑤	発注備品到着確認	発注している備品の状況を確認
8	⑥	備品発注	不足備品・ストック備品を発注
9	⑦	備品研究	新しい備品などの導入を検討
10			
11	・「優先度」は緊急時に中止しやすい順番に決定		
12	・「難易度」は相対的に判断する。		
13			

One point

データが入力されているセルが選択された状態で Ctrl + A を押すと、空のセルで囲まれた範囲が選択されます。この場合は、Ctrl + Shift + : と同じ働きです。

ワークシートのコピーや消去に便利な操作だね

Technique

17 Ctrl + Alt + + で画面拡大、Ctrl + Alt + − で画面縮小

時短 ★☆☆
ミス削減 ★★☆
使用頻度 ★★☆

文字の表示が小さいと目が疲れるだけでなく、間違いの元になります。サクッと倍率を変えて快適に操作しましょう。

Excelの表には様々なデータが含まれます。桁数の多い数字の羅列であったり、詳細な注釈が書かれていたり、精細な図形の編集が必要になることもあります。**細部を見たり、編集したりするには表示を拡大し、全体を見るときには表示を縮小すればいい**のですが、その操作が本来の作業を妨げないようにしたいものです。このようなときに、Ctrl + Alt + + や Ctrl + Alt + − が便利です。

拡大・縮小の方法を使い分けよう

表示倍率の変更には Ctrl を押しながらマウスホイールを回転させるという方法もあります。向こう側に回転させると拡大し、手前に回転させると縮小します。なお、ウィンドウのサイズもショートカットキーで拡大・縮小できます。Ctrl + F8 を押せば、方向キーを押した向きにウィンドウのサイズが拡大・縮小します。また、Ctrl + F8 を押すとウィンドウのサイズが変えられます。

表示を見やすくする別の方法

● Ctrl を押しながらマウスホイールを回転させる

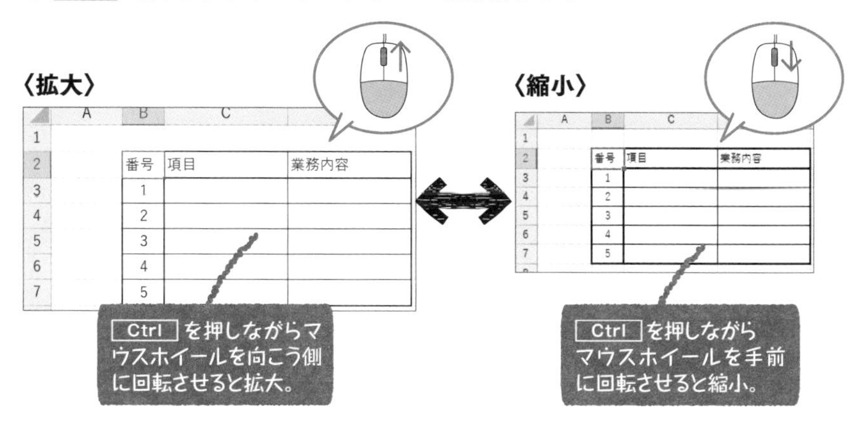

● Ctrl + F8 でウィンドウの拡大・縮小

Ctrl + F8 によるウィンドウの拡大・縮小は、ウィンドウが最大化されていないときにのみ使えます。方向キーを1回押して拡大・縮小の方向を決め、さらに方向キーを押してその方向にサイズを変更します。

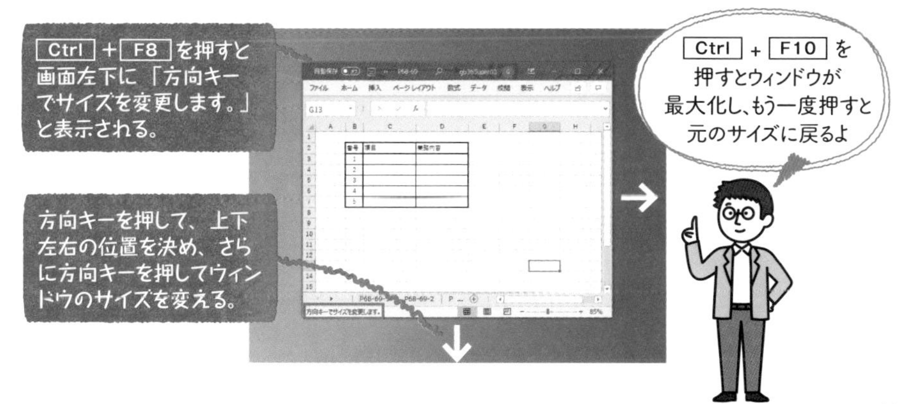

column

上書き保存に注意！

ファイルの複製

ファイルに上書き保存してしまい、元のデータが消えてしまったというミスがよくあります。これを防ぐ3つの方法を紹介します。

ファイルの複製

消してはいけないファイルを Ctrl キーを押しながらほかのフォルダー（たとえばデスクトップ）にドラッグするだけで、ファイルが複製されます。間違って上書きしてしまっても、複製されたデータを使えばよいので問題ありません。また、ファイルを選択し、Ctrl ＋ C を押し、続けて Ctrl ＋ V を押すと、同じフォルダ内で複製を作ることができます。

名前	更新日時	種類
企画書A.xlsx	2020/03/11 12:06	Microsoft Excel ワ...

名前	更新日時	種類	サイズ
企画書A - コピー.xlsx	2020/03/11 12:06	Microsoft Excel ワ...	
企画書A.xlsx	2020/03/11 12:06	Microsoft Excel ワ...	

F12 で別名保存

ファイルを別ファイルとして保存しておけば、保険となります。ファイルを開いたら、 F12 キーを押して「名前を付けて保存」しましょう。ファイル名と保存場所は探しやすいわかりやすいものにしてください。

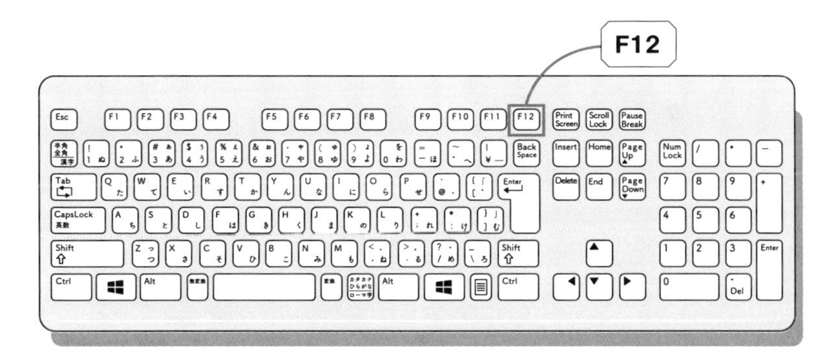

テンプレート形式で保存

いわゆる「原紙」にあたるようなファイルであれば、［Excel テンプレート］という種類を選んで保存しておきます。そのファイルを編集して上書き保存しようとしたときには必ず［名前を付けて保存］ダイアログが表示されるので、間違って元データを上書きして消すことがなくなります。

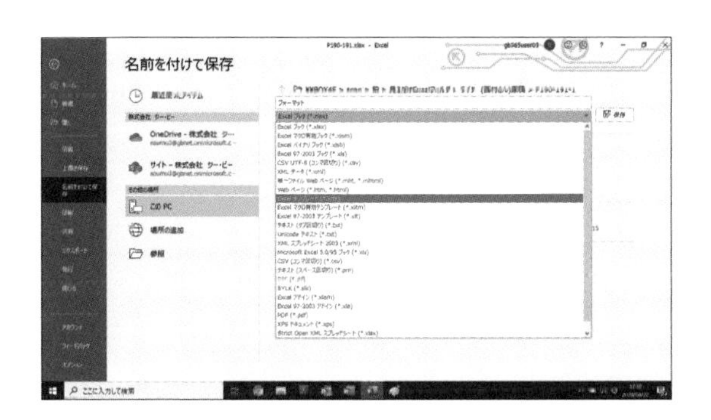

CHOUSOKU
Excel
MIRUDAKE
notes

Chapter 2

入力とデータ処理の時短ワザ最強ランキング

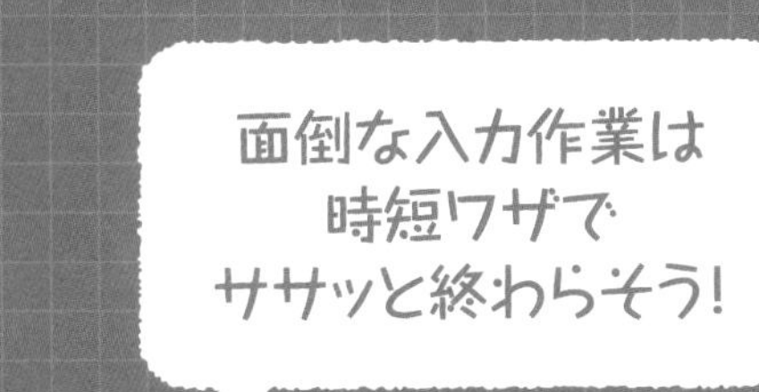

本章では、手間のかかるデータ入力や、目視で確認したり抽出する作業をグッと楽にする時短ワザを紹介します。オートフィルや入力規則、ピボットテーブルの作成など、マスターしておきたいワザがたくさんあります。効率的に作業をこなすために覚えておきましょう。

Technique 1

オートフィルで入力を省力化

時短 ★★★
ミス削減 ★★★
使用頻度 ★★★

連続する数字や日付などはオートフィル機能で自動入力しましょう。オートフィルの基本的な使い方をマスターします。

番号や日付などの連続するデータを入力するときに、1つ1つ手入力していては時間がいくらあっても足りません。そのような場合に便利なのが、オートフィル機能です。**ドラッグするだけで同じ行や列に連続するデータ（1・2・3…など）を入力することができます**。最初のいくつかの値を入力しておけば、あとはマウス操作であっという間に指定範囲に入力ができます。

連続データはオートフィルで瞬間入力

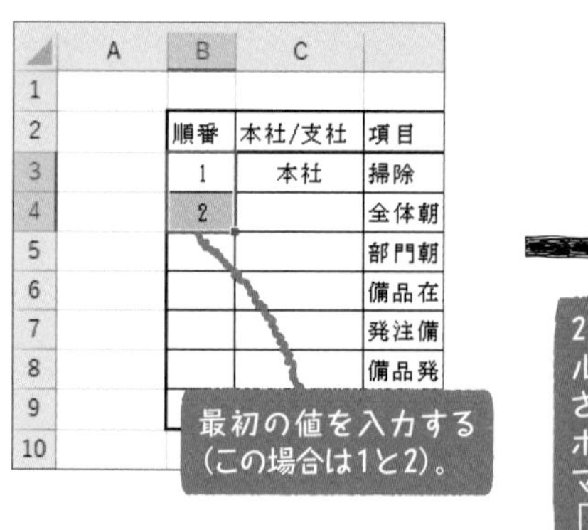

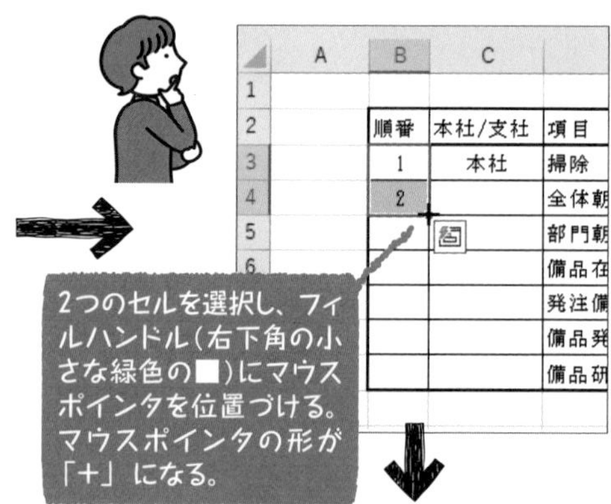

オートフィル機能を使えば、**データを指定範囲にコピーすることもできます**。この場合、あらかじめ入力するデータは１つのセルだけでOKです。あとは、同じ要領でドラッグするだけです。コピー先の書式を崩したくない場合は、コピーしたあと、右下に表示される［オートフィルオプション］をクリックして「書式なしコピー」を選んでください。

オートフィルのコピー術

●データ・書式をコピー

データが入力されたセルを選択する。フィルハンドルにマウスポインタを位置づけると、マウスポインタの形が「+」になる。

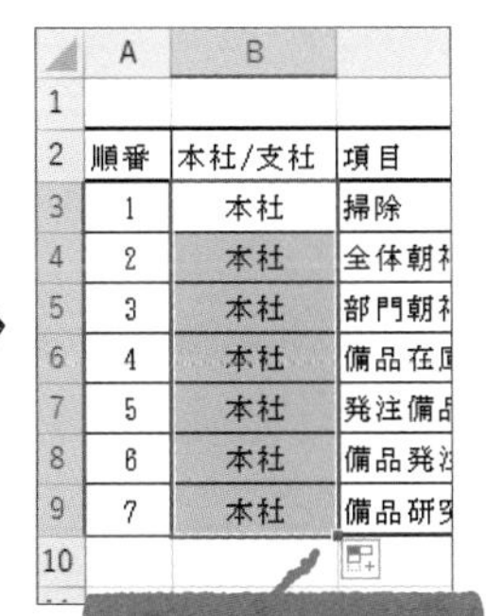

フィルハンドルをドラッグする。選択したセルの値と書式がコピーされる。

行ごとに塗りつぶし色を変えているときなどに便利だね

ダブルクリックでもできる

隣接する列にデータが入力されている場合フィルハンドルをダブルクリックするだけでオートフィルができます。

●書式なしのコピー

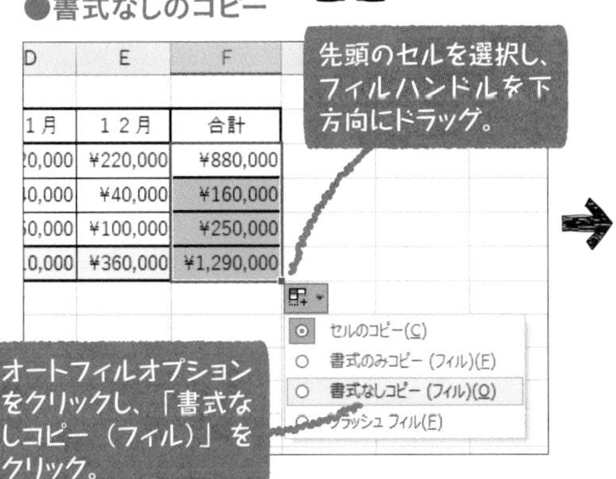

先頭のセルを選択し、フィルハンドルを下方向にドラッグ。

オートフィルオプションをクリックし、「書式なしコピー（フィル）」をクリック。

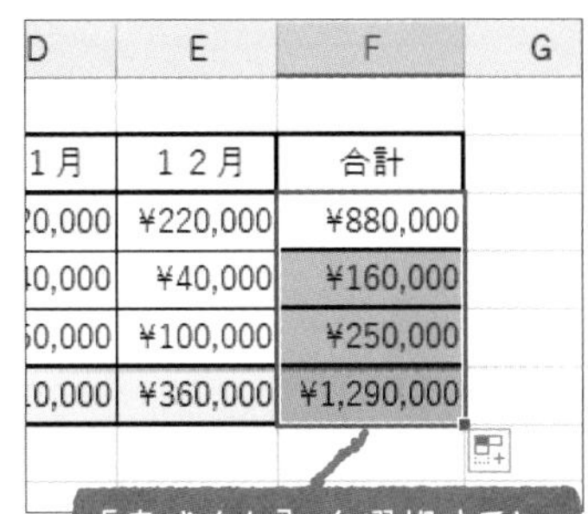

［書式なし］を選択すると、データだけがコピーされる。コピー先の書式は元に戻った。

コピペの履歴から貼り付けられるクリップボード

時短 ★★☆
ミス削減 ★★★
使用頻度 ★☆☆

クリップボードを活用すれば、コピーしたデータをいつでもどこでも貼り付けることができます。そのやり方を紹介します。

コピー機能を使うとコピー元のデータがクリップボードに入れられます。一般的なクリップボードに記憶できるデータは1つだけですが、**Microsoft Officeのクリップボードには複数のデータを記録しておけます**。その中から必要なものを選んで［貼り付け］を実行すれば、以前にコピーしたデータを効果的に再利用できます。

クリップボードからデータをコピー

●クリップボードの表示

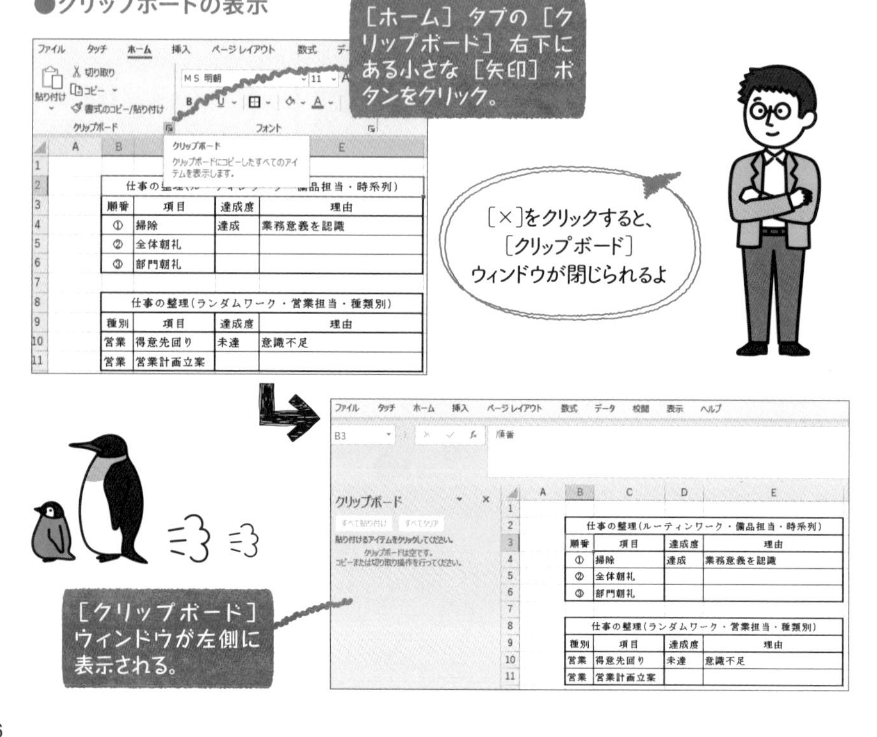

●データをコピー

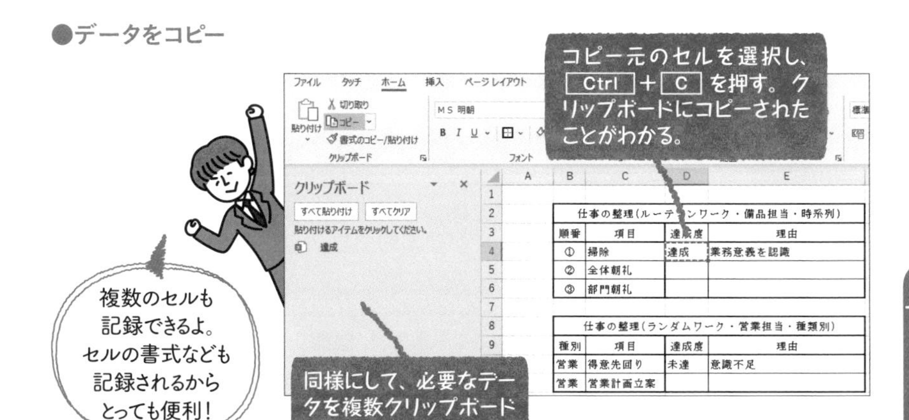

●クリップボードからの貼り付け

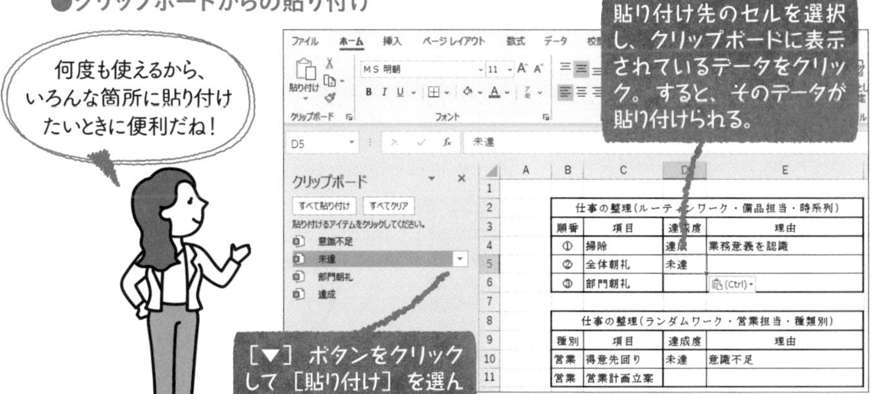

●内容の削除

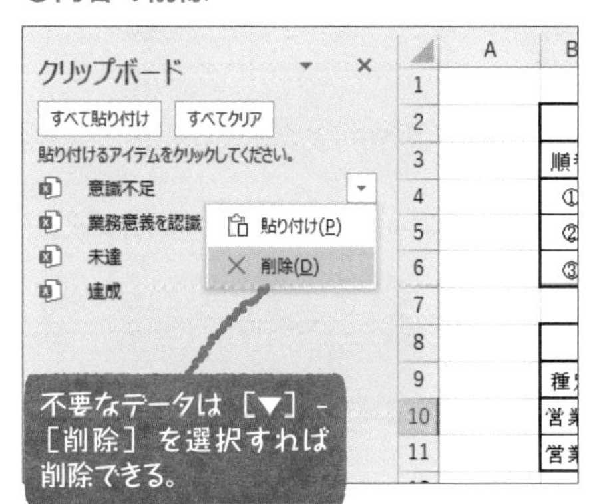

One point

フォントや文字サイズなども貼り付けられます。貼り付けたあと、[貼り付けのオプション] をクリックすれば、貼り付け先を元の書式に戻すこともできます。

Technique

入力規則を使って、誤ったデータを入力させない

時短 ★★☆
ミス削減 ★★★
使用頻度 ★☆☆

ミスを削減するためには、そもそも間違ったデータを入力できないように制限するのが効果的です。

誤ったデータが入力されていると、いくら高度な機能を使って詳細な分析をしても、誤った結果しか出てきません。**「データの入力規則」という機能を利用すれば、あらかじめ決められた範囲の値しかセルに入力できないようにしたり、決まった文字列しか入力できないようにしたりできます**。異常な値を入力しようとすると、警告が表示され、入力が拒否されます。

ありえない数値は入力不可に

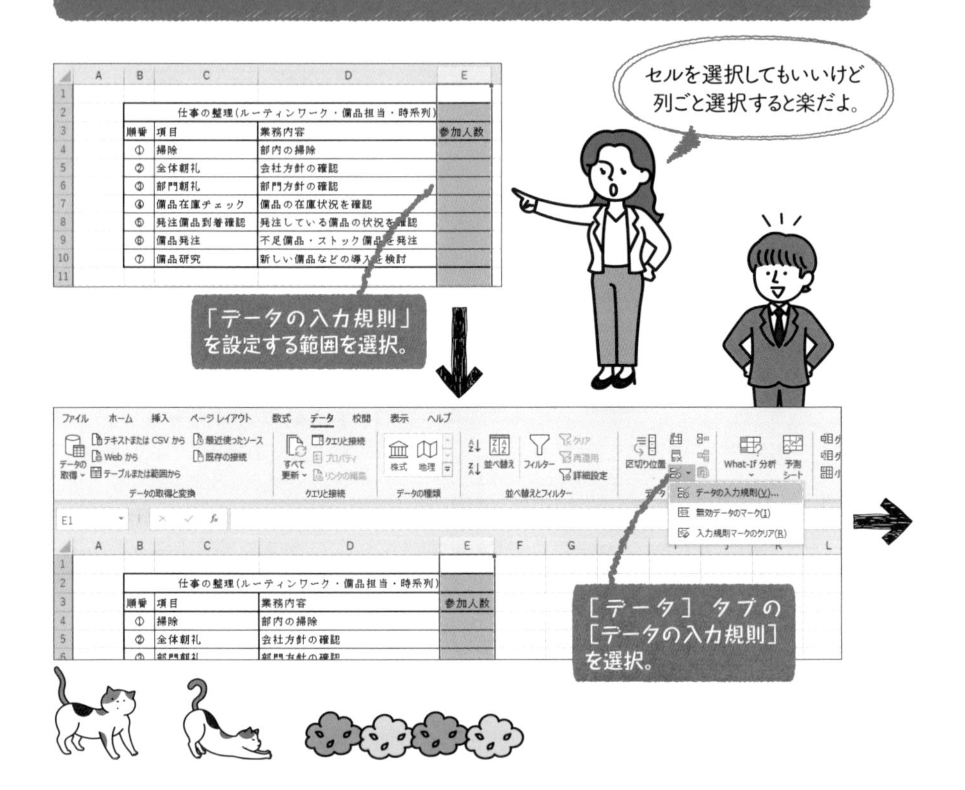

［入力値の種類］の［▼］をクリックし、「整数」を選択。

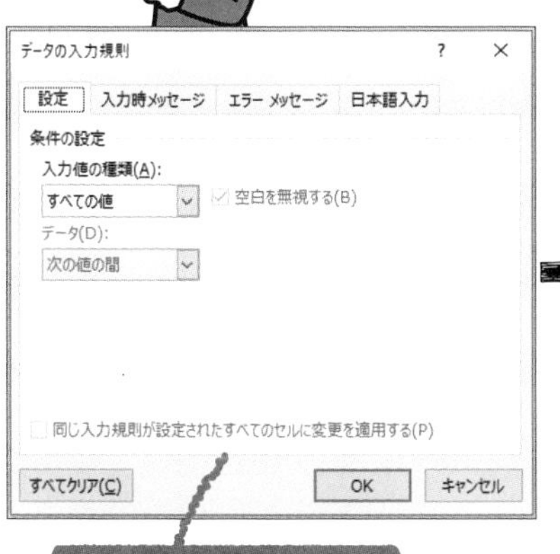

［データの入力規則］ダイアログが表示される。

［最小値］と［最大値］に、範囲の数値を入力する（ここでは「5」から「60」に設定）。

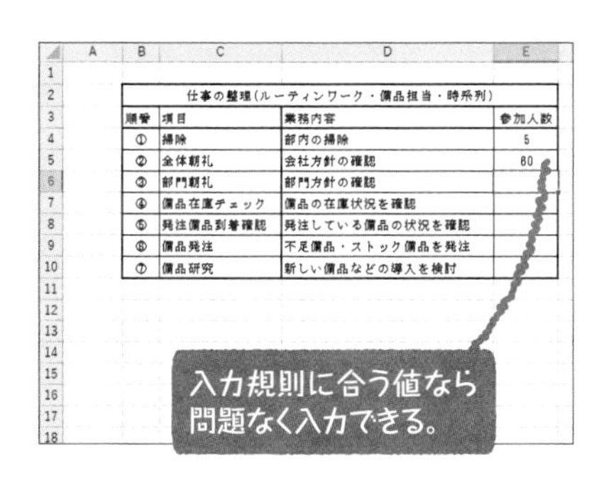

順番	項目	業務内容	参加人数
①	掃除	部内の掃除	5
②	全体朝礼	会社方針の確認	60
③	部門朝礼	部門方針の確認	
④	備品在庫チェック	備品の在庫状況を確認	
⑤	発注備品到着確認	発注している備品の状況を確認	
⑥	備品発注	不足備品・ストック備品を発注	
⑦	備品研究	新しい備品などの導入を検討	

入力規則に合う値なら問題なく入力できる。

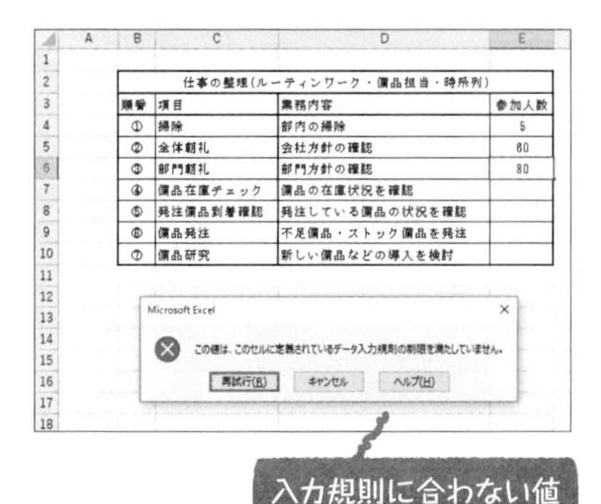

順番	項目	業務内容	参加人数
①	掃除	部内の掃除	5
②	全体朝礼	会社方針の確認	60
③	部門朝礼	部門方針の確認	80
④	備品在庫チェック	備品の在庫状況を確認	
⑤	発注備品到着確認	発注している備品の状況を確認	
⑥	備品発注	不足備品・ストック備品を発注	
⑦	備品研究	新しい備品などの導入を検討	

入力規則に合わない値を入力しようとすると、警告が表示される。

One point

［入力値の種類］で［リスト］を選ぶと、入力できる文字列の候補を指定できます。このとき、入力規則を設定したセルの右には［▼］ボタンが表示されます。［▼］をクリックすれば、入力する文字列を候補の中から選択できます。

入力する文字の種類を入力規則で固定する

時短 ★★☆
ミス削減 ★★☆
使用頻度 ★☆☆

「データの入力規則」でセルの入力モードを固定すると、セルごとに入力モードを変更しなくても済むようになります。

番号やふりがななどの項目は、「半角英数」や「全角カタカナ」のように文字種が決まっています。P.78で見た「データの入力規則」を利用すれば、そのような場合に、**自動的に日本語入力のモードが変わるように設定できます**。自分でモードを変える操作をしなくてもいいので、入力がスムーズにできるようになります。また、文字種の統一にも役立ちます。

「データの入力規則」で入力モードを固定する

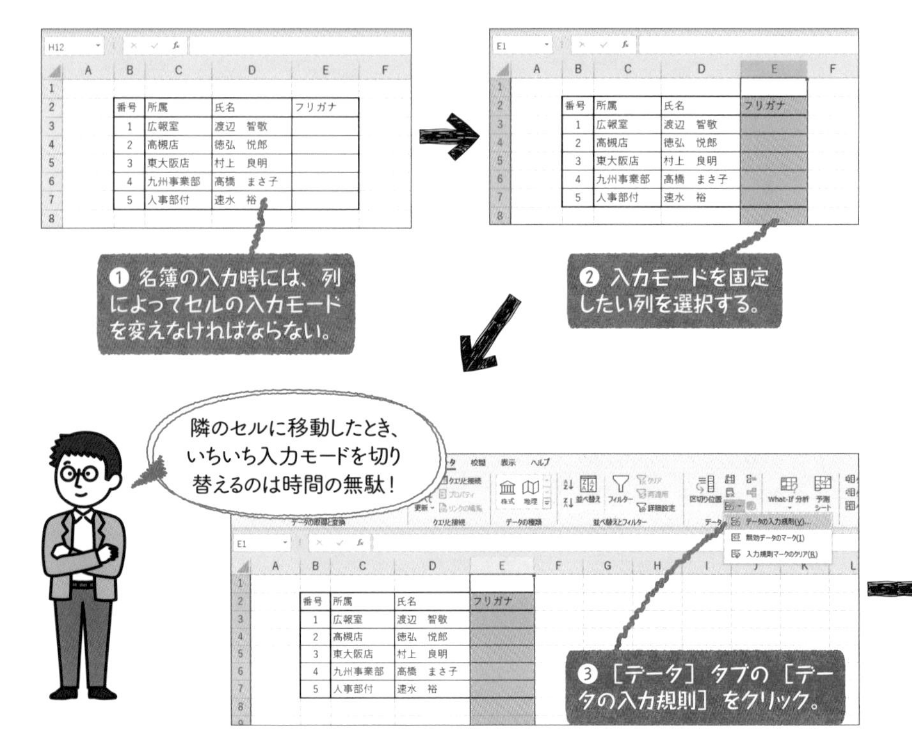

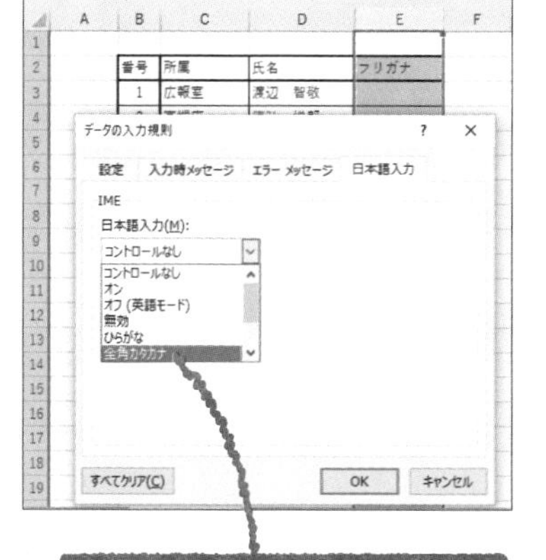

❹［データの入力規則］を選択すると、ダイアログが表示される。

❺［日本語入力］タブをクリックし、日本語入力のモード（ここでは「全角カタカナ」）を選択して［OK］をクリック。

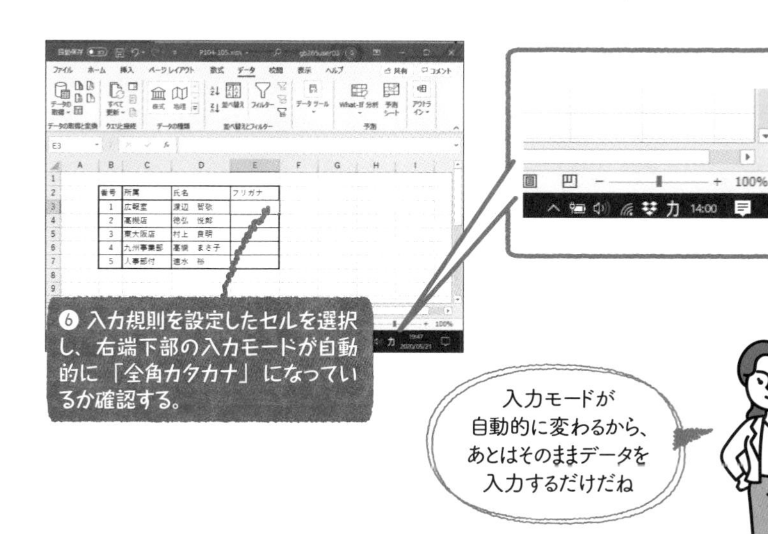

❻入力規則を設定したセルを選択し、右端下部の入力モードが自動的に「全角カタカナ」になっているか確認する。

入力モードが
自動的に変わるから、
あとはそのままデータを
入力するだけだね

One point

文字種が統一されていないと表が見づらくなるだけでなく、データの検索や抽出の際に、正しい結果が得られなくなることもあります。P.78では、入力されるデータの種類を制限するために「データの入力規則」を使いましたが、このようにして、日本語入力のモードをあらかじめ設定しておくことも、効率化やトラブルの防止に役立ちます。

Technique

5 セルの入れ替えは Shift を押しながらドラッグ

時短 ★★☆
ミス削減 ★★☆
使用頻度 ★★☆

セルを入れ替えたいとき、切り取りと貼り付けを使っていませんか？　実はマウスのドラッグだけで簡単にできます。

入力するセルを間違えたときや表を修正したいとき、セルを入れ替えるのに入力をし直したり、切り取りと貼り付けを使って移動させたりしていないでしょうか。そのような場合には、**移動元のセルの枠線部分を Shift +ドラッグすれば、一瞬で入れ替えが完了します**。このとき、移動先の位置が緑色の線で表示されるので、どのように移動するのかを確認しながら操作できます。

Shift +ドラッグ操作でセルを入れ替え

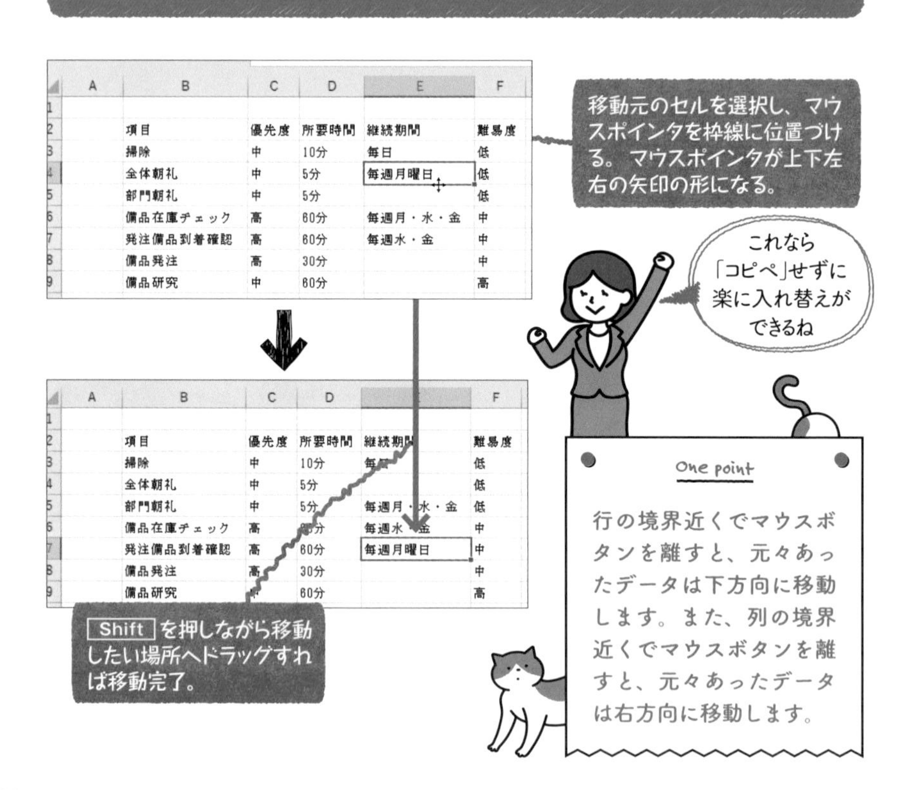

	A	B	C	D	E	F
1						
2		項目	優先度	所要時間	継続期間	難易度
3		掃除	中	10分	毎日	低
4		全体朝礼	中	5分	毎週月曜日	低
5		部門朝礼	中	5分		低
6		備品在庫チェック	高	60分	毎週月・水・金	中
7		発注備品到着確認	高	60分	毎週水・金	中
8		備品発注	高	30分		中
9		備品研究	中	60分		高

	A	B	C	D	E	F
1						
2		項目	優先度	所要時間	継続期間	難易度
3		掃除	中	10分	毎日	低
4		全体朝礼	中	5分		低
5		部門朝礼	中	5分	毎週月・水・金	低
6		備品在庫チェック	高	60分	毎週水・金	中
7		発注備品到着確認	高	60分	毎週月曜日	中
8		備品発注	高	30分		中
9		備品研究	中	60分		高

One point

行の境界近くでマウスボタンを離すと、元々あったデータは下方向に移動します。また、列の境界近くでマウスボタンを離すと、元々あったデータは右方向に移動します。

Shift を押さずにセルの枠線部分をドラッグすると、移動先に元々あったデータを消して、その位置に移動させることができます（上書きになります）。もちろん、複数のデータをまとめて移動させることもできます。移動元の範囲を選択して、これまでに見た移動の操作を行うだけです。

ほかにもマスターしたいセルの移動術

● Shift なしでドラッグすると置き換えになる

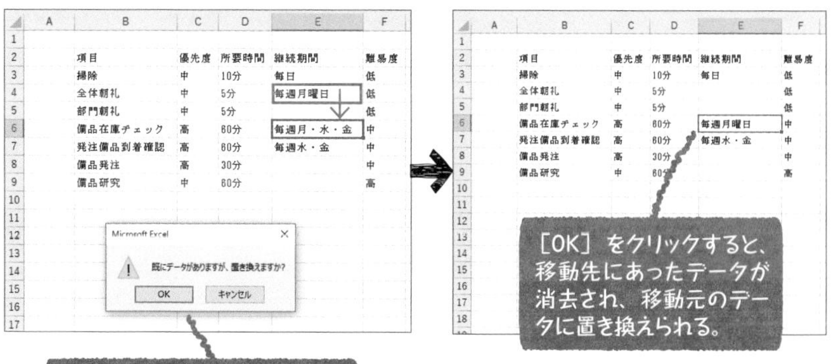

［OK］をクリックすると、移動先にあったデータが消去され、移動元のデータに置き換えられる。

Shift を押さずにドラッグすると、移動先にあったデータを上書きするかどうかを確認するメッセージが表示される。

フム フム

●複数セルの移動も可能

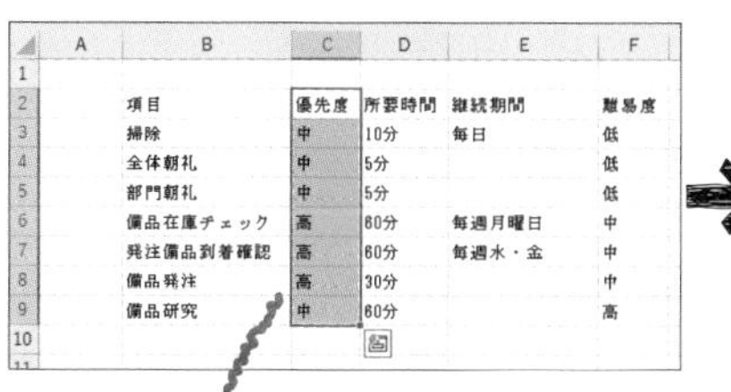

移動させる範囲を選択して、その枠線部分をドラッグする。

複数のセルを一括して移動できた。

ドラッグ時に表示される緑の線でどのように移動するかがわかるよ

Technique 6

瞬時にできる 表の行と列の入れ替え

時短 ★★★
ミス削減 ★★☆
使用頻度 ★☆☆

表の加工や印刷にあたって、行と列を入れ替えたいことがよくあります。そのような面倒な作業こそ、効率化しましょう。

表の行と列を簡単に入れ替える方法は、すぐには思い付かないかもしれません。**実は［コピー］と［貼り付け］の機能を利用すると、簡単にできてしまいます**。操作方法はいくつかありますが、［貼り付け］を実行したあと、［貼り付けのオプション］ボタンをクリックして［行 / 列の入れ替え］を選択するのがもっとも簡単です。

一瞬で表の行と列を入れ替える

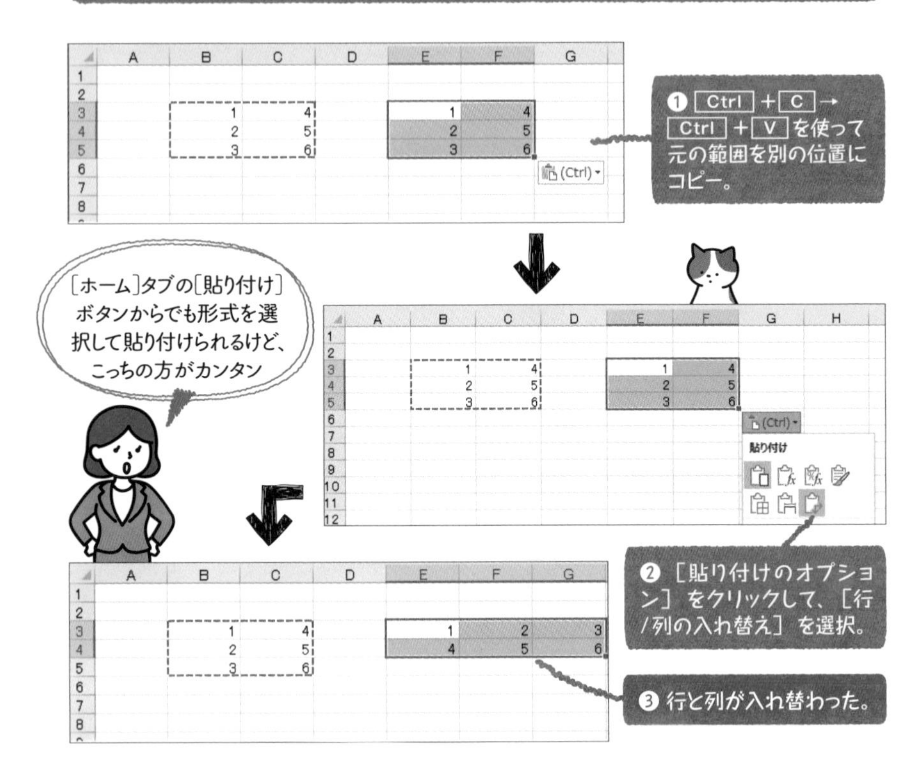

［貼り付け］を行うときに Ctrl ＋ V ではなく、Ctrl ＋ Alt ＋ V キーを押すと、［形式を選択して貼り付け］ダイアログが表示されるので、そこから貼り付けの方法を選択することもできます。行と列の入れ替えだけでなく、値のみの貼り付けや書式のみの貼り付けなども可能です。

［貼り付け］の前に形式を指定することもできる

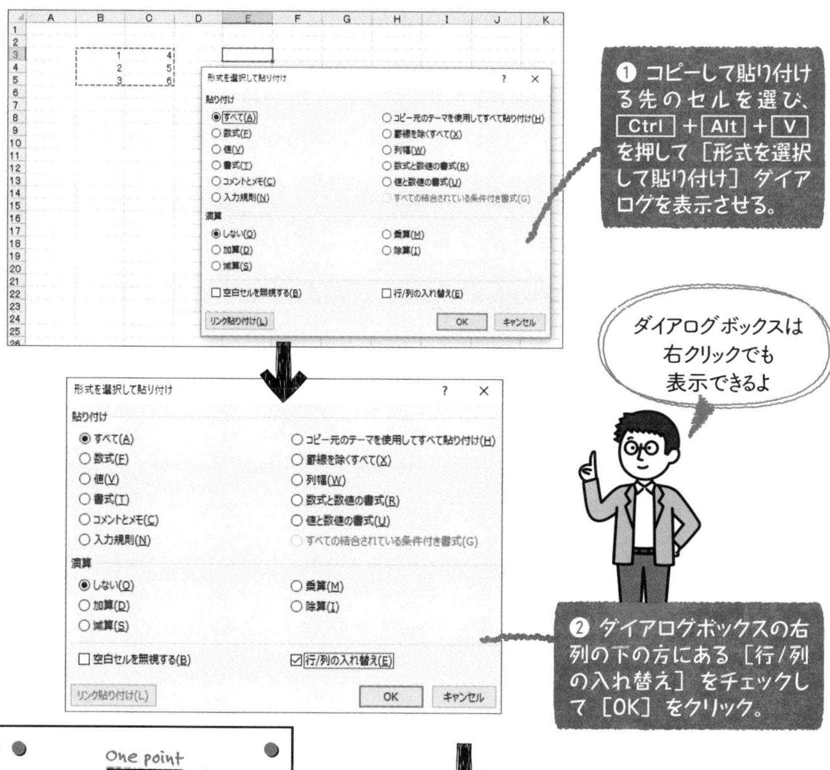

One point

ほかにもTRANSPOSE関数を使って行と列を入れ替える方法があります。その場合、元のデータを変更すると、行/列を入れ替えたデータも変更されます。コピーと貼り付けを使った場合は、コピー元と貼り付け先のデータは別のデータになります。

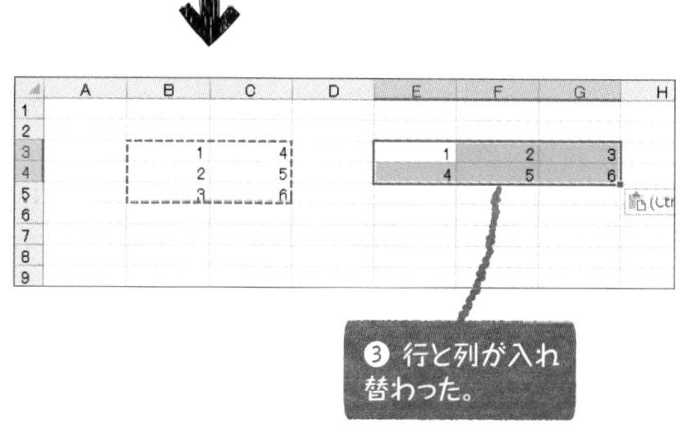

一行おきに空白行を簡単に挿入

時短 ★★☆
ミス削減 ★☆☆
使用頻度 ★☆☆

表に空白行を入れる方法を2つ紹介します。どちらも手軽にできるので、表の大きさに合わせて使い分けよう。

入力し忘れたデータをあとから入れたい、行の下に注釈を記入できるようにしたい、などの理由で、行間に空白行を入れたいことがあります。個々の行の手前に空白行を入れるなら、**Ctrl＋行番号のクリックで行を選択し、Ctrl＋＋を押します**。行を１つ１つ選択するのは面倒なので、大きな表で一行おきに空白行を入れるなら、並べ替えを使ったテクニックが便利です。

Ctrl＋＋で一行おきに空白行を挿入

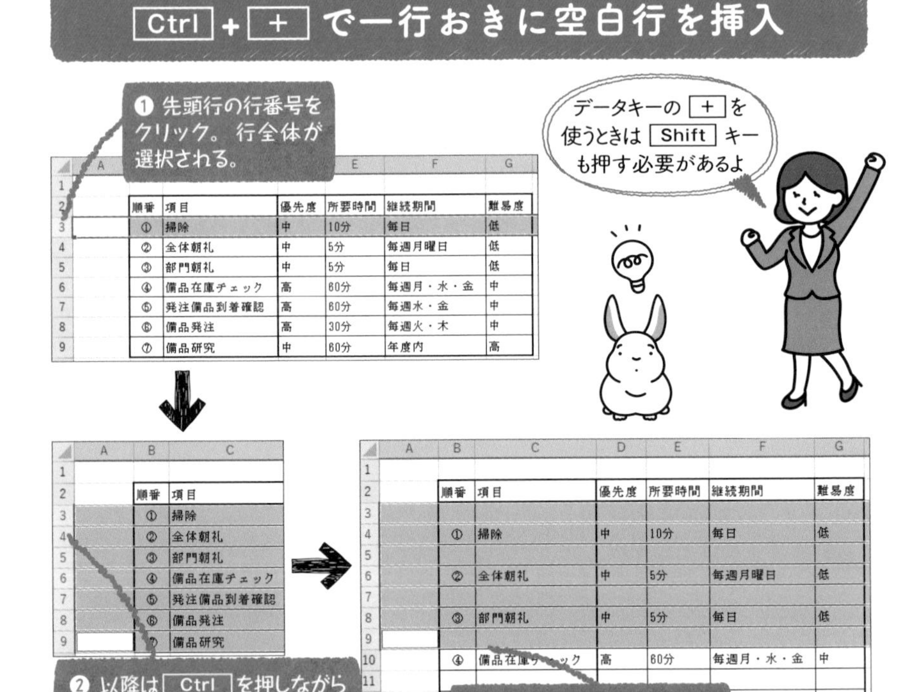

大きな表で一行おきに空白行を入れる

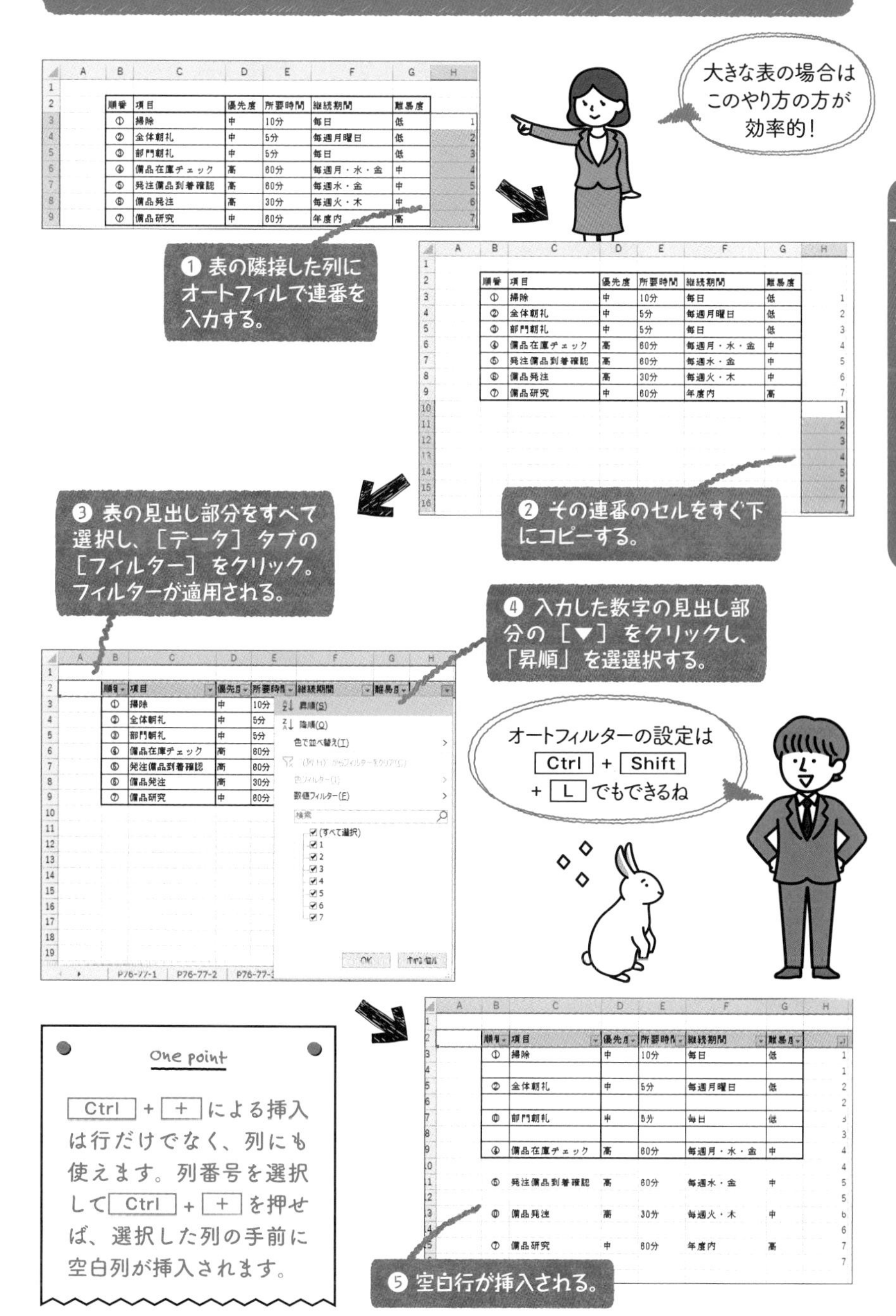

フラッシュフィルで文字列を分割・結合

時短 ★★★
ミス削減 ★☆☆
使用頻度 ★☆☆

文字列を分割・結合して一括入力したときは、データの規則性を自動的に検知してくれるフラッシュフィルが便利です。

セルの内容を分割してほかのセルに一括入力したり、複数のセルに分割して入力されているデータを結合したりするのに便利な機能がフラッシュフィルです。初めに見本となるデータを入力しておけば、自動的に規則性を判断し、残りのセルにデータを入力してくれます。フラッシュフィルは Ctrl + E キーを押せば実行できますが、見本データを２つ入力すると自動的に実行されることもあります。

フラッシュフィルで氏名を姓と名に分割

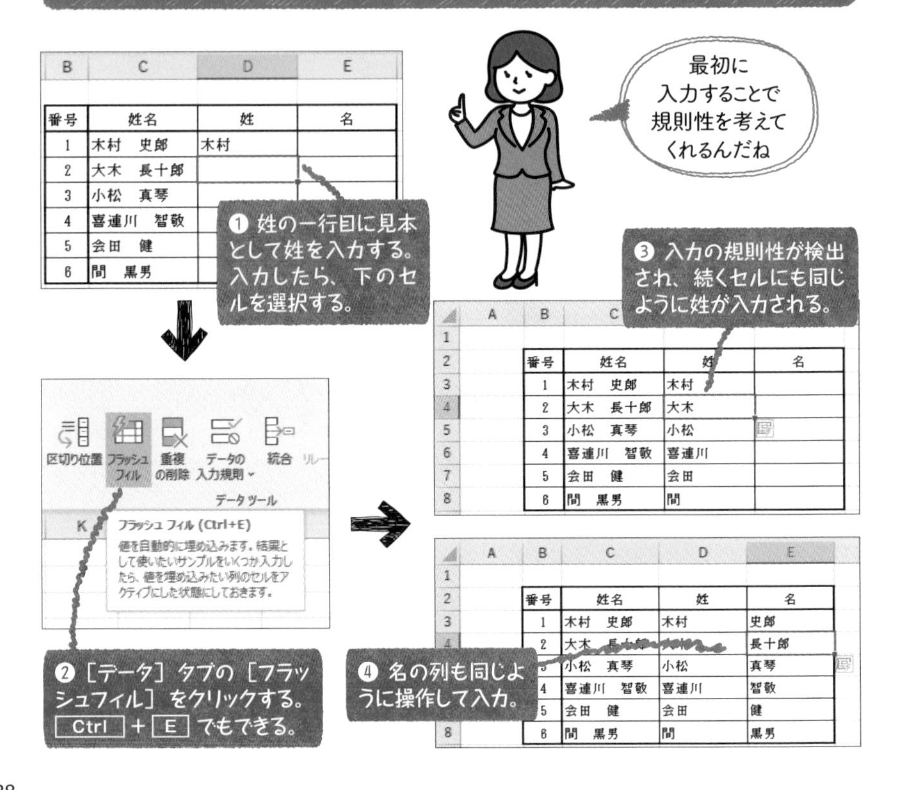

番号	姓名	姓	名
1	木村　史郎	木村	史郎
2	大木　長十郎	大木	長十郎
3	小松　真琴	小松	真琴
4	喜連川　智敬	喜連川	智敬
5	会田　健	会田	健
6	間　黒男	間	黒男

顧客名簿を利用するときには、すでに入力されている名前を姓と名に分けることがよくあります。そのような処理は関数でもできますが、フラッシュフィルを使えば一瞬で分割できます。同様に文字列の結合も可能です。メールアドレスの「@」の前後で分割するといった応用もできます。

姓と名を結合して「氏名」を入力

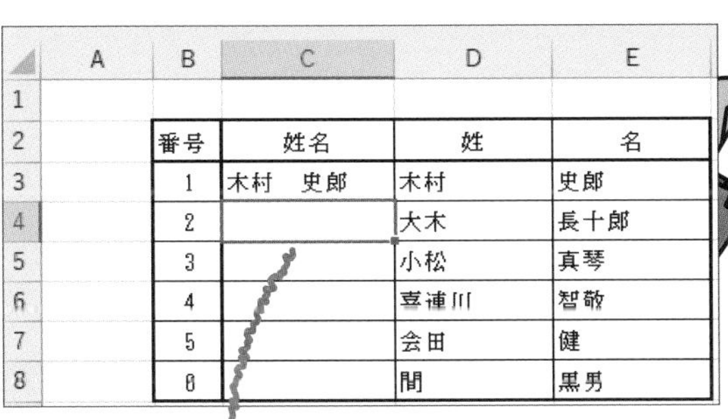

番号	姓名	姓	名
1	木村　史郎	木村	史郎
2		大木	長十郎
3		小松	真琴
4		喜連川	智敬
5		会田	健
6		間	黒男

❶ 姓名の先頭のセルに、氏名を入力する。ここでは、姓と名の間に空白を入れておく。

❷ Ctrl + E を押す。または［データ］タブの［フラッシュフィル］をクリック。

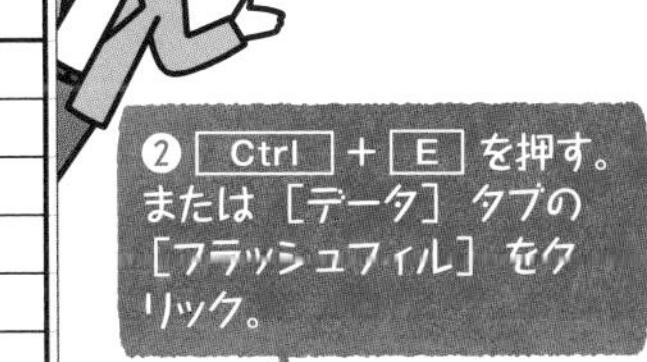

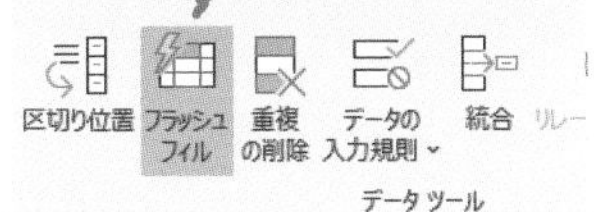

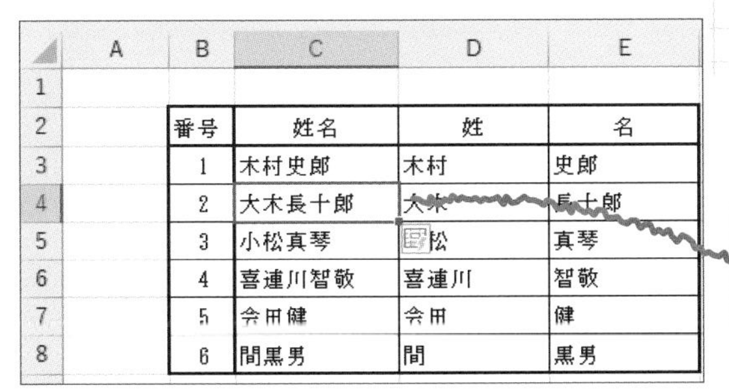

番号	姓名	姓	名
1	木村史郎	木村	史郎
2	大木長十郎	大木	長十郎
3	小松真琴	小松	真琴
4	喜連川智敬	喜連川	智敬
5	会田健	会田	健
6	間黒男	間	黒男

❸ 姓と名が結合され、それ以降のセルにも同様に入力される。

One point

見本を入力するときに姓と名の間に空白を入れないと、それ以降も同じように姓と名が続けて入力されます。

Technique 9

テーブル機能で簡単にデータ集計

時短 ★★★
ミス削減 ★★☆
使用頻度 ★★☆

表の範囲をテーブルに変換すると、集計表が簡単に作れます。行や列を追加しても同じ書式が設定されるので、変更にも柔軟に対応できます。

売掛管理や顧客管理、工程管理などの日常業務では、様々な表を扱います。こうした**表の集計やデータの抽出などに便利なのがテーブル機能です**。配色や罫線の種類が一覧から選べるだけでなく、行や列を追加したときも同じ書式が設定されるので、変更にも対処できるというメリットがあります。まずは基本的なテーブルの作り方と集計方法を身に付けましょう。

表の範囲をテーブルに変換

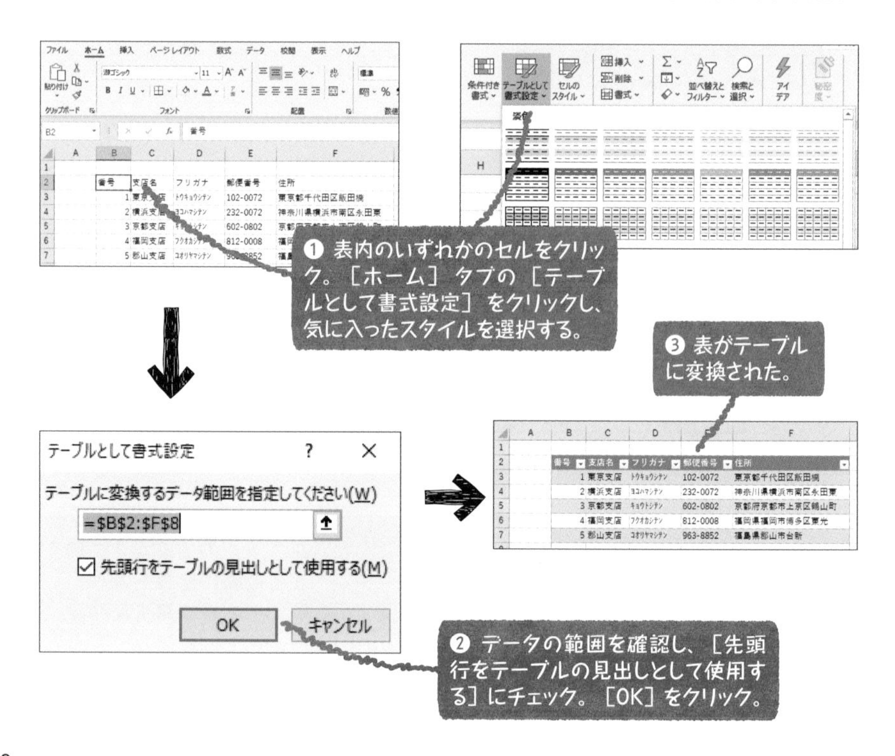

集計表を作る

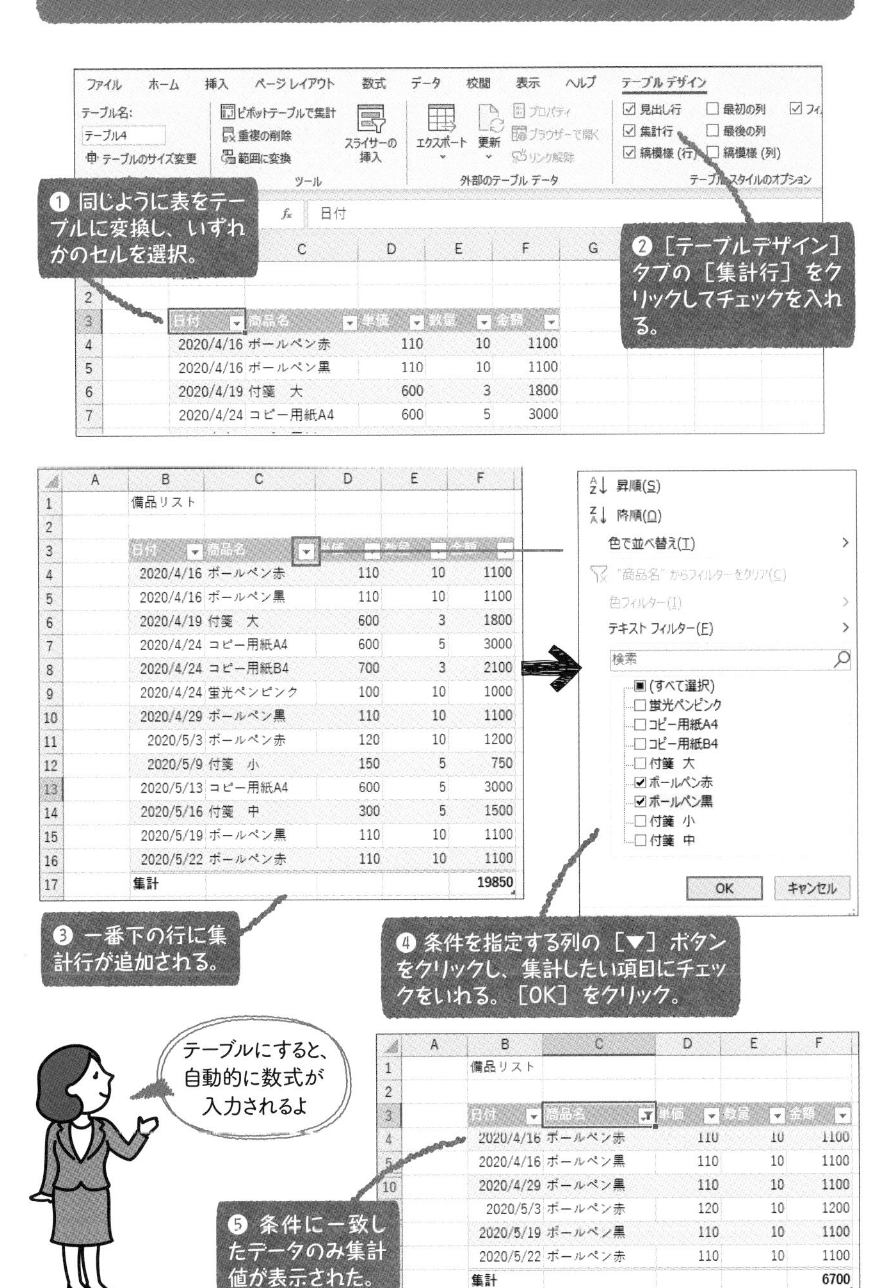

❶ 同じように表をテーブルに変換し、いずれかのセルを選択。
❷ [テーブルデザイン]タブの[集計行]をクリックしてチェックを入れる。
❸ 一番下の行に集計行が追加される。
❹ 条件を指定する列の[▼]ボタンをクリックし、集計したい項目にチェックをいれる。[OK]をクリック。
❺ 条件に一致したデータのみ集計値が表示された。
テーブルにすると、自動的に数式が入力されるよ

Technique 10

フィルターで目的のデータを抽出

時短 ★★☆
ミス削減 ★★☆
使用頻度 ★★☆

フィルター機能を活用すれば、膨大なデータから必要なものだけを取り出せます。データを多角的に分析するのに便利です。

表の中に膨大なデータがあるとき、その中から必要なものだけを探し出すのは非常に手間がかかります。そのような場合には、フィルター機能を使いましょう。**様々な条件を指定して、必要なデータだけを抽出できます**。フィルターを設定し、項目見出しの［▼］をクリックすれば、抽出する値や抽出のための条件が選択できます。また、必要に応じて並べ替えもできます。

「フィルターボタン」からの項目を絞り込む

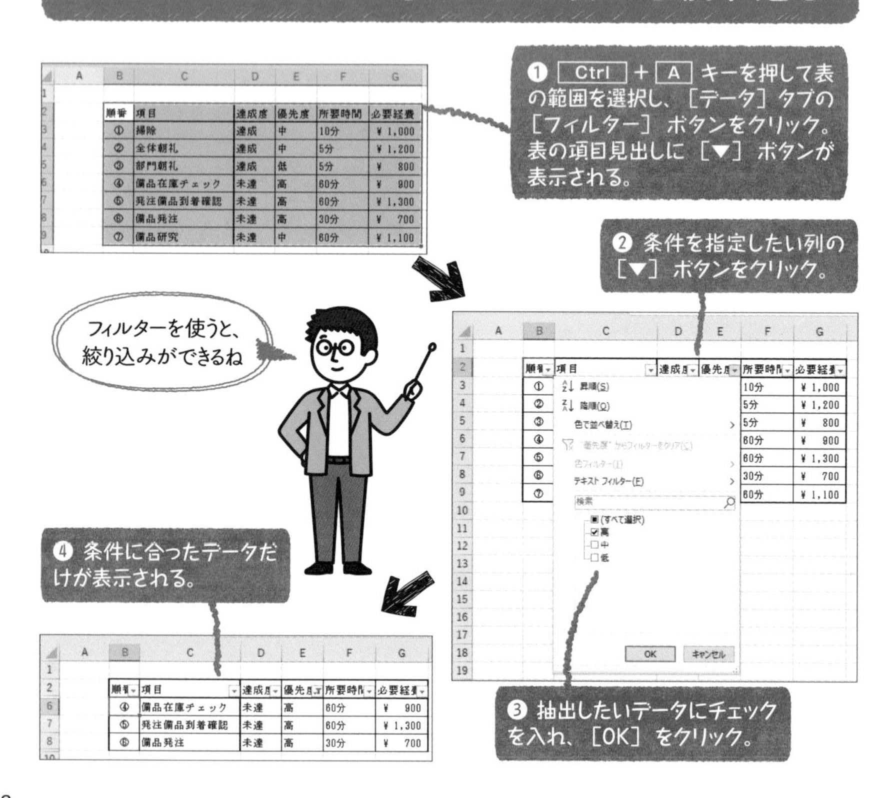

フィルター機能では、より詳細な条件を指定することもできます。**文字列データが入力されている列なら［テキストフィルター］、数値データが入力されている列なら［数値フィルター］から選択します**。条件として、「等しい」「等しくない」「以上」「以下」など様々なものが選べます。

特定の文字列を含むセルを抽出

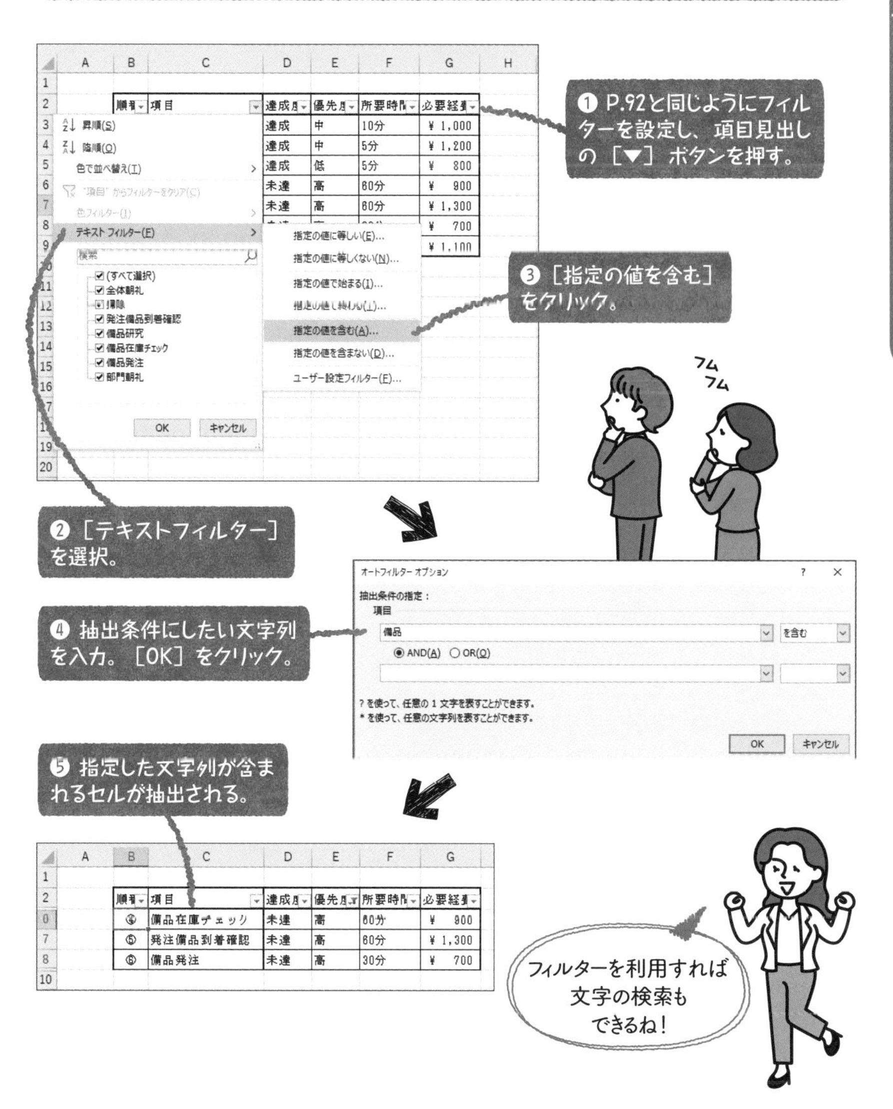

並べ替えでオリジナルの順番に並べ替える

時短 ★☆☆
ミス削減 ★☆☆
使用頻度 ★☆☆

自分で決めた順序でデータを並べ替えるすごいテクニックを紹介します。ユーザー設定リストを活用します。

通常の並べ替えでは、数値は大きさの順に、文字列はふりがなの順に並べ替えられます。しかし、自分で決めた「高・中・低」といった降順に並べ替えようとしても、ふりがなの順だと逆に並んでしまいます。データによってはバラバラになってしまうこともあります。**ユーザー設定リストに順序をあらかじめ登録しておけば、自分で決めた順序に並べ替えができます**。

ユーザー設定リストをまずは登録

●表を「高・中・低」で並べ替える場合

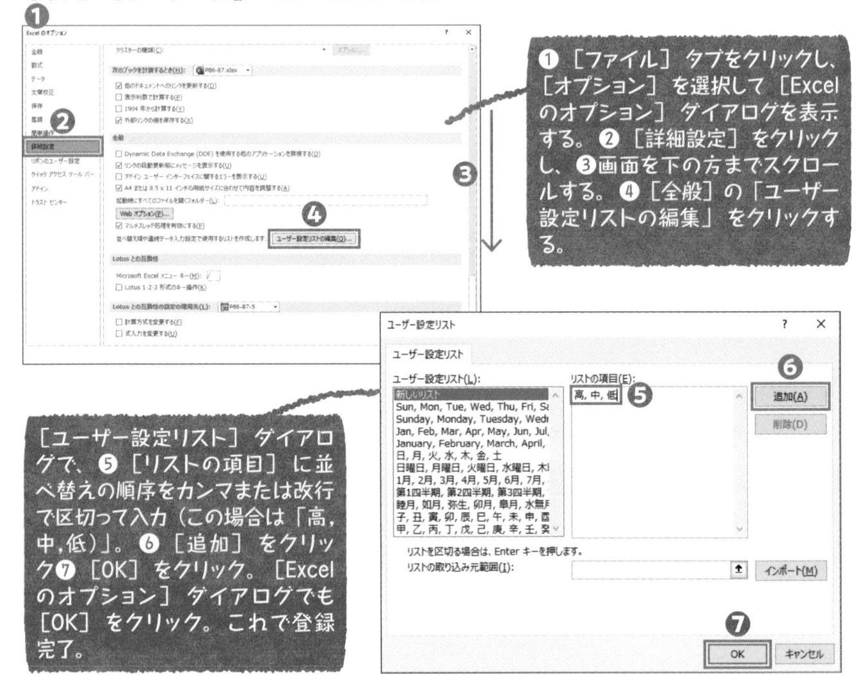

ユーザー設定リストの順に並べ替える

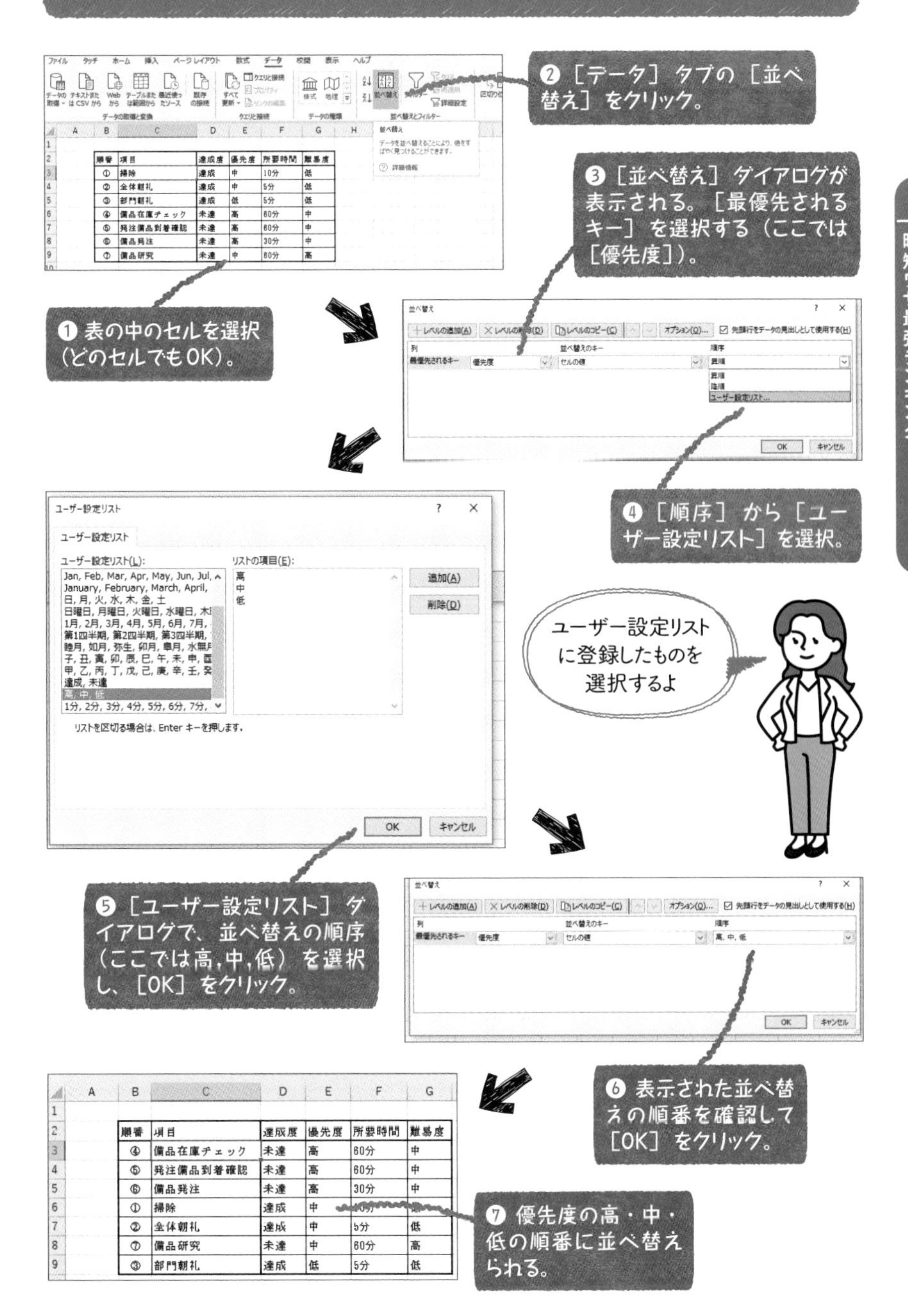

Technique 12

複数のワークシートをまとめて編集！

時短 ★★☆
ミス削減 ★★☆
使用頻度 ★☆☆

支店別や月別に分けて管理している表が、すべて同じ形式のワークシートであれば、一括して入力・編集ができます。

共通のフォーマットで作られた複数のワークシートに入力するとき、1つ1つ行っていたのではその分だけ時間を費やすことになります。そのようなときには、**ワークシートの下部にあるタブをまとめてグループ化すると効率的です**。1回の入力で、グループ内にあるすべてのシートの同じセルに同じ値（文字列・数式を含む）が入力できます。

ワークシートをまとめて一度に修正

ワークシートをグループ化した状態で入力したり、書式を設定すると、選択されているすべてのワークシートの同じセルに結果が反映されます。ただし、表の大部分が流用できるのであれば、ワークシートをコピーした方が手っ取り早いので、うまく使い分けるといいでしょう。以下に示すように、この機能は複数のワークシートを印刷するときにも大変便利です。

複数のワークシートを一度に印刷

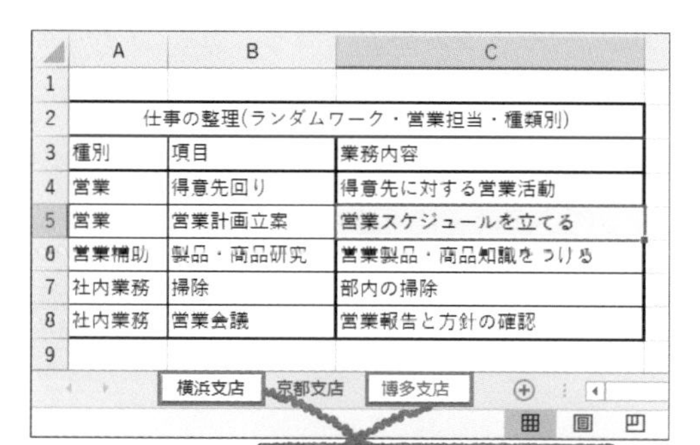

複数のワークシートのタブを Shift または Ctrl を押しながらクリックして選択。

One point

ワークシートを選択するときに、Ctrl キーを押しながらタブをクリックすると、離れた位置にある複数のタブを選択できます。Shift +クリックなら連続した範囲の選択になります。

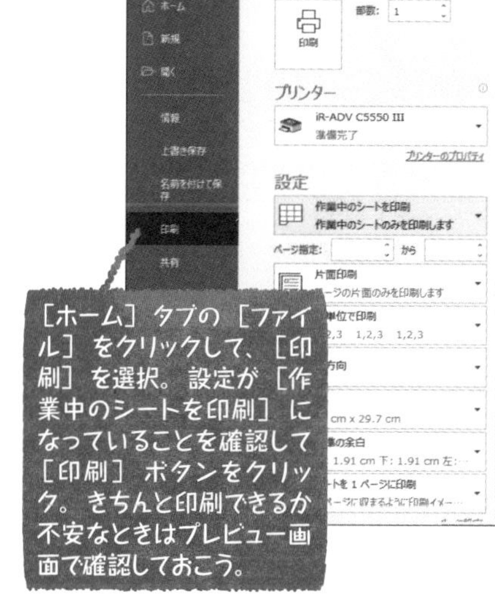

全シートを一気に印刷

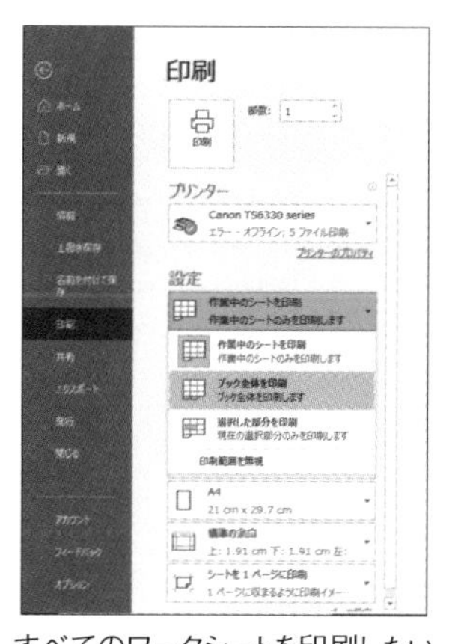

すべてのワークシートを印刷したいときには［設定］から［ブック全体を印刷］を選択すればよい。

Technique 13

ドラッグ＆ドロップで簡単に集計表を作れるピボットテーブル

時短 ★★★
ミス削減 ★☆☆
使用頻度 ★★☆

ピボットテーブルを利用すると、集計や分析が簡単にできます。ここでは基本的なクロス集計表の作り方を紹介します。

いくらデータをたくさん集めたとしても、適切に分析できなければ宝の持ち腐れです。**ピボットテーブルは様々な角度からデータが分析できるように、集計などの操作を簡単にできるようにするツールです**。操作方法も項目をマウスで選択したり、ドラッグしたりするだけの簡単なものです。ピボットテーブルは、現状の把握や方針の決定に大いに威力を発揮するツールです。

クロス集計表を一瞬で作成

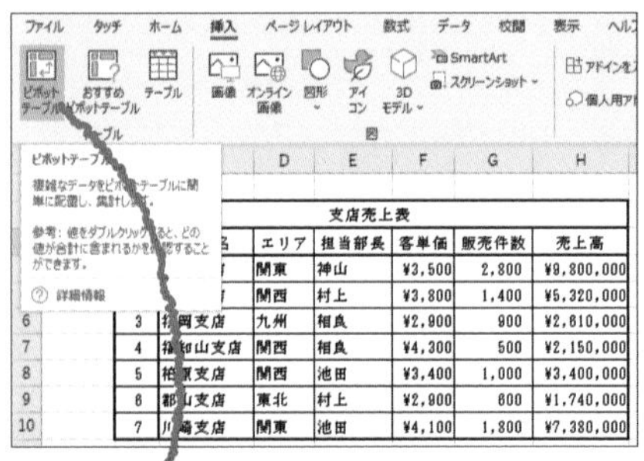

表内のセルをクリックし、[挿入] タブの [ピボットテーブル] をクリックする。

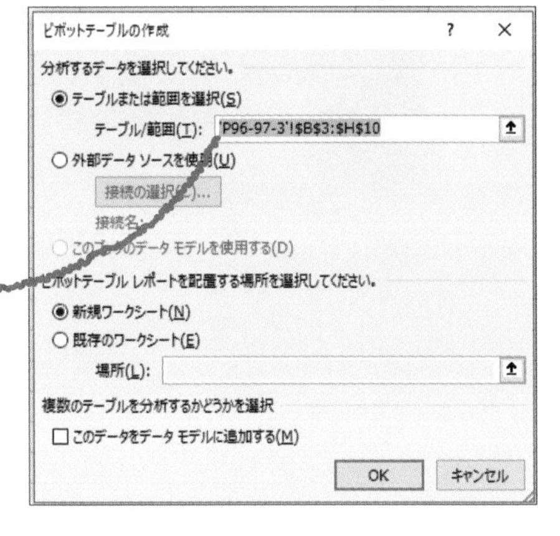

[ピボットテーブルの作成] のダイアログボックスで表の範囲が正しく選択されていることを確認し、[OK] をクリック。

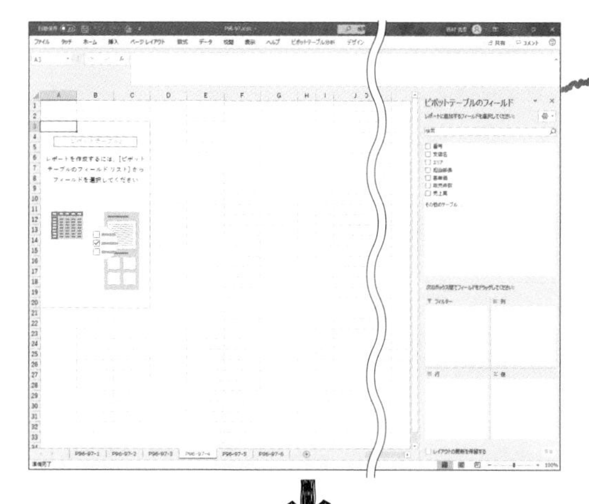

白紙のピボットテーブルが表示され、右側に［ピボットテーブルのフィールド］が表示される。

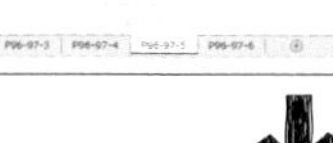

集計の基準となるフィールド(項目)を選択する。下の［行］［列］［値］のボックス間でドラッグして適切な位置に移動すればよい。

［行］：左の見出しにするフィールド
［列］：上の見出しにするフィールド
［値］：集計するフィールド

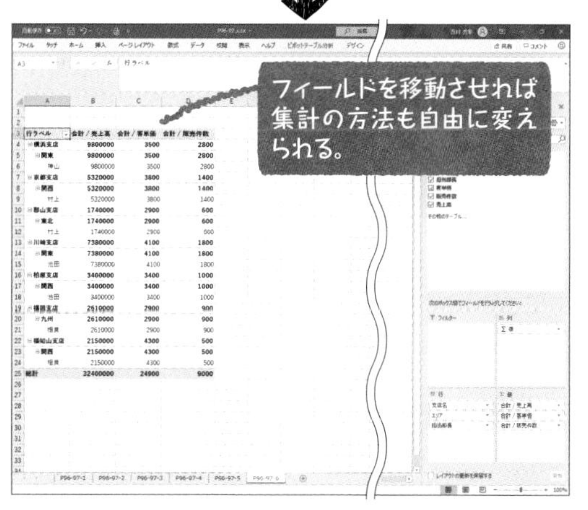

One point

ピボットテーブルでは、各項目はフィールドと呼ばれます。金額など、集計される項目は［値］ボックスに指定します。なお、［▼］をクリックすると、合計だけでなく平均や個数など、集計の方法を変えることもできます。

Technique

14 集計と分析にピボットテーブルを徹底活用

時短 ★★★
ミス削減 ★☆☆
使用頻度 ★★☆

ピボットテーブルの利点は集計方法を自由に変えられるということです。戦略の立案に活用できる多面的な分析ができます。

前ページでは、ピボットテーブルの基本的な作り方を紹介しました。ここでは、さらなる分析のために、ピボットテーブルを活用する方法を見ていきます。たとえば、グループ化を利用して、**エリア別の集計結果と支店別の集計結果を階層的に表示したり、日や月といった単位で集計値を表示したりします**。集計方法についても合計だけでなく、平均を求めたりしてみます。

様々な分析に役立つピボットテーブル

●支店別に並べ替える

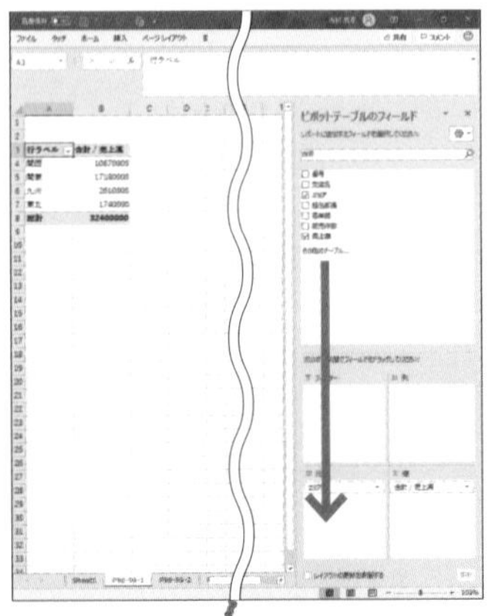

P.98～99の方法でエリア別の合計を求める。［エリア］を［行］ボックスにドラッグして配置。

さらに［支店名］を［行］ボックスにドラッグ。エリア別・支店別の売上集計表が完成。

複数レベルでの集計も簡単にできるね

One point

すべての集計を解除して白紙のピボットテーブルに戻すには［ピボットテーブル分析］タブの［クリア］-［すべてクリア］を選択するのが簡単です。

●時系列に並べ替える

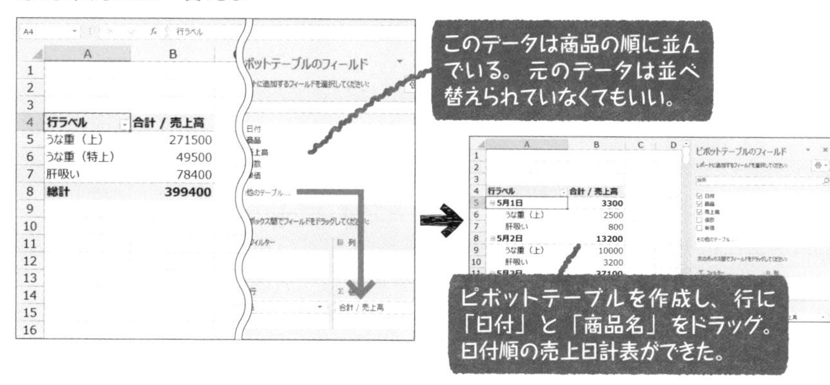

●日付データを7日単位にまとめる

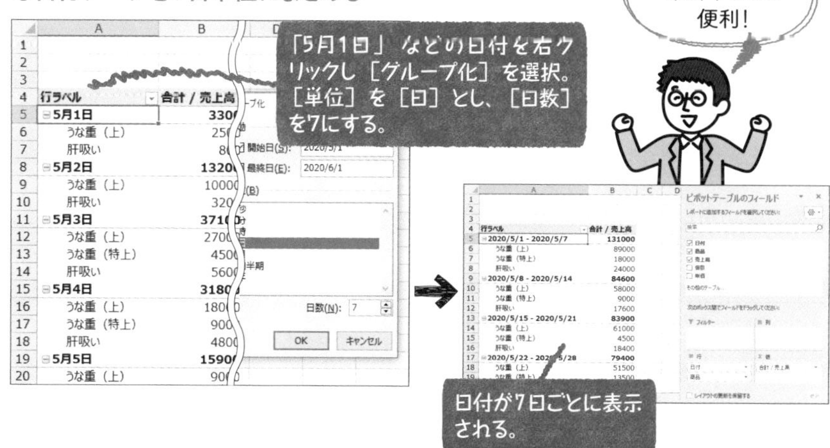

期間を区切って
集計するのに
便利！

●集計方法の変え方

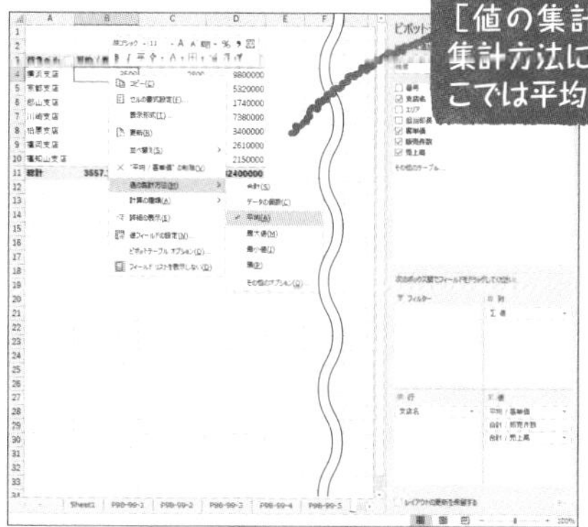

One point

元のデータを変更したときには、表内を右クリックして［更新］を選択すれば、最新の集計結果になります。

column

もうコピペに迷わない！ Excel ⇄ Wordのコピペ術

使用頻度の高いExcelとWord。
相互間でのコピーと貼り付けの方法を知っておくと非常に便利です。

Word → Excel の2タイプの貼り付け

Word から Excel にコピペする場合、セルを選択して貼り付ける方法と、セルをダブルクリックして「セルの編集」モードで貼り付ける方法があります。後者では1つのセル内に複数行を貼り付けることができます。

セルを選択

	A	B	C
1	【作業の流れ】		
2	①掃除		
3	②全体朝礼		
4	③部門朝礼		
5	④備品在庫チェック		
6	⑤発注備品到着確認		
7	⑥備品発注		
8	⑦備品研究		
9			

1つのセルをクリックして貼り付ける。改行のある文章は、改行ごとにセルが分けられる。

セルをダブルクリック

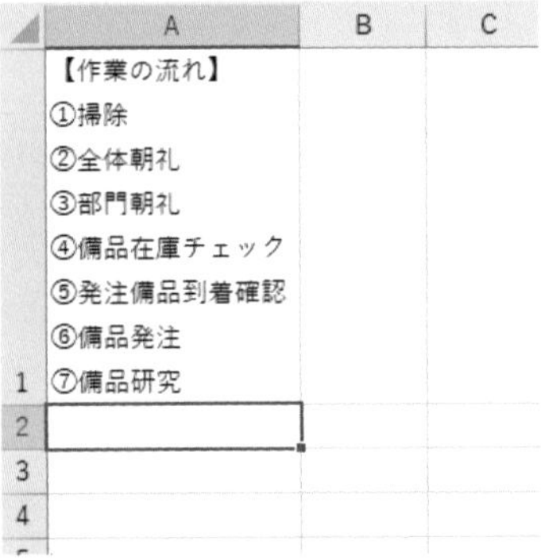

	A	B	C
1	【作業の流れ】 ①掃除 ②全体朝礼 ③部門朝礼 ④備品在庫チェック ⑤発注備品到着確認 ⑥備品発注 ⑦備品研究		
2			
3			
4			

セルをダブルクリックし、セル内での編集ができる状態にして貼り付けると、そのセルの中に貼り付けられる。

Excel → Word の3タイプの貼り付け

Excel から Word にコピペする場合、貼り付けの方法によってデータの取り扱い方が変わります。

❶そのまま貼り付ける

標準の設定では、セル範囲は Word の表として貼り付けられます。一方、グラフはリンク貼り付けになります。なお、グラフを図として貼り付けると Word では単なる図形として扱われます。

❷リンク貼り付けする

［ホーム］タブにある［貼り付け］をクリックし、「リンク（元の書式を保持）」を選択する。
元のデータを変更すると、Word の表やグラフの表示も変わります。

❸オブジェクトとして貼り付ける

貼り付けるとき Word の［ホーム］タブの［貼り付け］をクリックし、［形式を選択して貼り付け］を選択。［Microsoft Excel ワークシートオブジェクト］を選択して［OK］をクリック。表をダブルクリックするとツールバーが Excel のものに変わり、Excel と同じように編集できる。

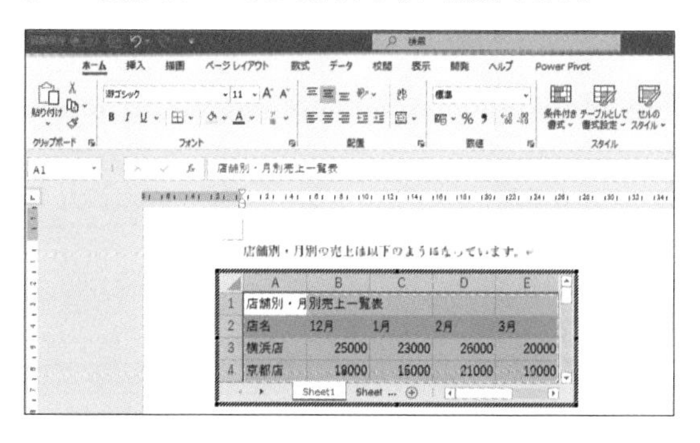

CHOUSOKU
Excel
MIRUDAKE
notes

Chapter 3

一瞬で伝わる表を作る書式設定ランキング

Excel の表を見やすくするために欠かせないのが書式設定。画面上での表示だけでなく印刷した資料の見映えにもかかわります。本章では書式設定や、条件付き書式、印刷術など、ちょっとした設定の工夫で伝わりやすい表を作る最強ワザを紹介していきます。

Technique 1

［セルの書式設定］で1,000千円と表示させる

時短 ★☆☆
ミス削減 ★★☆
使用頻度 ★☆☆

［セルの書式設定］を使えば、数値を概数で表示できます。また、桁の区切り、小数表示桁数も変えられます。

売上金額や人口などの値は桁数が多いので、桁区切りスタイルを設定すると規模が把握しやすくなります。それでも、**数字がたくさん並んでいると表が見づらくなります。そのような場合には数値の表示形式を設定し、「千単位」で表示しましょう。**なお、ちょっとした工夫で「万単位」でも表示できます。ほかにも、小数点以下の表示桁数を変えるなど、様々な設定が可能です。

数値を概数として表示する

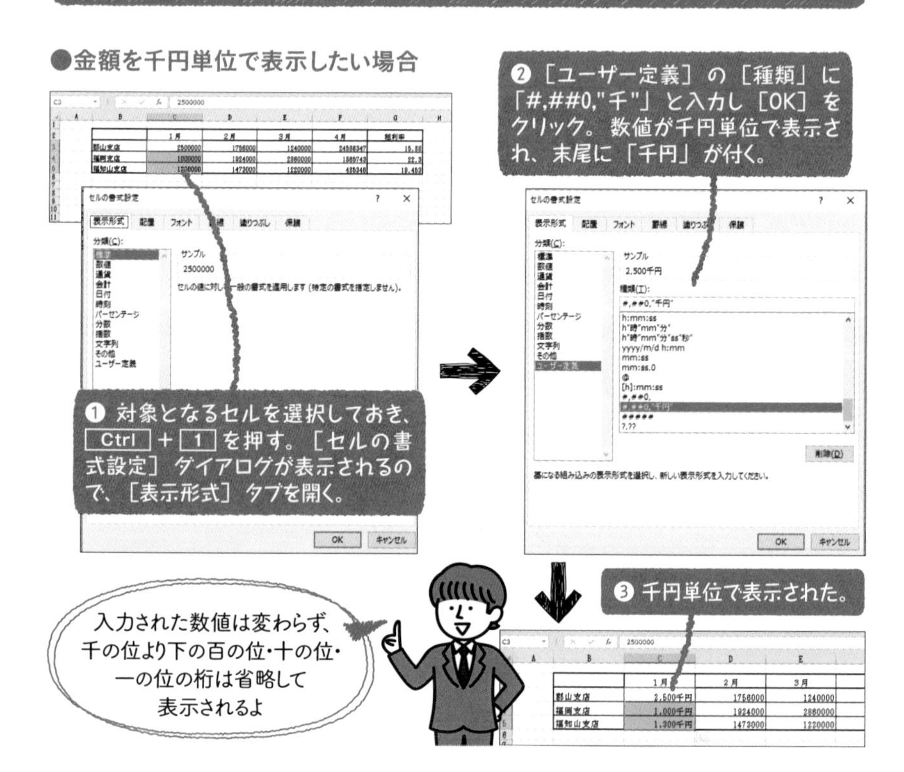

●金額を万円単位で表示する工夫

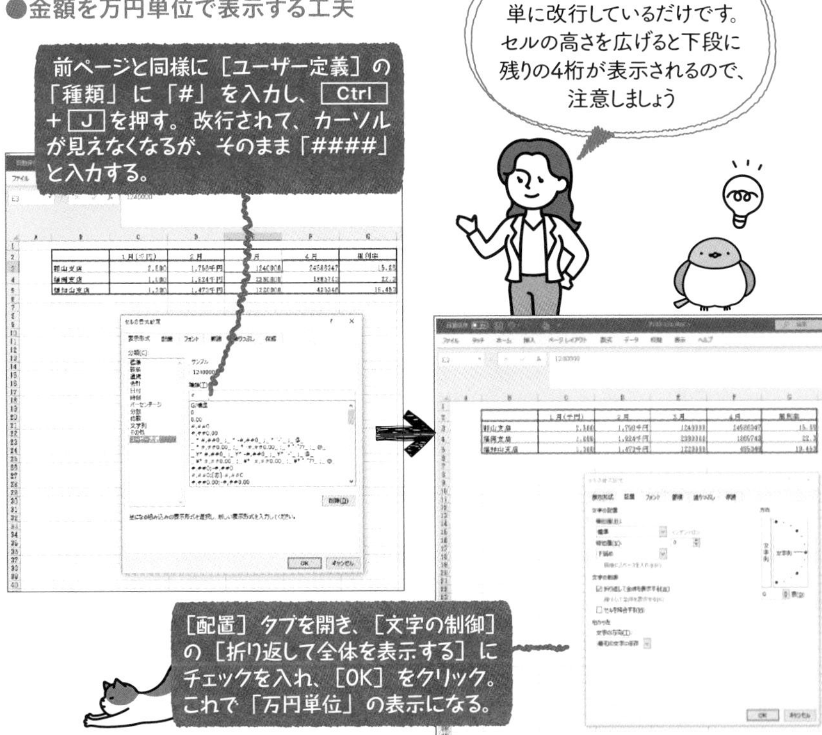

●小数点以下の表示桁数を変える

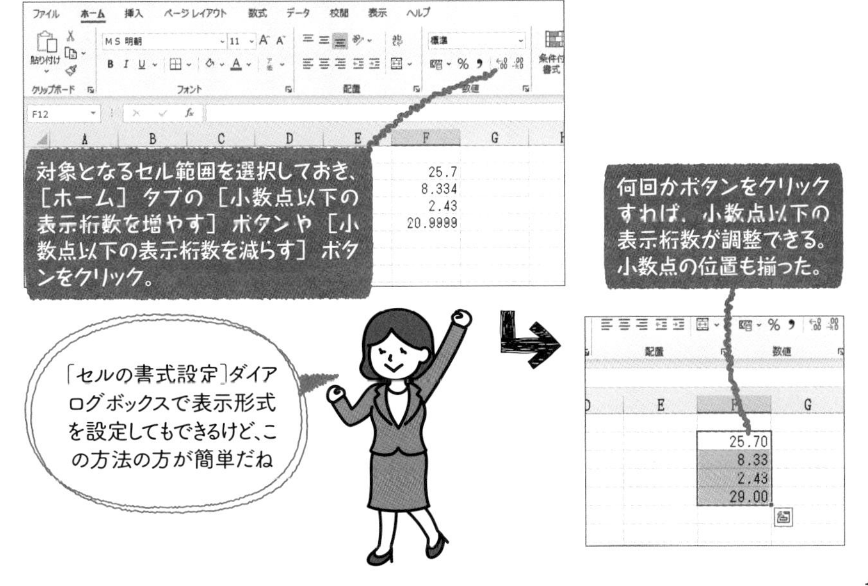

Technique 2

［セルの書式設定］で円や郵便番号などを表示

時短 ★★☆
ミス削減 ★★☆
使用頻度 ★★☆

［セルの書式設定］を使えば、「円」などの単位や「〒」マークなどの記号を表示して、データを見やすくできます。

売上金額や請求金額などは、金額だということがわかるように「円」を付けて表示したいことがあります。しかし、手作業で「円」を入力したり、数式を使って「円」と連結したりするのは面倒です。しかも、そのデータは計算に使えなくなってしまいます。そのような場合、**セルの表示形式として「円」が表示されるようにしましょう**。つまり「見せ方」を変えるというわけです。

セルに入力せずに「円」を表示させる

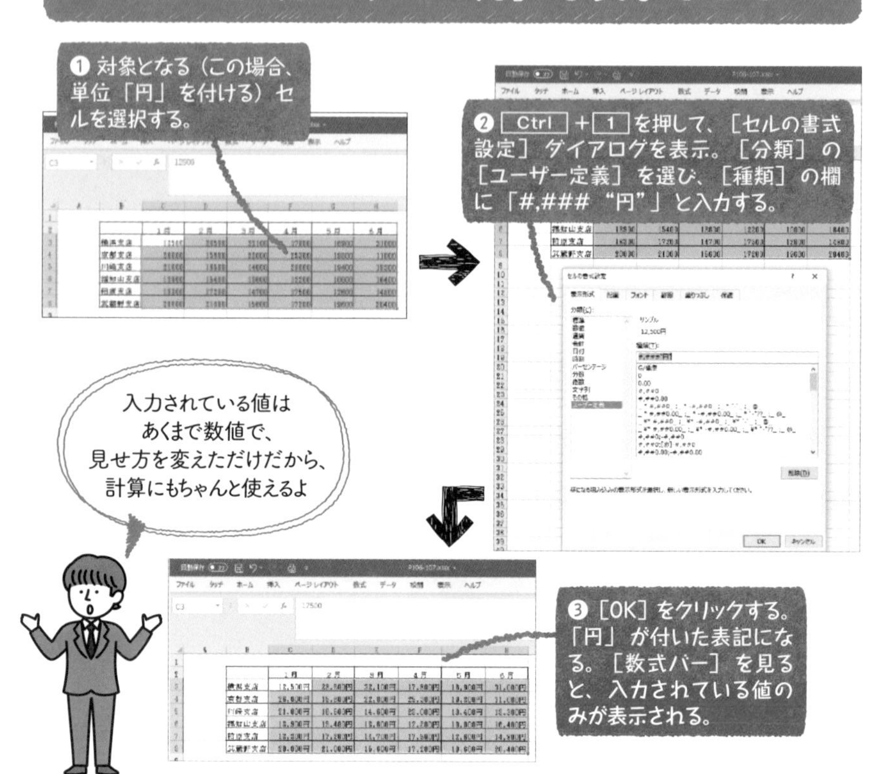

郵便番号は前半３桁と後半４桁の間にハイフンを入れた形式で表示したり印刷したりします。しかし、入力時にはハイフンを入れるのが面倒なので、数字だけを入力するのが普通です。［セルの書式設定］を利用すると、そういった表の取り扱い方ができます。つまり、**数字だけを入力すれば、郵便番号の形式で表示される**ような設定ができるのです。

数字を入力するだけで郵便番号として表示

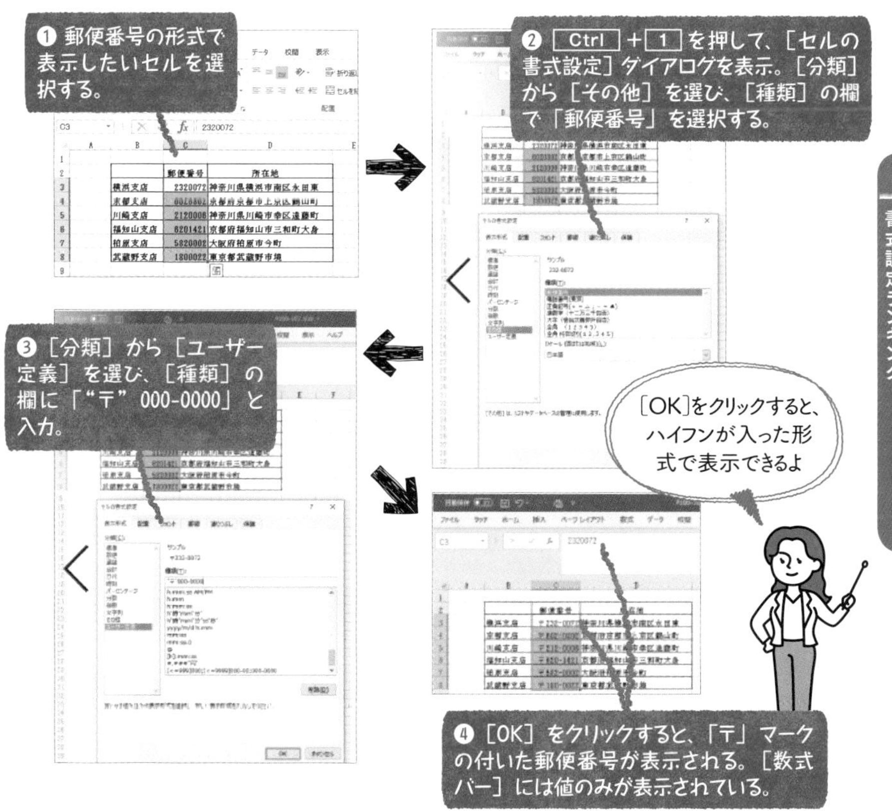

One point

セルの表示形式が［標準］の場合、「0」から始まる郵便番号を入力しても、数値とみなされるので、先頭の「0」は表示されません。ここで見た方法を使って郵便番号の表示形式にすれば、先頭の「0」も表示されるようになります。

Technique 3

[セルの書式設定] で字下げを設定する

時短 ★☆☆
ミス削減 ★☆☆
使用頻度 ★☆☆

セル内の文字の字下げをしたいとき、「スペース」を使うのは厳禁。インデント機能を使ってスマートに字下げしましょう。

セルに入力された文字列は左詰めで表示され、数値や日付は右詰めで表示されます。セル内で字下げをしたい場合に先頭にスペースを入れる人もいますが、余計なデータが入ってしまうので、正しく計算できなくなったり、表示形式が変わってしまったりします。そのような場合には**インデント機能を使いましょう。[ホーム] タブの [インデントを増やす] ボタンを使うのが簡単です。**

インデントを設定して表を見やすくする

● [ホーム] タブからインデントを設定

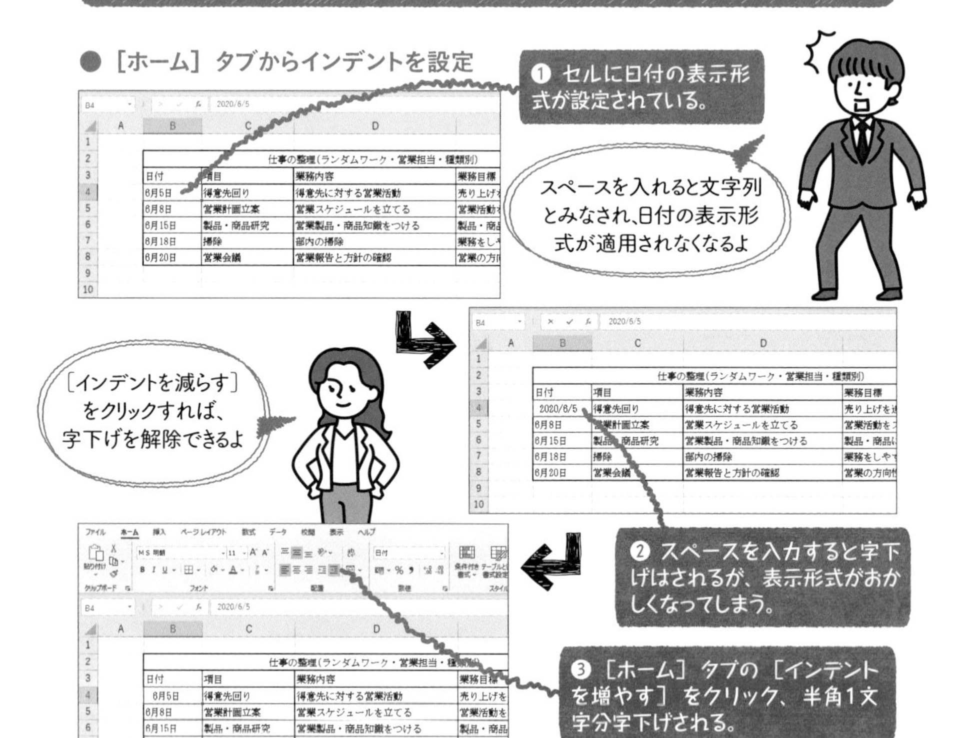

●右側のインデントも設定できる

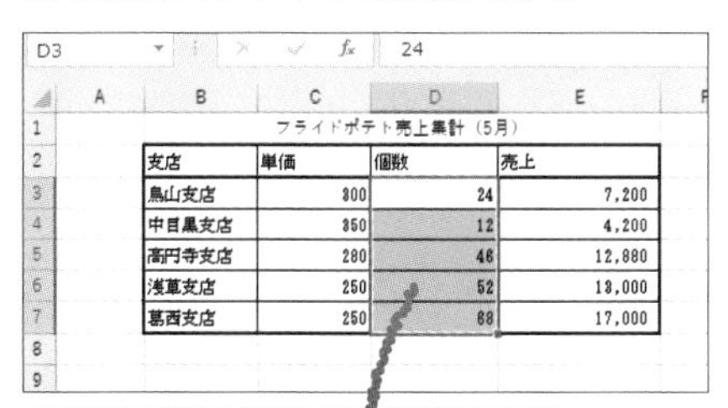

	A	B	C	D	E
1		フライドポテト売上集計（5月）			
2		支店	単価	個数	売上
3		鳥山支店	300	24	7,200
4		中目黒支店	350	12	4,200
5		高円寺支店	280	46	12,880
6		浅草支店	250	52	13,000
7		葛西支店	250	68	17,000

数値を見やすくするときに便利な機能だよ

❶ 字下げを行うセル範囲を選択しておき、Ctrl + 1 キーを押して［セルの書式設定］ダイアログを表示する。

❷［配置］タブを開いて［横位置］から［右詰め（インデント）］を選択。［インデント］に「1」を指定して［OK］をクリック。

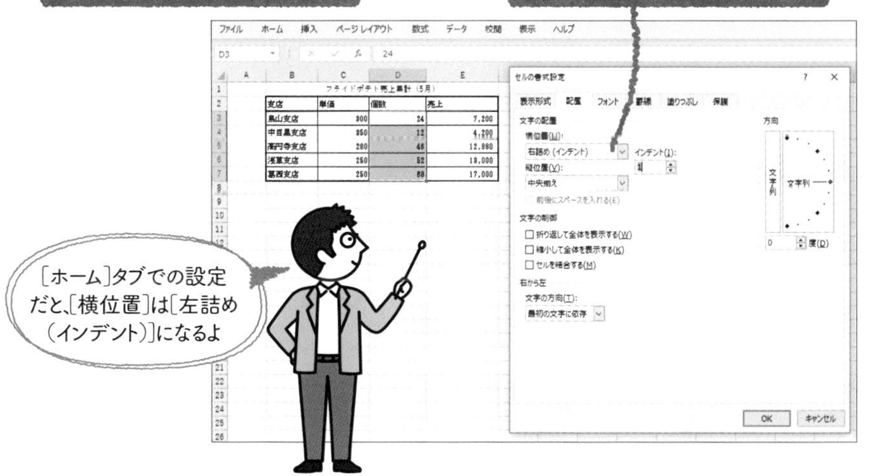

❸ 数値の右側にスペースが空けられた。

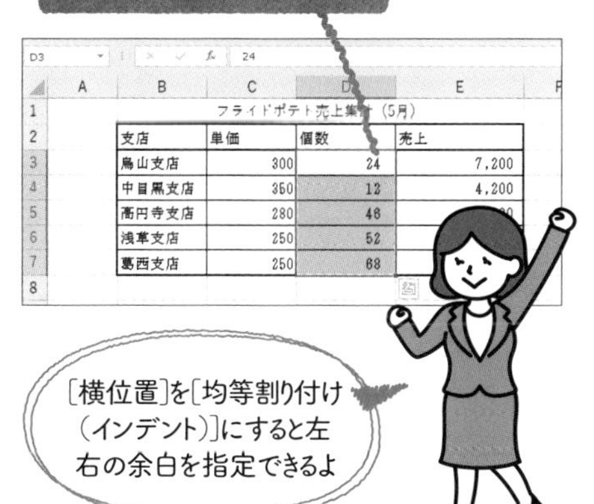

	A	B	C	D	E
1		フライドポテト売上集計（5月）			
2		支店	単価	個数	売上
3		鳥山支店	300	24	7,200
4		中目黒支店	350	12	4,200
5		高円寺支店	280	46	
6		浅草支店	250	52	
7		葛西支店	250	68	

One point

［ホーム］タブの［インデントを増やす］ボタンを使えば、即座に字下げができます。一方、［セルの書式設定］ダイアログは、異なる字下げの方法を選んだり、ほかの書式も合わせて設定したりするときに便利です。

Technique 4

「条件付き書式」で色分けして注意を喚起

時短 ★★★
ミス削減 ★★★
使用頻度 ★★★

期限間近の日付や入力されていないセルがあるとき、「条件付き書式」を使えば、色を変えて注意を促すことができます。

スケジュール表を作っても、期限に気づかず締切を過ぎてしまっては意味がありません。条件付き書式を使えば、期限が迫ったセルに色を付けられるので、そのような事態を防ぐことができます。具体的には、入力された日付とTODAY関数の値を比較します。**条件付き書式は、売上目標を達成したかどうかのチェックや未入力のセルがあることを知らせるなど様々な応用ができます。**

期限前に色で警告する便利機能

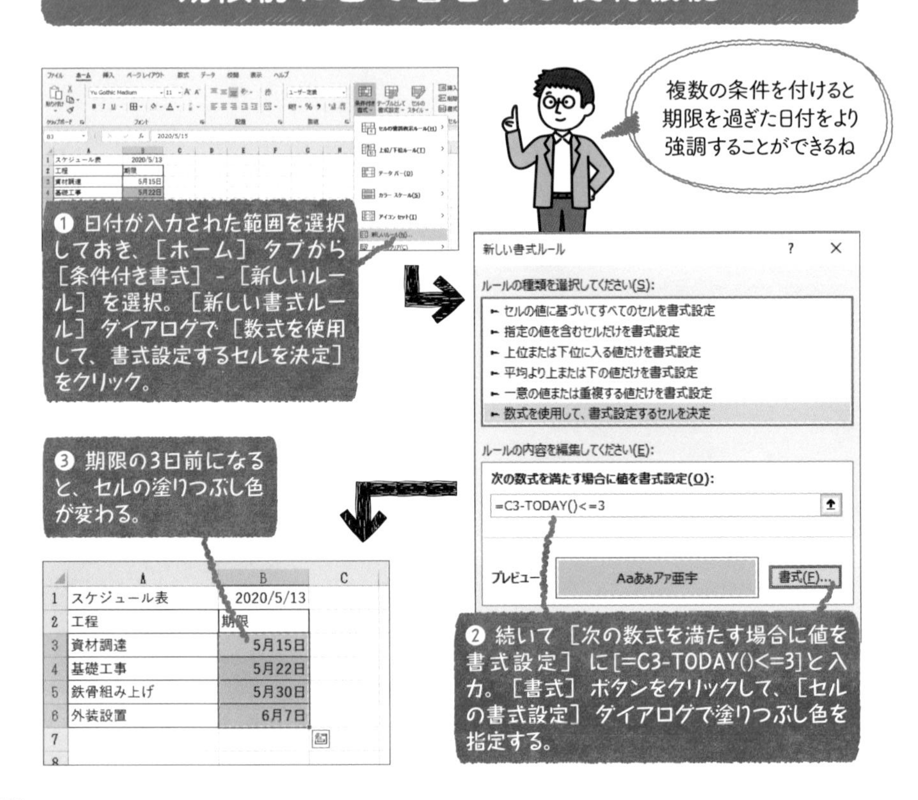

多くのデータが入力されたワークシートの場合、後から入力漏れのセルを探すのは大変な作業です。そのような場合にも条件付き書式が使えます。[新しい書式ルール] ダイアログボックスで [指定の値を含むセルだけを書式設定] を選択し、[次のセルのみを書式設定] から [空白] を選択すれば、空のセルだけが指定できます。あとは設定したい書式を指定するだけです。

空白セルを一発で見つける方法

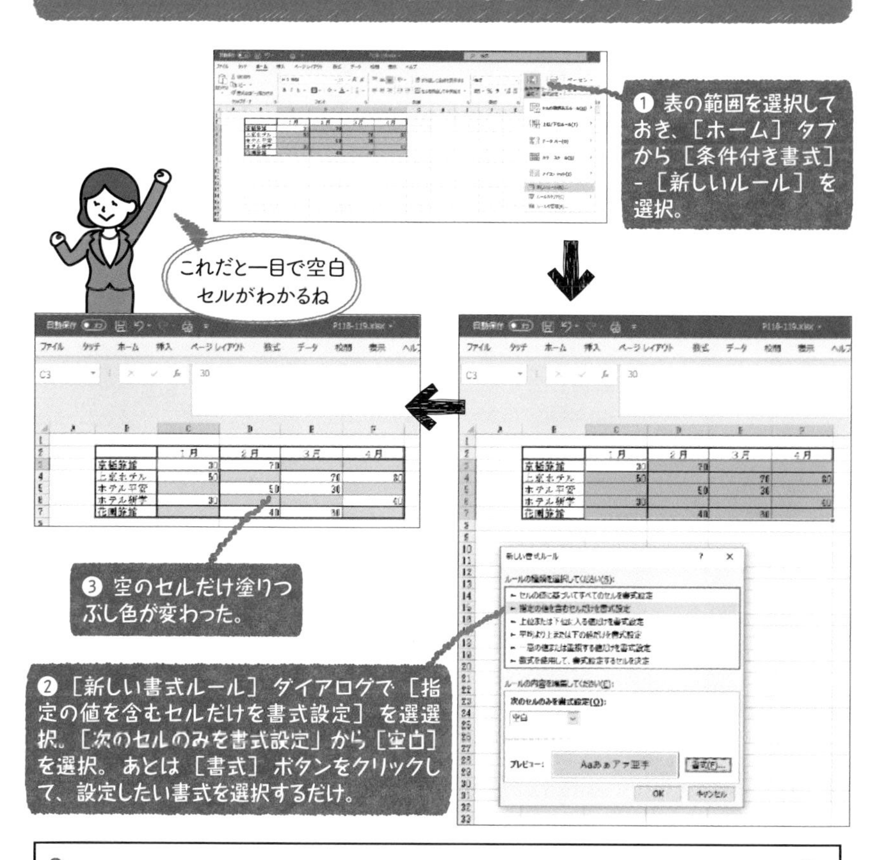

One point

条件付き書式を解除するには、設定したセル範囲を選択し、[ホーム] タブの [条件付き書式] から [ルールのクリア] − [選択したセルからルールをクリア] を選択します。ここで [シート全体からルールをクリア] を選ぶと、ワークシート内のすべての条件付き書式が解除されます。

「条件付き書式」で重複データの発見を効率化

時短 ★★☆
ミス削減 ★★★
使用頻度 ★★☆

重複データを発見するには条件付き書式が使えます。また、1つにまとめたいときには、［重複の削除］機能が便利です。

ワークシートの中には、同じデータが複数入力されていることがあります。しかし、表が大きいと、そのような重複データを見つけるのは簡単なことではありません。**条件付き書式を使えば、重複したデータが入力されているセルに書式を設定して、目立たせることができます**。さらに［重複の削除］機能を利用すると、重複するデータを1つにまとめることができます。

重複データを簡単に発見する

● ［条件付き書式］で重複したセルに色を付ける

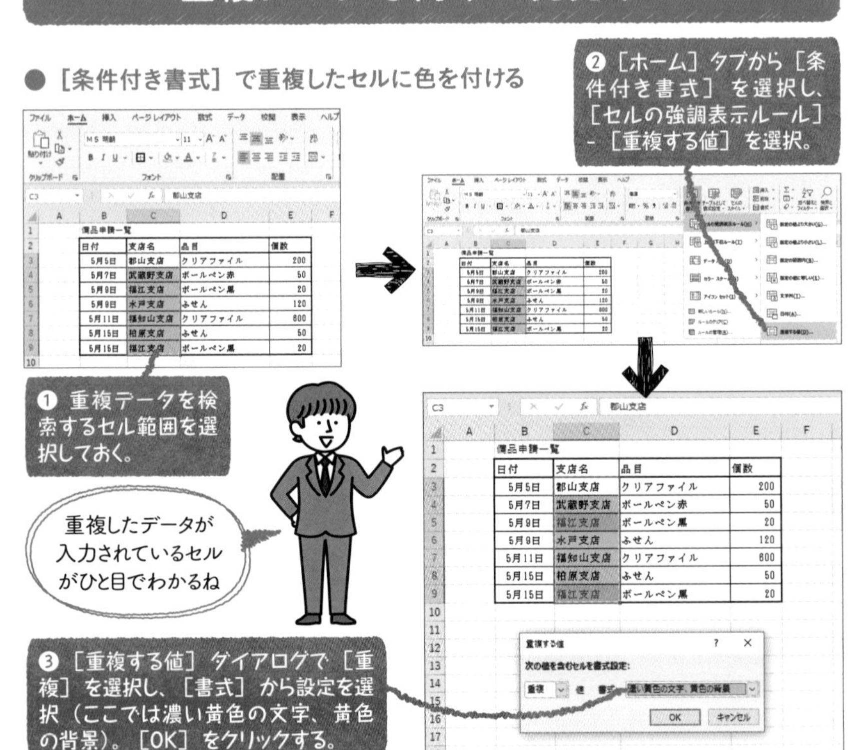

● [重複の削除] を使って重複データを1つにまとめる

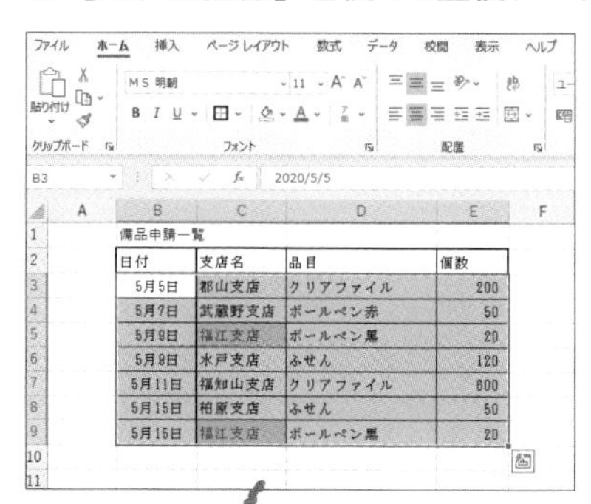

備品申請一覧

日付	支店名	品目	個数
5月5日	郡山支店	クリアファイル	200
5月7日	武蔵野支店	ボールペン赤	50
5月9日	福江支店	ボールペン黒	20
5月9日	水戸支店	ふせん	120
5月11日	福知山支店	クリアファイル	600
5月15日	柏原支店	ふせん	50
5月15日	福江支店	ボールペン黒	20

わかりやすくするために、条件付き書式を指定して重複データを目立たせているよ

❶ 表の中をクリックする。

❷ [データ] タブを開き、[重複の削除] をクリック。

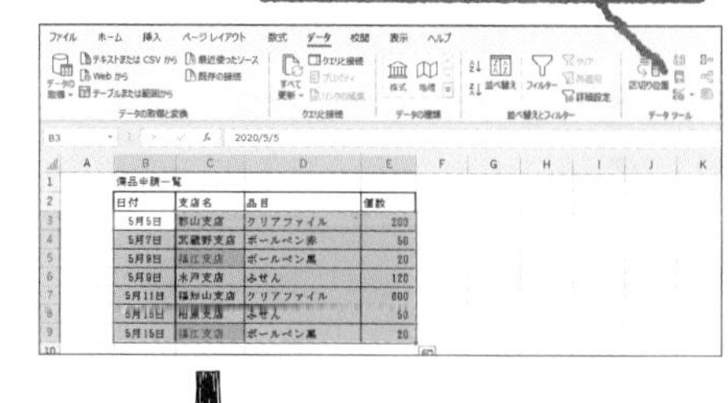

ここでは「支店名」「品目」「個数」がすべて同じデータを1つにまとめるよ

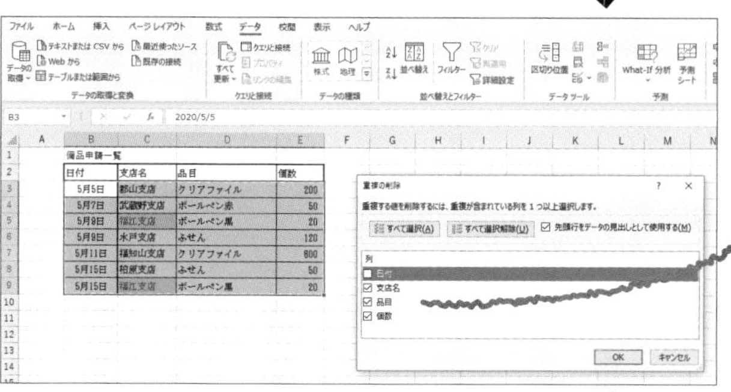

❸ [重複の削除] ダイアログで、重複データを探す [列] を選択し [OK] をクリック。

重複したデータのうち、いちばん上にあるものが残り、以降のデータは削除されるよ

❹ 重複したデータが1つにまとめられるという確認のメッセージが表示されるので [OK] をクリック。

備品申請一覧

日付	支店名	品目	個数
5月5日	郡山支店	クリアファイル	200
5月7日	武蔵野支店	ボールペン赤	50
5月9日	福江支店	ボールペン黒	20
5月9日	水戸支店	ふせん	120
5月11日	福知山支店	クリアファイル	600
5月15日	柏原支店	ふせん	50

Microsoft Excel
重複する 1 個の値が見つかり、削除されました。一意の値が 6 個残っています。
OK

タイトルや項目名を一番上に常に表示する

時短 ★★★
ミス削減 ★★★
使用頻度 ★★☆

スクロールしても常に見出しが表示されるように固定すれば、大きな表でも編集しやすくなります。

大きな表を編集しているとき、下の行や右の列のセルを表示するためにスクロールすると、見出し行や見出し列が見えなくなり、セルに表示されたデータがどの項目だったかわからなくなってしまうことがあります。そのような場合には、**ウィンドウ枠の固定機能を使って、先頭行や先頭列が常に表示されるようにしましょう**。指定した位置より上または左を固定することもできます。

先頭の行（列）を固定する

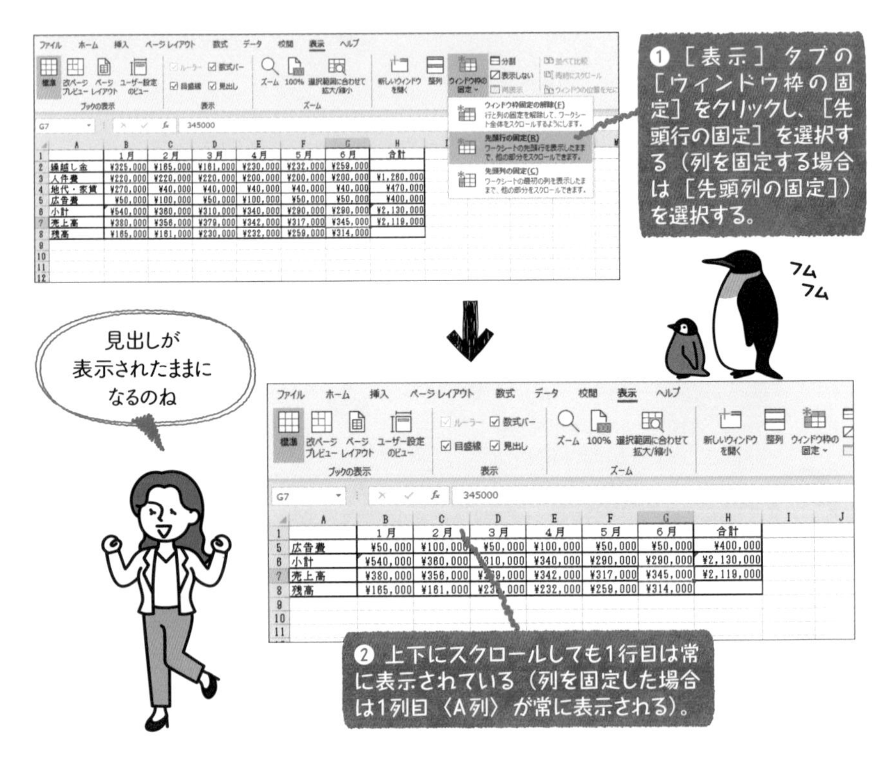

特定のセルの上の行と左の列を固定する方法

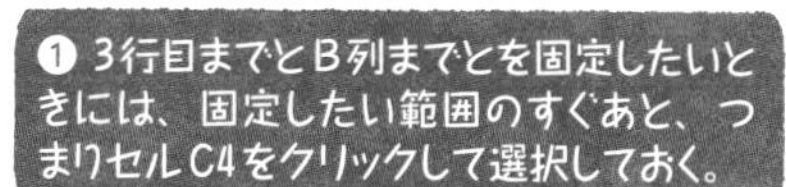

❷ 続いて［表示］タブの［ウィンドウ枠の固定］をクリックし、［ウィンドウ枠の固定］を選択する。

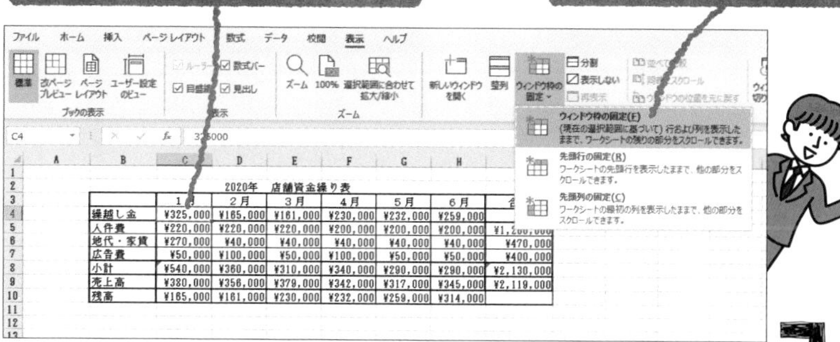

2020年　店舗資金繰り表

	1月	2月	3月	4月	5月	6月	合[illegible]
繰越し金	¥325,000	¥165,000	¥161,000	¥230,000	¥232,000	¥259,000	[illegible]
人件費	¥220,000	¥220,000	¥220,000	¥200,000	¥200,000	¥200,000	¥1,2[illegible]
地代・家賃	¥270,000	¥40,000	¥40,000	¥40,000	¥40,000	¥40,000	¥470,000
広告費	¥50,000	¥100,000	¥50,000	¥100,000	¥50,000	¥50,000	¥400,000
小計	¥540,000	¥360,000	¥310,000	¥340,000	¥290,000	¥290,000	¥2,130,000
売上高	¥380,000	¥356,000	¥379,000	¥342,000	¥317,000	¥345,000	¥2,119,000
残高	¥165,000	¥161,000	¥230,000	¥232,000	¥259,000	¥314,000	

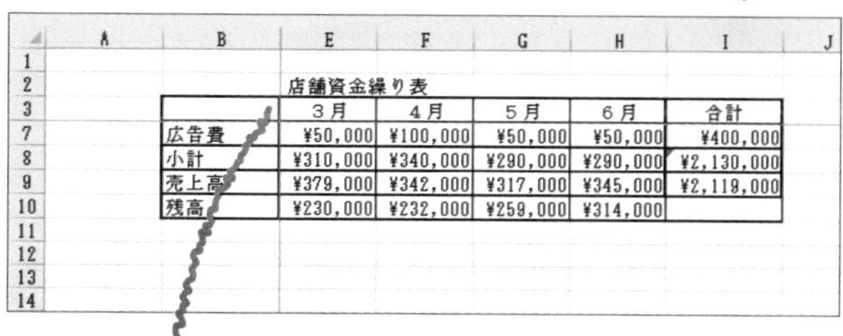

店舗資金繰り表

	3月	4月	5月	6月	合計
広告費	¥50,000	¥100,000	¥50,000	¥50,000	¥400,000
小計	¥310,000	¥340,000	¥290,000	¥290,000	¥2,130,000
売上高	¥379,000	¥342,000	¥317,000	¥345,000	¥2,119,000
残高	¥230,000	¥232,000	¥259,000	¥314,000	

たとえば3行目までを固定して列は固定しない場合は、セルA4を選択して同じ操作をするといいよ

❸「上下左右にスクロールしても3行目までとB列までは常に表示される。

固定を解除するときは、［表示］タブの［ウィンドウ枠の固定］をクリックして［ウィンドウ枠固定の解除］を選択するといいよ

One point

Ctrl + Home を押すと選択されているセルは通常A1に戻りますが、ウィンドウ枠が固定されているときは、スクロールで動く範囲の先頭のセルに戻ります。

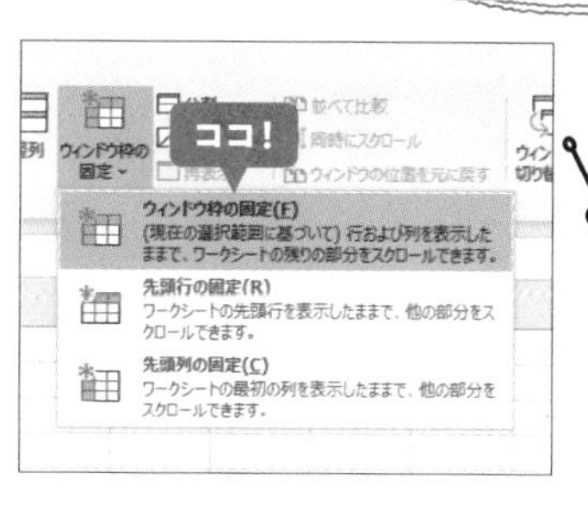

作業を効率化するために列を非表示にする

時短 ★★☆
ミス削減 ★★☆
使用頻度 ★★☆

表示する必要がない行・列・シートを隠して見やすくする「非表示」の機能を利用して作業効率をアップしましょう。

月別に入力されている集計表などで、今月のデータを処理したいときに、過去のデータが表示されていると、見出しとデータの間で視線を頻繁に移動させなくてはなりません。これでは作業に集中できません。そのような場合には、とりあえず使わない列や行を非表示にしておきましょう。**列見出しや行見出しを右クリックして［非表示］を選択するだけです。**

右クリックで列を非表示にする

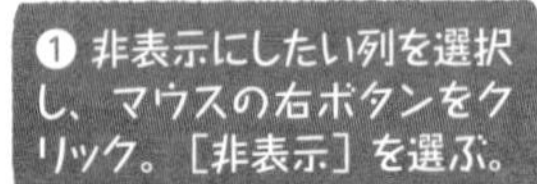

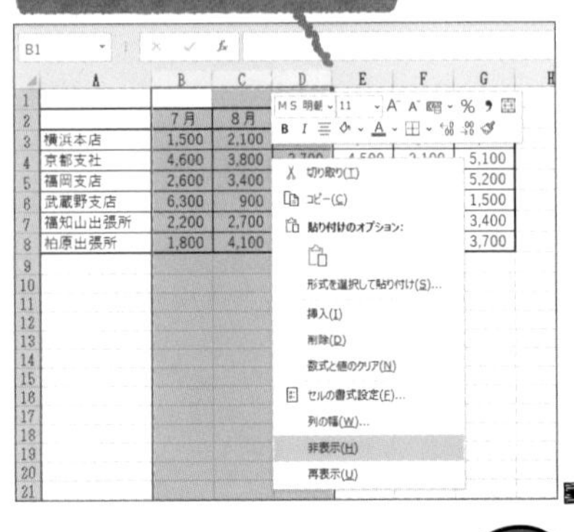

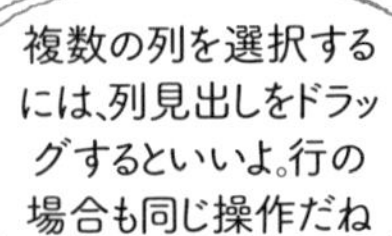

	A	E	F	G
1				
2		10月	11月	12月
3	横浜本店	4,500	2,800	6,100
4	京都支社	4,500	3,100	5,100
5	福岡支店	2,700	3,200	5,200
6	武蔵野支店	3,800	1,900	1,500
7	福知山出張所	400	1,500	3,400
8	柏原出張所	1,100	900	3,700
9				
10				

非表示の列見出しを含む範囲を選択して､右クリックから「再表示」を選ぶと列が再び表示されるのね

離れたワークシートを参照しながら作業をするなら、途中のワークシートシートを非表示にするといいでしょう。方法は、ワークシートの下のタブを右クリックして［非表示］を選択するだけです。再表示したいときは、ほかのタブを右クリックして［再表示］を選択します。どのワークシートを再表示するか選択するためのダイアログボックスが表示されます。

右クリックでワークシートを非表示

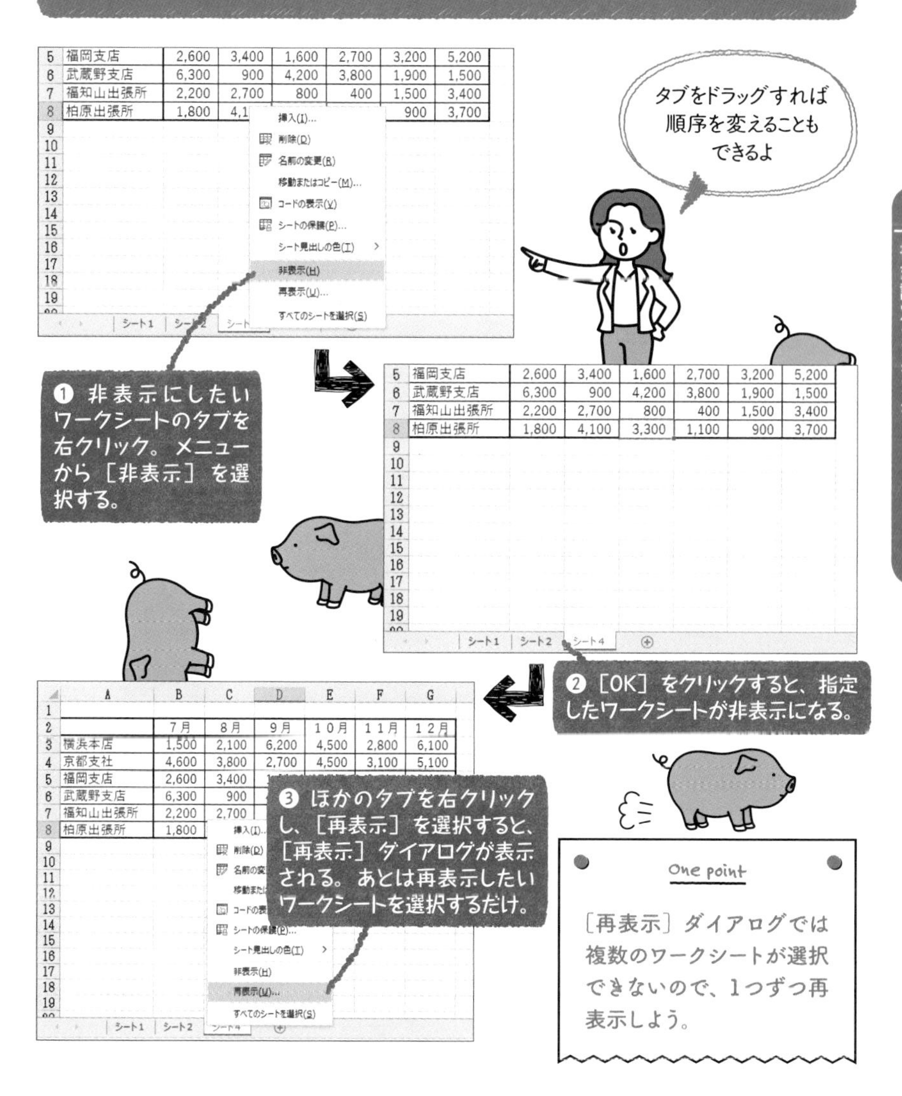

Technique

8 使用しない列や行をグループ化して折りたたむ

時短 ★★☆
ミス削減 ★★☆
使用頻度 ★★☆

四半期 - 各月などの階層構造を持つ大きな表は、必要な部分だけを表示するグループ化機能を使って効率よく取り扱おう。

列や行を非表示にする機能は、データの構造を反映したものではありません。たとえば、地区の下に支店があるような場合、特定の地区の数字だけを見るには、データ構造に合わせて表を折りたためるグループ化の機能が便利です。**グループ化を利用すると、必要な部分だけを一瞬で表示したり非表示にしたりできます。**

グループ化で階層を見やすくする

●列をグループ化する

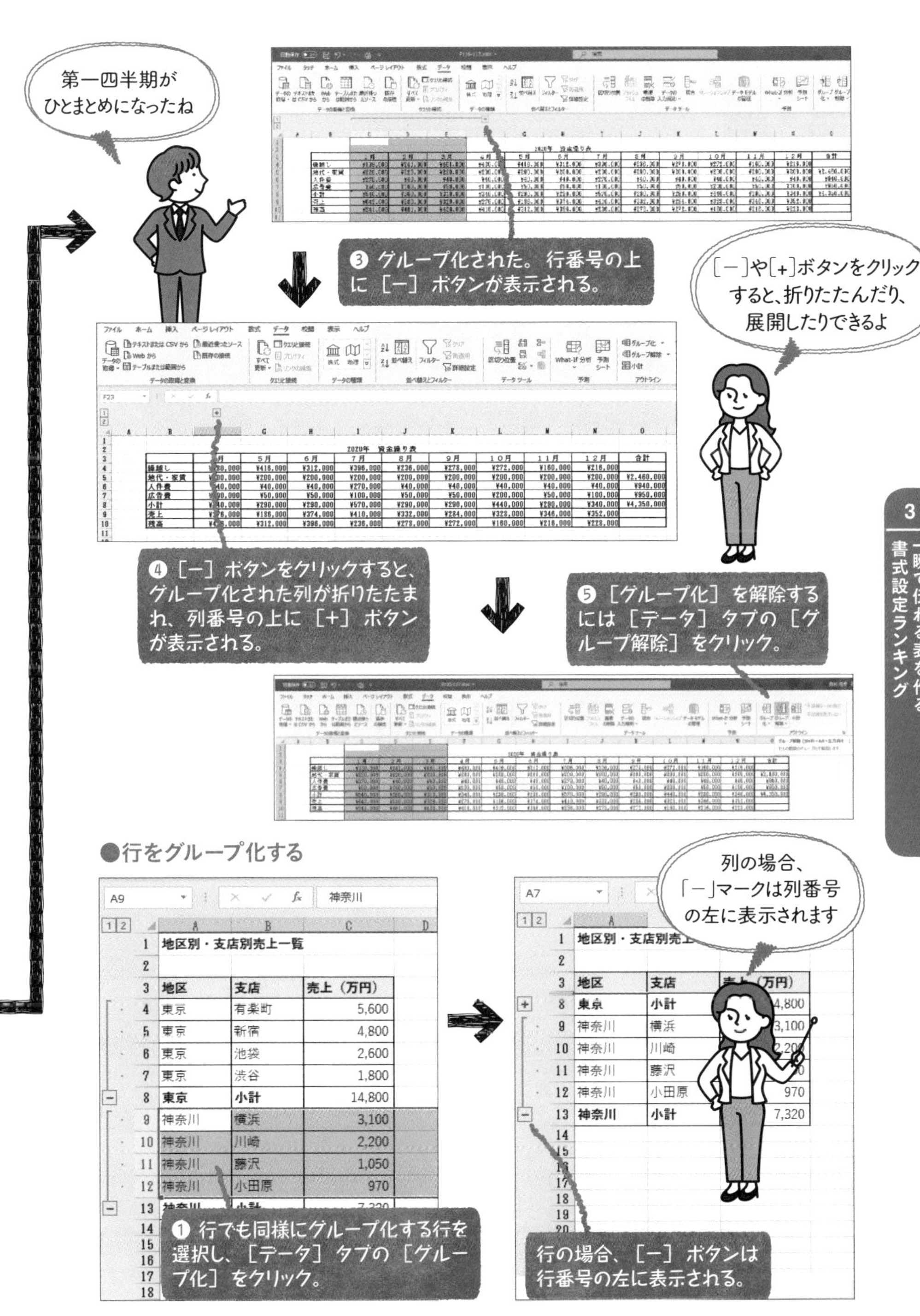
第一四半期がひとまとめになったね
❸ グループ化された。行番号の上に［－］ボタンが表示される。
［－］や［+］ボタンをクリックすると、折りたたんだり、展開したりできるよ
❹［－］ボタンをクリックすると、グループ化された列が折りたたまれ、列番号の上に［+］ボタンが表示される。
❺［グループ化］を解除するには［データ］タブの［グループ解除］をクリック。
●行をグループ化する
地区別・支店別売上一覧
列の場合、「－」マークは列番号の左に表示されます
❶ 行でも同様にグループ化する行を選択し、［データ］タブの［グループ化］をクリック。
行の場合、［－］ボタンは行番号の左に表示される。

Technique 9

選択した範囲だけをササッと拡大表示

時短 ★★☆
ミス削減 ★★☆
使用頻度 ★☆☆

図形の編集など細かい作業をしたいときには、一瞬で選択範囲を拡大表示するワザを使いましょう。

図形を編集するときには、微妙なマウス操作が必要になります。そのような場合、**[選択範囲に合わせて拡大 / 縮小] を使えば、一瞬にして表示倍率を変えられるので、細部の編集がスムーズにできます**。プレゼンテーションの際に、一部のセルを大きく見せたり、逆に縮小表示にして大きな表全体を見せたりするのにも便利です。

倍率を変えて細かな操作をスムーズに

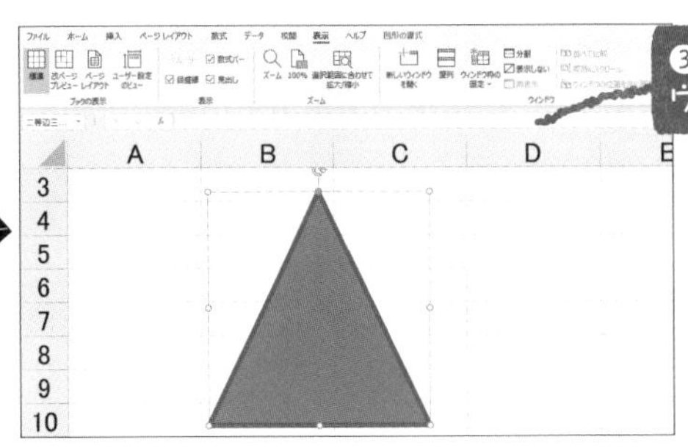

③ 一瞬で表示がウィンドウに合わせて拡大される。

微妙な移動や頂点の編集に便利だね。最大の倍率は400%だよ

●選択した範囲を拡大・縮小する

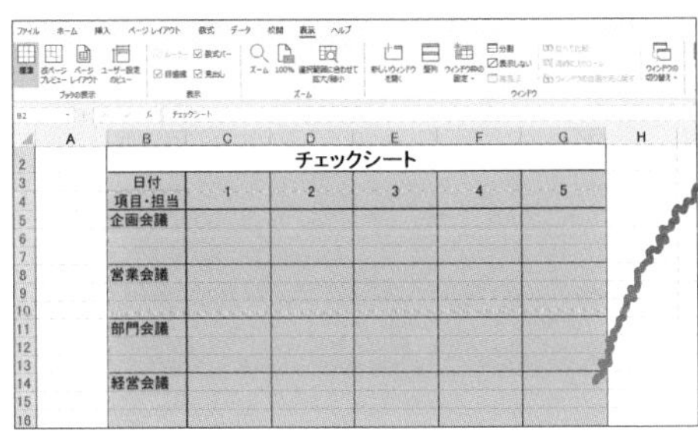

セル範囲を選択しておき、[選択範囲に合わせて拡大/縮小]をクリックすると、その範囲がウィンドウの大きさに合わせて表示される。Ctrl＋Aを使って大きな表の範囲を選択した場合は、逆に縮小表示となる。

瞬時に元の表示サイズに戻すなら[表示]タブの[100%]ボタンが便利

●[ズーム]スライダーの利用も便利

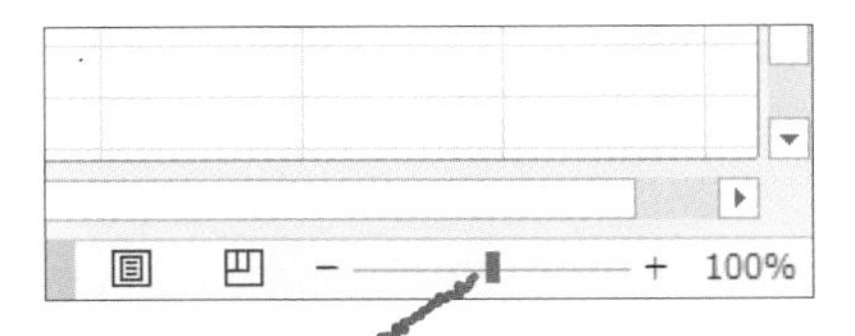

ウィンドウの右下の[ズーム]スライダーをドラッグすれば倍率が変更できる。

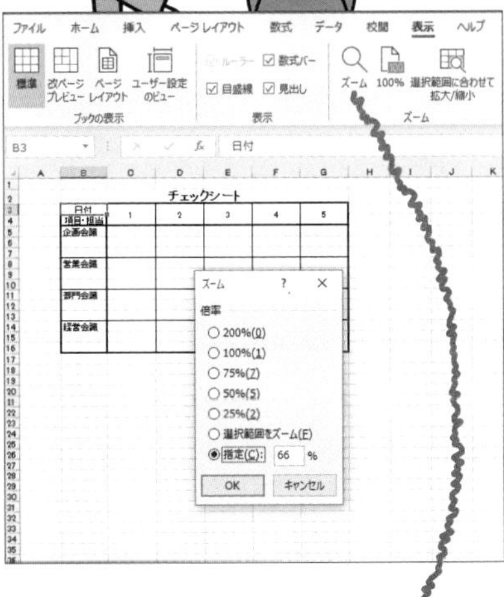

[表示倍率]ボタンをクリックして[ズーム]ダイアログボックスから選択してもよい。

One point

68ページではショートカットキーやマウスのホイールを利用して表示倍率を変える方法を紹介しています。表示倍率を元に戻すにはCtrl＋Zも便利です。

Technique 10

表の貼り付け＆分割で複数の表を同時に利用する

時短 ★★☆
ミス削減 ★☆☆
使用頻度 ★☆☆

同じワークシートの中に形式の異なる表を並べるときは、片方の表を図として貼り付けよう。

1つのワークシート内に形式の異なる複数の表を表示したいときには、一方の表を図として貼り付けるといいでしょう。範囲を選択してコピーし、貼り付けを行うときに［リンクされた図］という形式を指定するだけです。この方法を使うと、コピー元のデータを変更すると、貼り付けたデータも変更されます。ほかのワークシートの範囲でもこの方法で貼り付けられます。

貼り付けや分割で離れた位置を同時表示

●形式の異なる表を同時に表示する方法

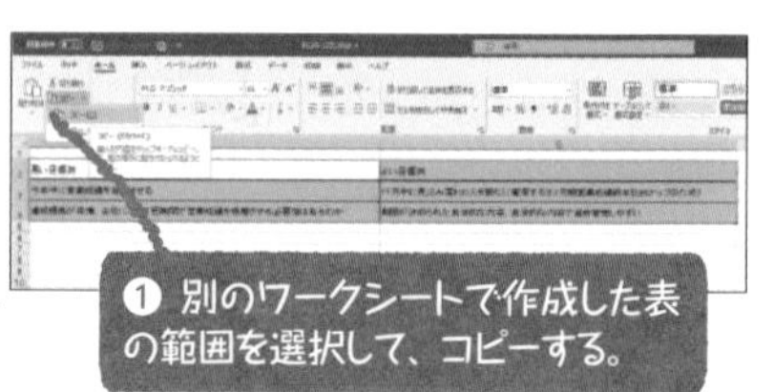

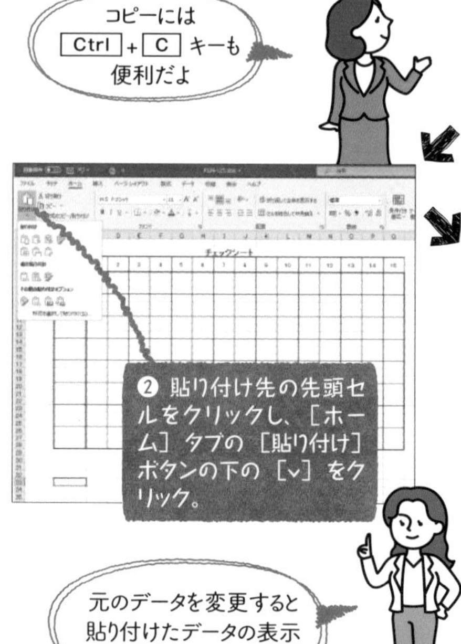

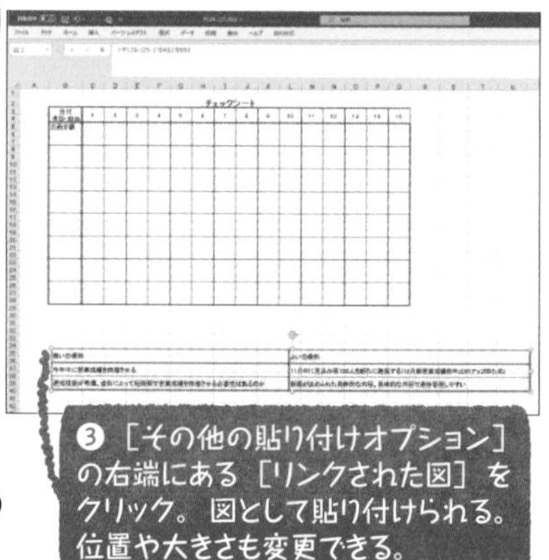

1つのワークシートは2つまたは4つに分割して表示できます。方法は、分割したい位置のセルを選択し、［表示］タブの［分割］をクリックするだけなので簡単です。この機能は同じワークシートの離れた場所を同時に見たいときに便利です。表示領域の境界線をドラッグすれば表示領域の大きさも変えられます。それぞれの領域で表示のスクロールが可能です。

●画面を2分割する

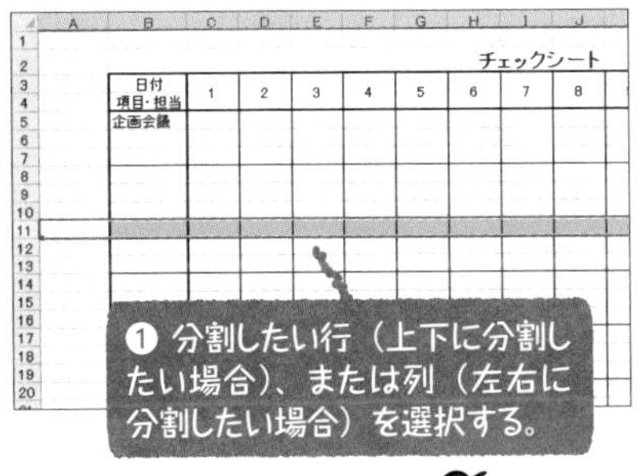

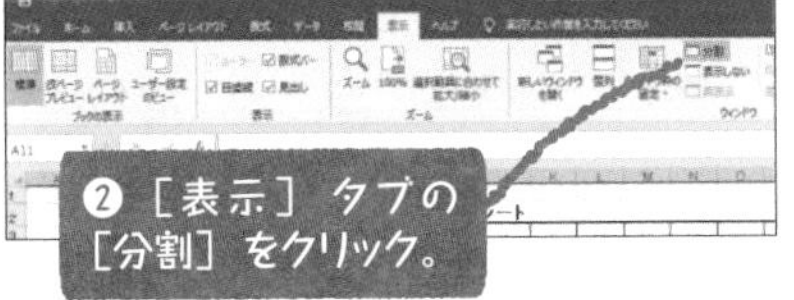

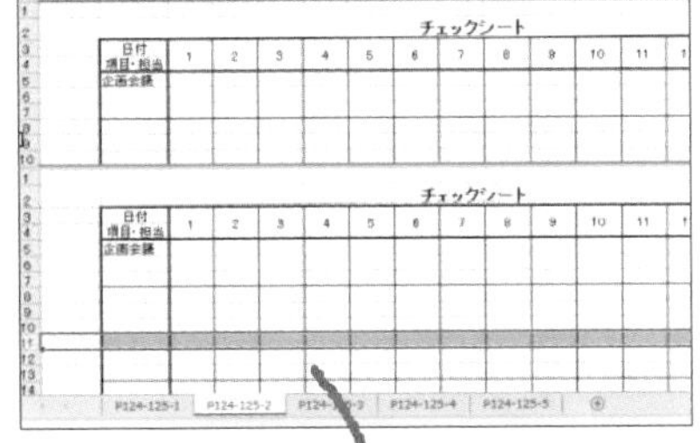

●画面を4分割する

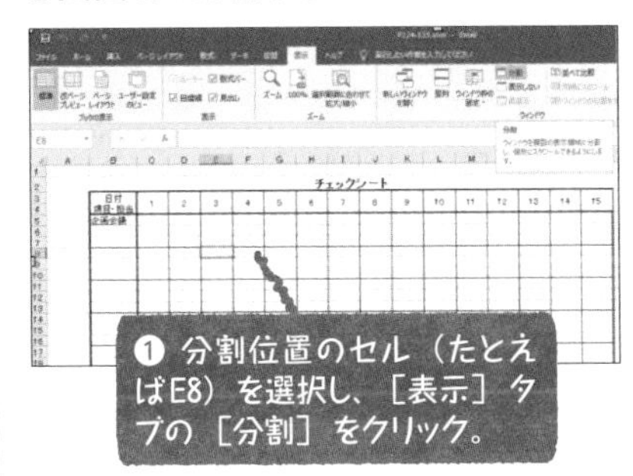

Technique 11

表の必要な場所だけ「設定」で選んで印刷する

時短 ★★☆
ミス削減 ★★★
使用頻度 ★★☆

表の備考や作業のために入力したメモなどを除外して、必要な部分だけを印刷するには、印刷の前に範囲を選択しておこう。

特に何も指定せずに表を印刷し、余計なデータまで印刷してしまったり、何枚にもわたって印刷されてしまったという経験のある人は少なくないでしょう。必要な部分だけを印刷するには、あらかじめ印刷する範囲を選択しておき、印刷範囲として設定しておきます。印刷の詳細な設定を変えたり印刷を実行したりするには、［ファイル］タブをクリックし［印刷］を選択します。

表の一部分だけ印刷する

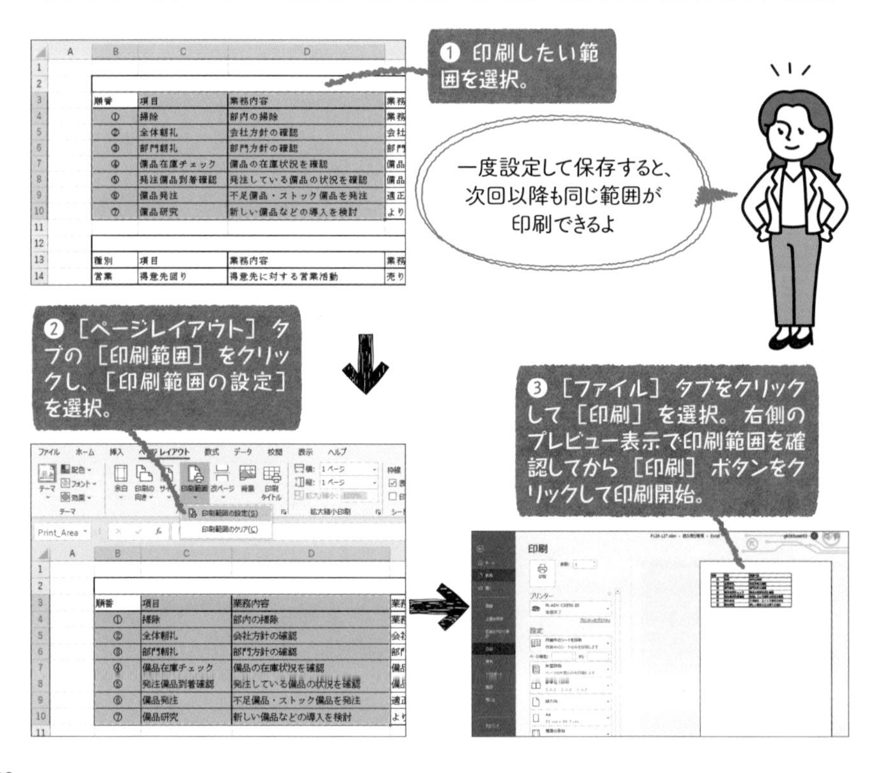

●印刷範囲を追加する方法

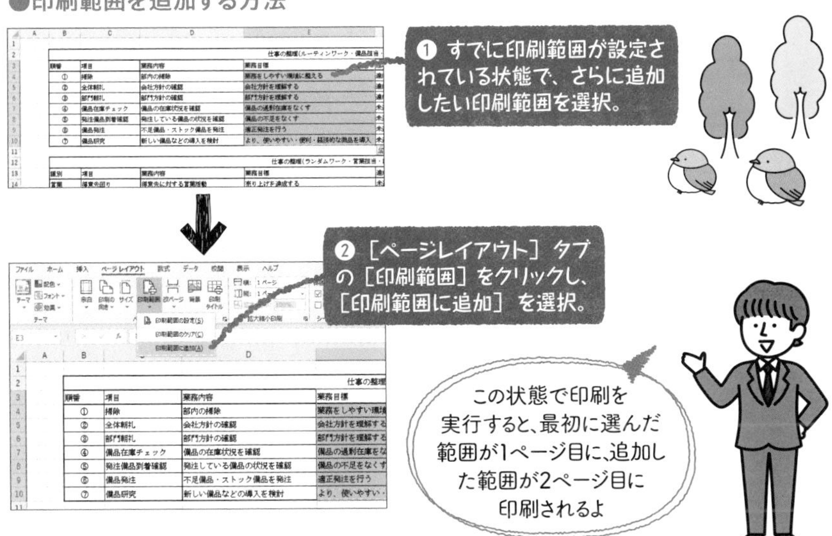

●1回だけ印刷範囲を指定したい場合

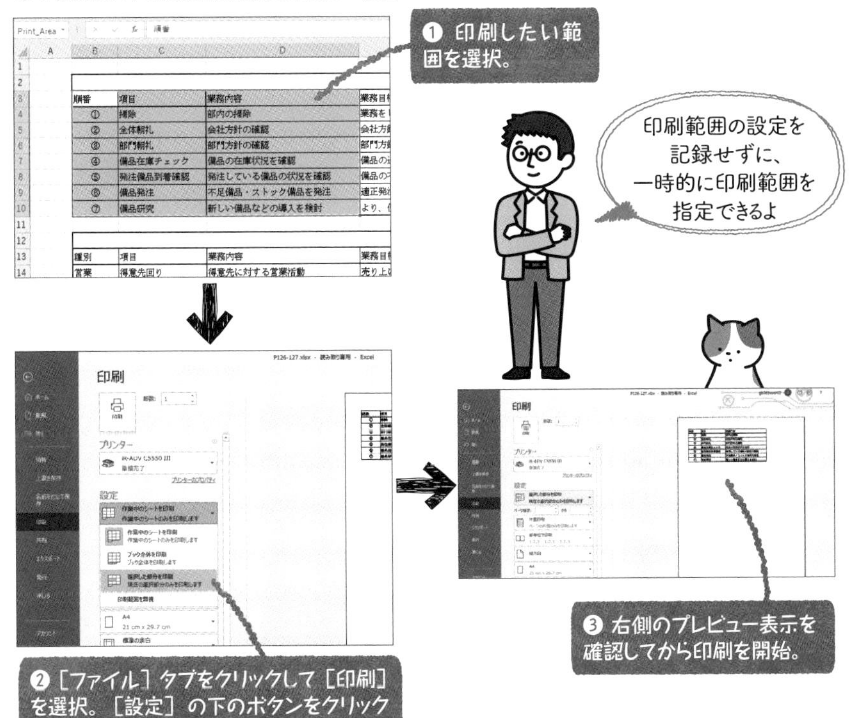

Technique 12

「ページレイアウト」の設定で用紙１枚にまとめて印刷する

時短 ★★☆
ミス削減 ★★★
使用頻度 ★★☆

印刷したい範囲がはみ出してしまうときに、一発で１ページに収まるように設定する印刷のテクニックを紹介します。

印刷範囲が１ページに収まりきらず、２ページ目の先頭に数行あるいは数列だけ印刷されてしまったときほどイラッとすることはありません。そのような場合には、自分で印刷の倍率を変えたり、行の高さなどを調整したりしなくても、**［ページレイアウト］タブで［拡大縮小印刷］の設定を変えれば、自動的に１ページに収めて印刷できます。**

すべての列が１ページに収まるように印刷

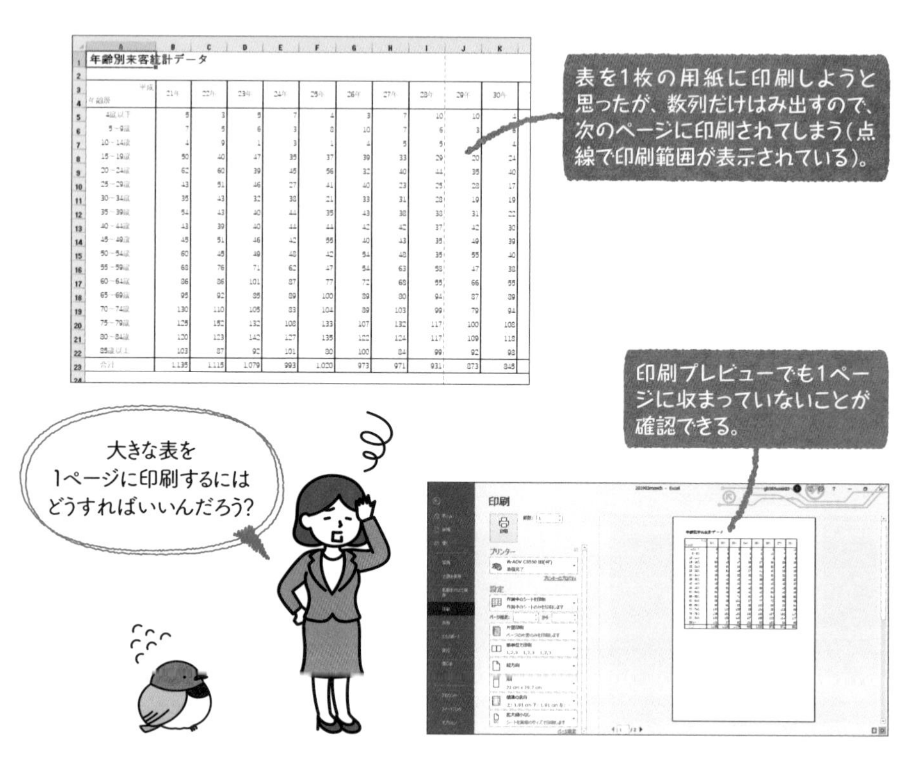
年齢別来客統計データ

平成 / 年齢層	21年	22年	23年	24年	25年	26年	27年	28年	29年	30年
4歳以下	5	3	5	7	4	3	7	10	10	4
5～9歳	7	5	6	3	8	10	7	6	3	6
10～14歳	4	9	1	3	1	4	5	5		4
15～19歳	50	40	47	35	37	39	33	29	20	24
20～24歳	62	60	39	45	56	32	40	44	35	40
25～29歳	43	51	46	27	41	40	23	25	28	17
30～34歳	35	43	32	38	21	33	31	28	19	19
35～39歳	54	43	40	44	35	43	38	33	31	22
40～44歳	43	39	40	44	44	42	42	37	42	30
45～49歳	45	51	46	42	55	40	43	35	49	39
50～54歳	60	45	49	48	42	54	48	35	55	40
55～59歳	68	76	71	62	47	54	63	58	47	38
60～64歳	86	86	101	87	77	72	68	55	66	55
65～69歳	95	92	85	89	100	89	80	94	87	89
70～74歳	130	110	105	83	104	89	103	99	79	94
75～79歳	125	152	132	108	133	107	132	117	100	108
80～84歳	120	123	142	127	135	122	124	117	109	118
85歳以上	103	87	92	101	80	100	84	99	92	98
合計	1,135	1,115	1,079	993	1,020	973	971	931	873	845

●印刷したい範囲をA4用紙1枚に収める方法

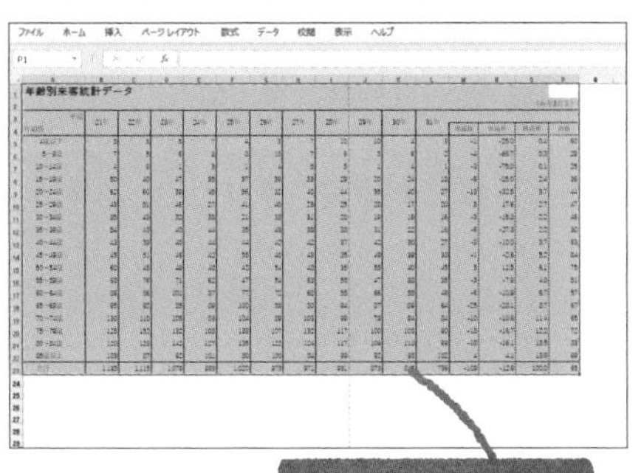

❶ 印刷範囲を選択する。

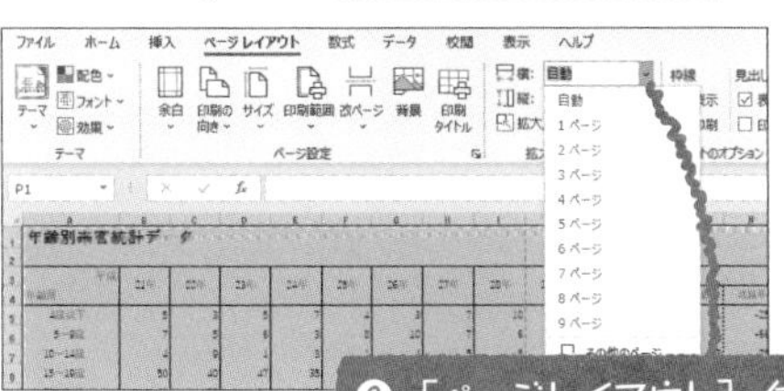

❷［ページレイアウト］タブの［拡大縮小印刷］にある［横］の右側の「∨」をクリック。

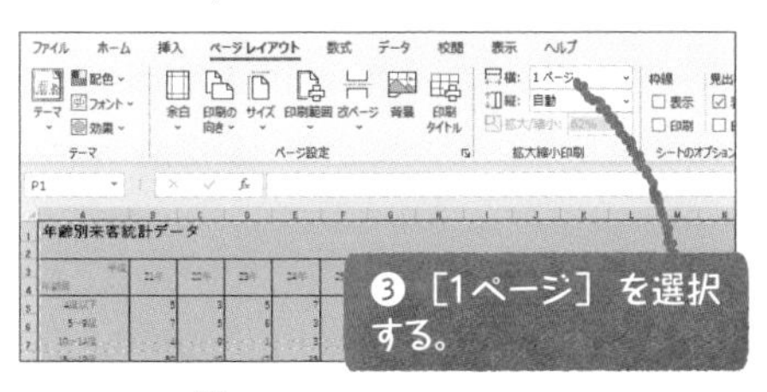

❸［1ページ］を選択する。

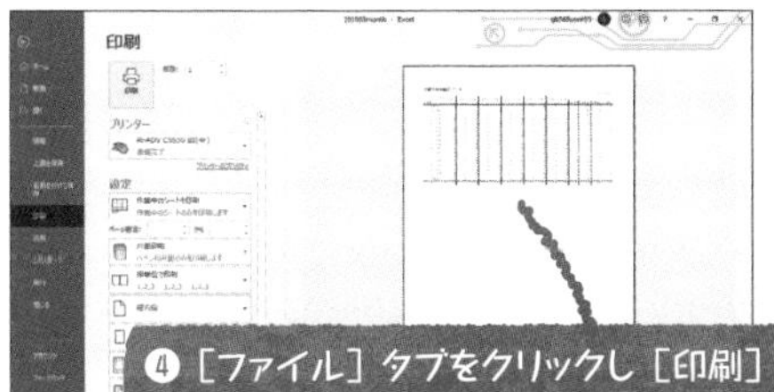

❹［ファイル］タブをクリックし［印刷］を選択。右側の［プレビュー］で印刷される範囲が確認できたら［印刷］ボタンをクリックして印刷開始。

One point

印刷時の［ページ設定］や［拡大縮小印刷］の設定は［ページレイアウト］タブでも、［印刷］画面からでもできます。ここでは、［ページレイアウト］タブで事前に設定しておく方法を紹介しています。

はみ出す列がある場合は［横］、はみ出す行がある場合は［縦］を選択だよ

●縦・横、余白の調整

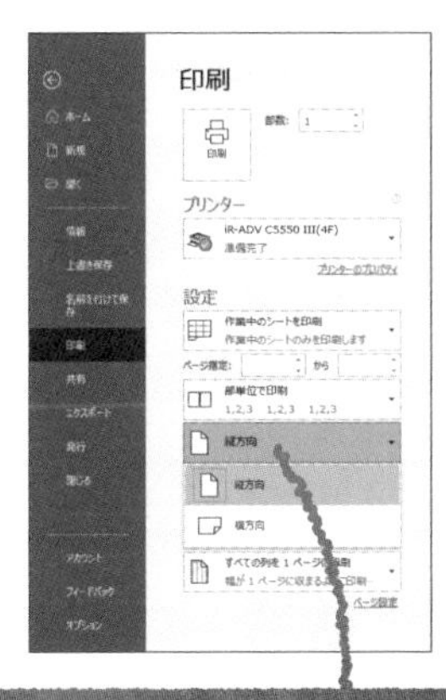

［ページレイアウト］の［印刷の向き］をクリックすると、用紙を縦に使うか横に使うかが指定できる。

「ページレイアウト」の設定で用紙の中央に表を印刷する

時短 ★★☆
ミス削減 ★★★
使用頻度 ★★☆

表を用紙の中央に印刷したり、余白を調整したりして、スッキリとした美しい資料を作成しよう。

特に何も指定しないと表は用紙の左上から印刷されます。表が小さいと右側の余白が大きくなったり、下側の余白が大きくなったりします。中心が少しズレた感じに印刷されると「据わり」の悪い資料になってしまいます。**[ページ設定]ダイアログボックスの［余白］タブでは、細かく余白を設定できるだけでなく、ページの左右の中央や上下の中央に印刷するという設定もできます。**

「余白」機能で美しく印刷する

表がページのサイズよりも少し大きい場合には、右側の列や下側の行が一部だけ次のページに印刷されることがあります。その場合、128ページの方法で縮小印刷してもいいのですが、余白を狭くすれば、縮小することなく全体が印刷できる場合もあります。余白の大きさは［標準］［広い］［狭い］のほか、［ユーザー設定の余白］で自由に設定できます。

●表を用紙の中央に印刷する方法

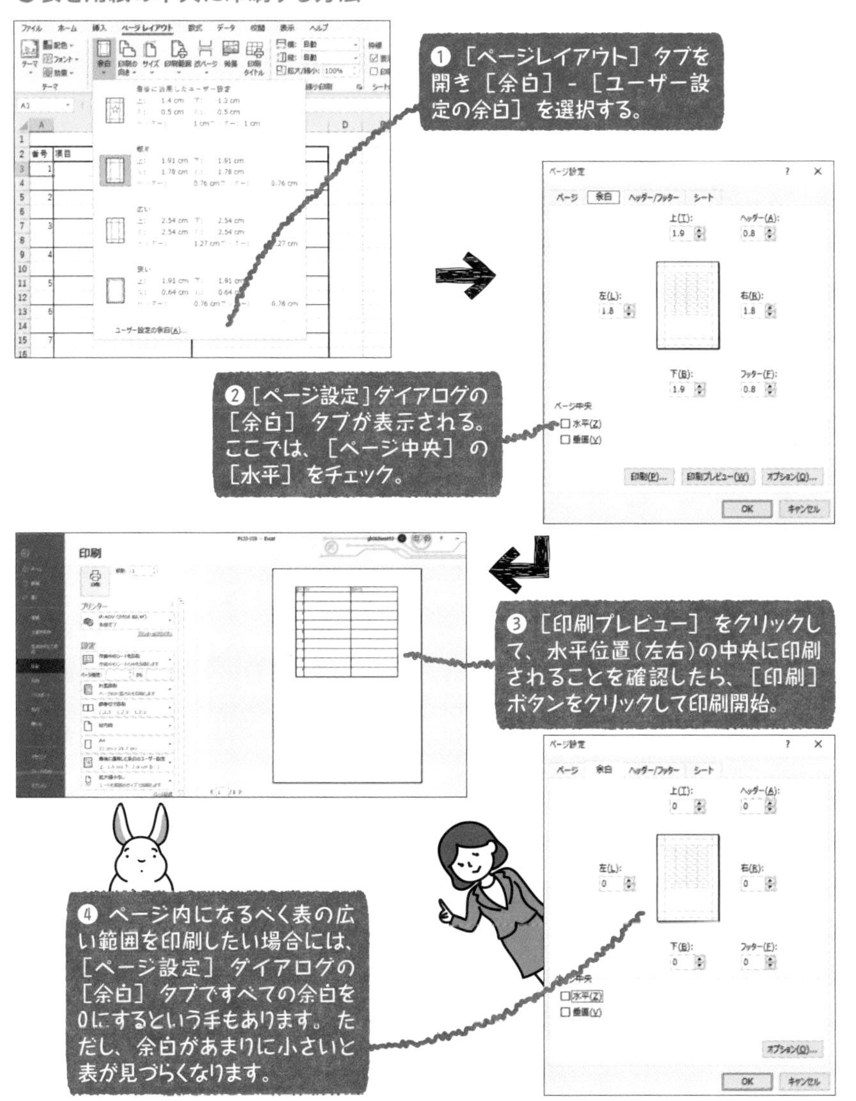

Technique 14

「印刷タイトル」で項目見出しをすべてのページに印刷する

時短 ★★☆
ミス削減 ★★★
使用頻度 ★★☆

大きな表を複数のページに印刷するとき、先頭行にある項目見出しをすべてのページに印刷する便利なワザを紹介します。

何ページにもわたる大きな表をそのまま印刷すると、2ページ目以降には項目の見出しが印刷されず、データだけが並ぶことになります。これではどのデータがどの項目の値なのかわかりません。**［ページレイアウト］タブの［印刷タイトル］を利用すれば、表の見出しとなる行や列をすべてのページに印刷するように設定できます**。見やすい資料を作成するために欠かせない機能です。

すべてのページに項目見出しを印刷する方法

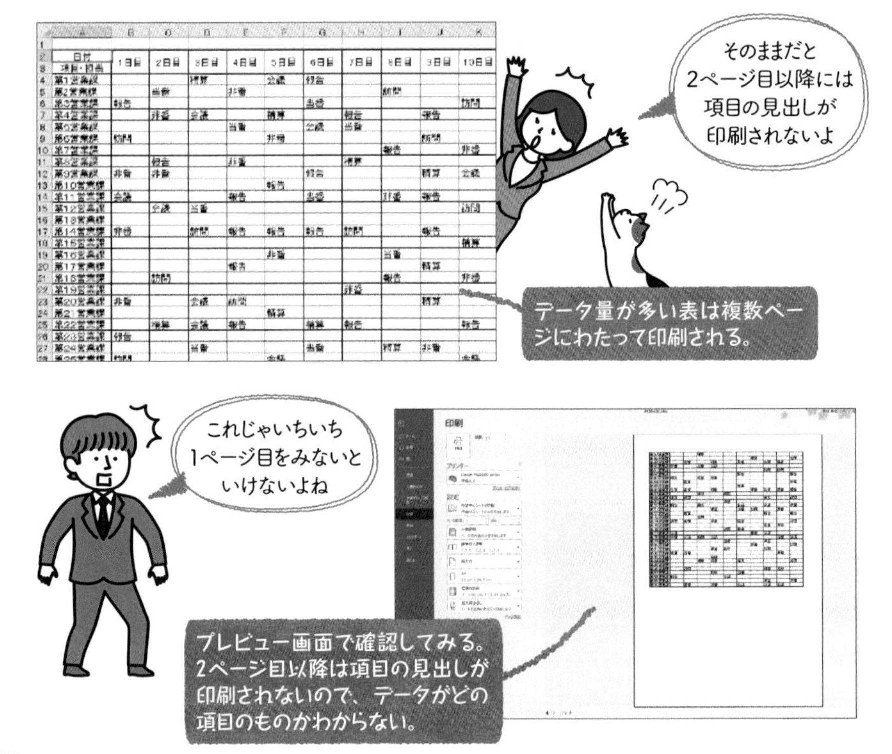

	A	B	C	D	E	F	G	H	I	J	K
1											
2	日付	1日目	2日目	3日目	4日目	5日目	6日目	7日目	8日目	9日目	10日目
3	項目・担当										
4	第1営業課			精算		会議	報告				
5	第2営業課		当番		非番				訪問		
6	第3営業課	報告					当番				訪問
7	第4営業課		非番	会議		精算		報告		報告	
8	第5営業課				当番		会議	当番			
9	第6営業課	訪問				非番				訪問	
10	第7営業課								報告		非番
11	第8営業課		報告		非番			精算			
12	第9営業課	非番	非番				報告			精算	会議
13	第10営業課					報告					
14	第11営業課	会議			報告		当番		非番	報告	
15	第12営業課		会議	当番							訪問
16	第13営業課										
17	第14営業課	非番		訪問	報告	報告	報告	訪問		報告	
18	第15営業課										精算
19	第16営業課					非番			当番		
20	第17営業課				報告					精算	
21	第18営業課		訪問						報告		非番
22	第19営業課							非番			
23	第20営業課	非番		会議	訪問					精算	
24	第21営業課					精算					
25	第22営業課		精算	会議	報告		精算	報告			報告
26	第23営業課	報告									
27	第24営業課			当番			当番		精算	非番	
28	第25営業課	訪問				会議					会議

データ量が多い表は複数ページにわたって印刷される。

プレビュー画面で確認してみる。2ページ目以降は項目の見出しが印刷されないので、データがどの項目のものかわからない。

●2ページ目以降にも項目見出しを表示して印刷する方法

❶［ページレイアウト］タブの［印刷タイトル］をクリック。

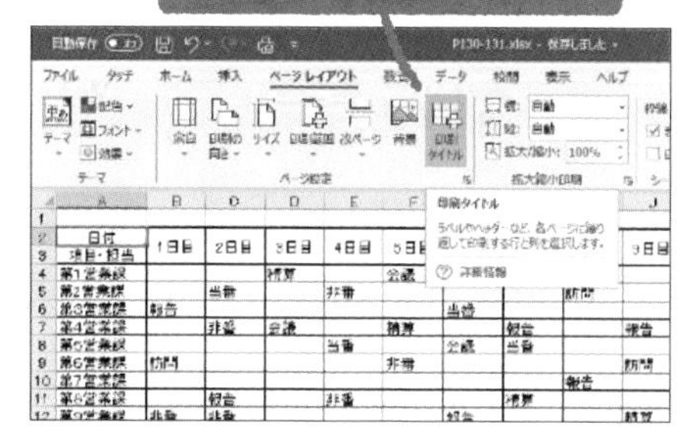

One point

行数が多い表なら、［タイトル行］を指定、列数が多い表なら、［タイトル列］を指定して、各ページに項目見出しを印刷するといいでしょう。

❷［ページ設定］ダイアログの［シート］タブが表示される。

［タイトル行］ボックスでは、セルをクリックするかドラッグすれば、選択したセルを含む行が自動的に入力されるよ

フム
フム

❸［タイトル行］ボックスの入力枠をクリックして、見出しとなる項目を選択。

❹「タイトル行」に行（またはセル）範囲が表示されたら、［印刷プレビュー］をクリック。

❺［印刷プレビュー］画面で2ページ目以降にも項目見出しが印刷されることを確認。あとは印刷を実行するだけ。

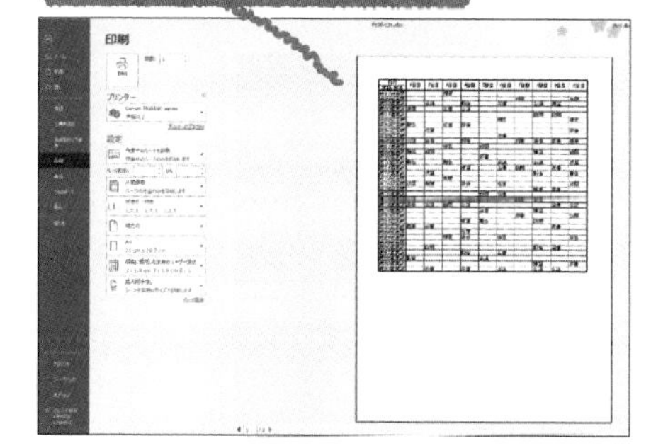

［印刷プレビュー］画面では、下の方の［◀］や［▶］をクリックすると前や次のページが表示できるよ

Technique
15 ページ設定の「ヘッダー / フッター」でページ番号を付けて印刷する

時短 ★★☆
ミス削減 ★★☆
使用頻度 ★★☆

配布資料にはページ番号をきちんと振っておく必要があります。ヘッダーやフッターを活用して、使いやすい資料を作成しよう。

資料が複数ページにわたる場合には、印刷時にページ番号を入れる必要があります。しかし、自分でページ番号を入力するのは時間と労力のムダですし、表が使いにくくなってしまいます。**[ページ設定]の[ヘッダー / フッター]を使ってページ番号が自動的に印刷されるようにしましょう。**資料の各ページに企業のロゴや作成日時、作成者、資料名などを印刷したいときにも便利です。

「ヘッダー/フッター」を活用する

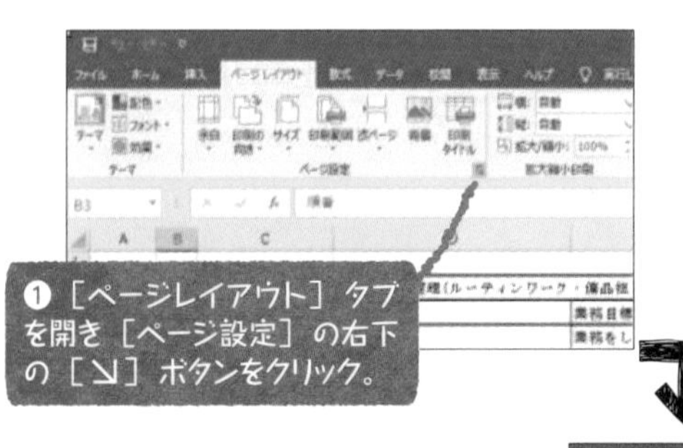

One point

［表示］タブの［ページレイアウト］をクリックすれば、ページごとの表示になります。その表示方法にすれば、ヘッダーとフッターが直接入力できるようになります。

［ヘッダー］には各ページの上に印刷される内容を指定します。一方、［フッター］には各ページの下に印刷される内容を指定します。いずれも、［左側］［中央部］［右側］の好きな位置に表示内容を指定できます。ページ番号や日付、ファイル名、ワークシート名、画像などはダイアログボックス内のボタンをクリックして入力します。

●ヘッダーとフッターへの情報入力

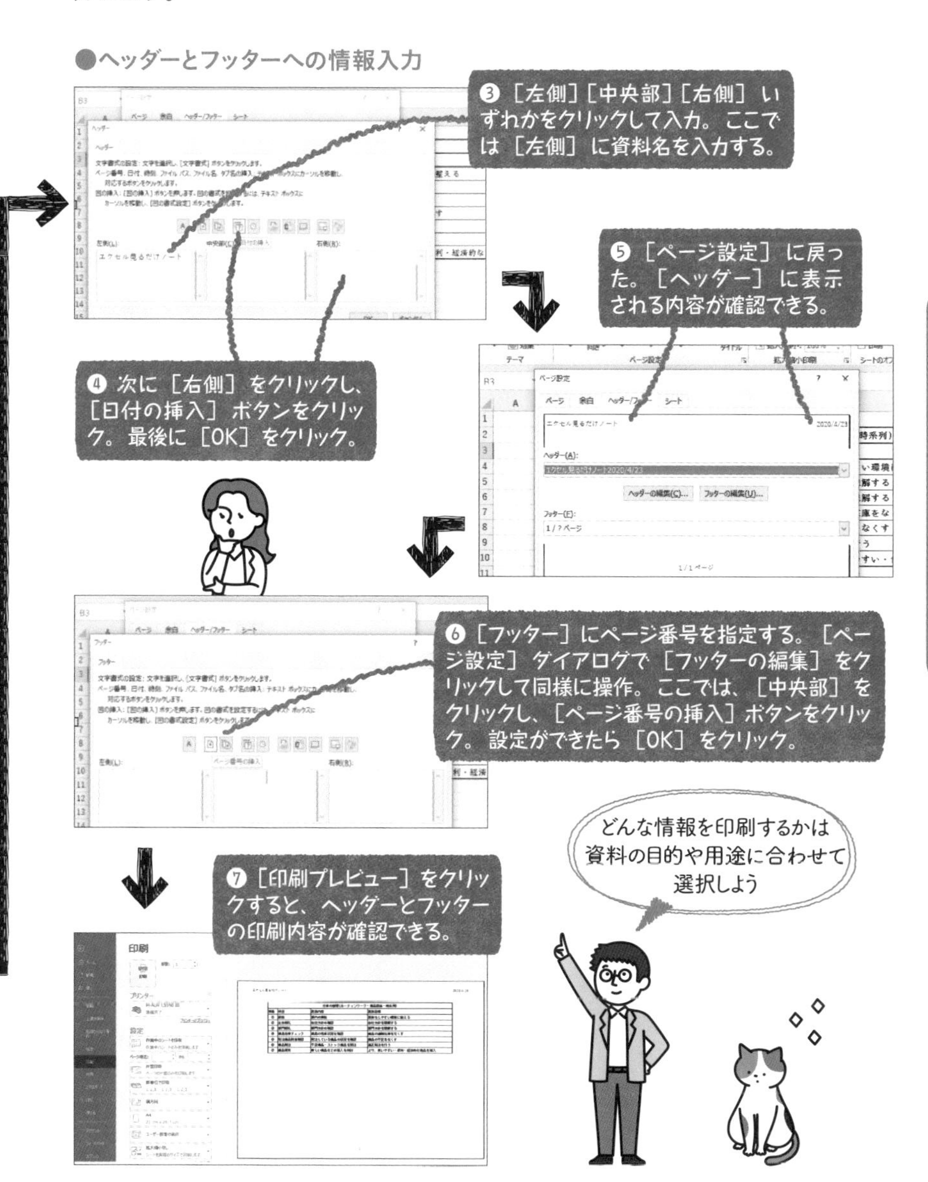

column

ファイル情報を守ろう！

情報管理術

作成したファイルを不特定多数に送る場合、
トラブルが起きないように情報を適切に管理する必要があります。

作成者の個人情報を削除

Excel のブックには、作成者などの情報が記録されます。外部に出すファイルの場合、必要がなければ個人情報は削除しましょう。ドキュメント検査を使う方法と、ファイルのプロパティから行う方法があります。

ドキュメントの検査から削除する

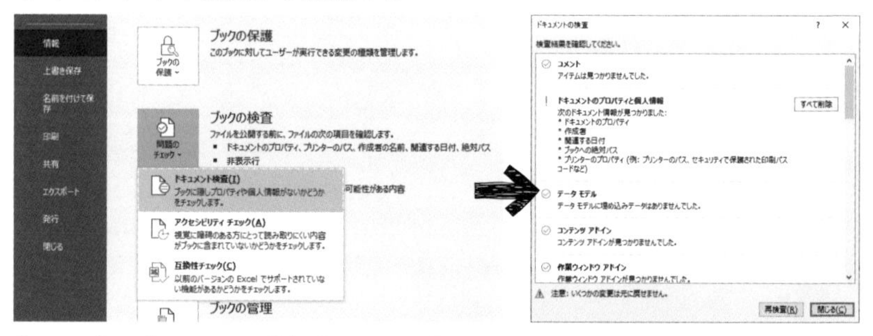

［ファイル］タブをクリックし［情報］を選択。［問題のチェック］ボタンをクリックして［ドキュメント検査］を選択する。［ドキュメントの検査］ダイアログで［ドキュメントのプロパティと個人情報］にチェックをつけて［検査］をクリック。［ドキュメントのプロパティと個人情報］の［すべて削除］をクリックすると個人情報が削除される。

パスワードで情報もれを防ぐ

機密性の高いファイルではパスワードを設定します。設定したパスワードを忘れるとファイルが開けなくなるので、注意してください。パスワードの設定を解除するには、パスワードの設定画面でパスワードを削除します。

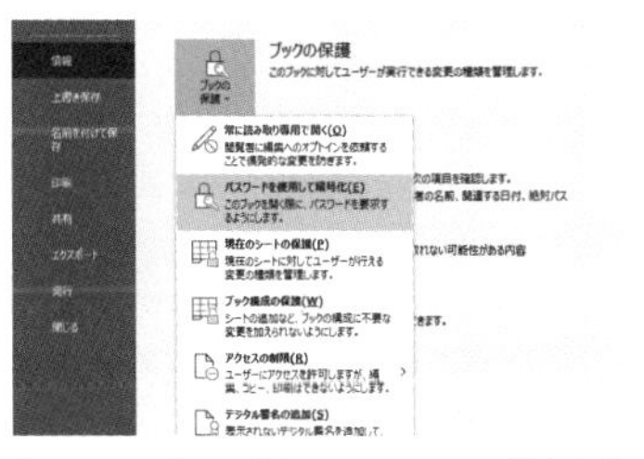

[ファイル] タブをクリックして [情報] を選択。[ブックの保護] をクリックして [パスワードを使用して暗号化] を選択する。

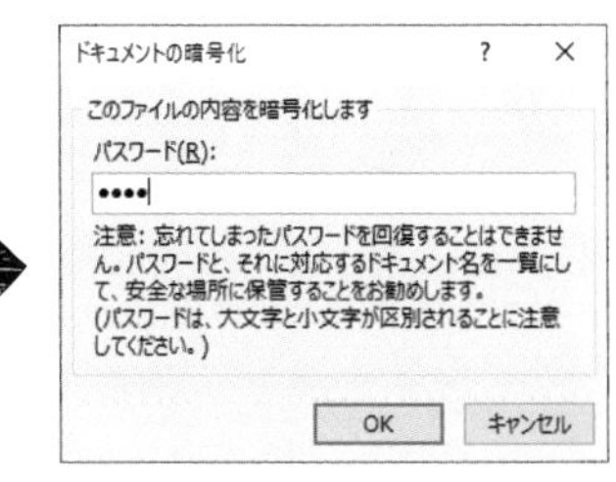

自分で決めたパスワードを入力。[OK] をクリック。

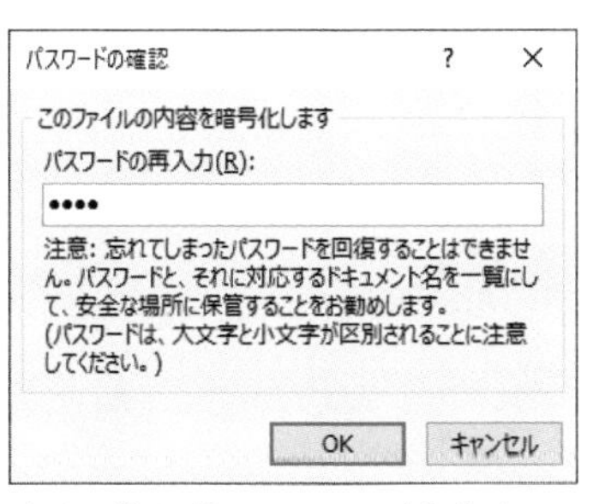

改めて先ほどのパスワードを入力して [OK] をクリック。

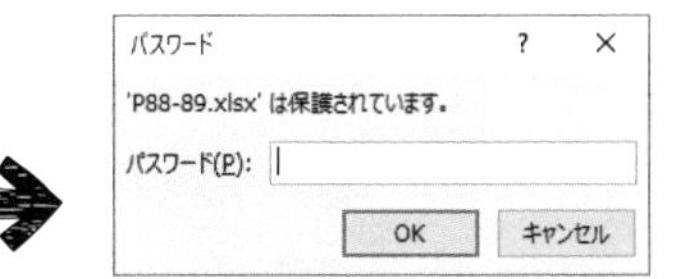

ファイルを開く際は、パスワードを入力して [OK] をクリック。

CHOUSOKU
Excel
MIRUDAKE
notes

Chapter 4

一瞬で計算が終わる関数最速ランキング

Excel は計算が大得意。数値データの計算や集計などに「関数」を使ったワザは必要不可欠です。様々な計算を簡単に実行できる関数が数多く用意されているので、目的に合わせて使い方を身に付けていきましょう。本章では仕事でよく使う関数を紹介していきます。

Technique

1 SUM関数で合計を一発計算する

時短 ★★★
ミス削減 ★★★
使用頻度 ★★★

数値データの合計を求めるのに便利なSUM関数は基本中の基本。複雑な計算を短時間で一挙に済ませよう。

売上や来場者数、成績などの数値を分析するための第一歩は合計を求めることです。そのようなときに使うのが言わずと知れた「SUM関数」です。**特に「オートSUM」機能を使うと、1クリックでSUM関数が入力でき、合計が即座に求められるので、使い方を熟知しておくと効果的です。**基本的には計算対象となるセルを指定し、それらの合計を算出するという仕組みになっています。

SUM関数を使いこなす

●オートSUMを使った合計の求め方

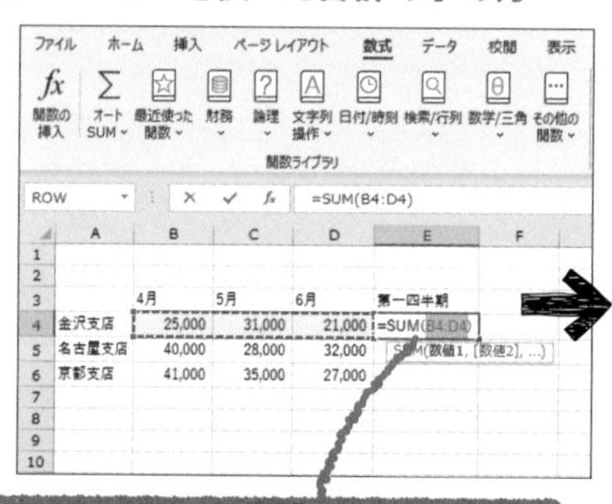

	A	B	C	D	E
3		4月	5月	6月	第一四半期
4	金沢支店	25,000	31,000	21,000	=SUM(B4:D4)
5	名古屋支店	40,000	28,000	32,000	
6	京都支店	41,000	35,000	27,000	

❶ 合計を表示したいセルを選択。[数式]タブに表示されている[オートSUM]ボタンの[▼]をクリックして[合計]を選択すると、合計される範囲が表示される。

❷ Enter キーを押すと、選択したセルに合計が表示される。セルの右下に表示されているフィルハンドル(緑色の小さな[■])をドラッグすれば、その範囲にもSUM関数が自動的に入力される。

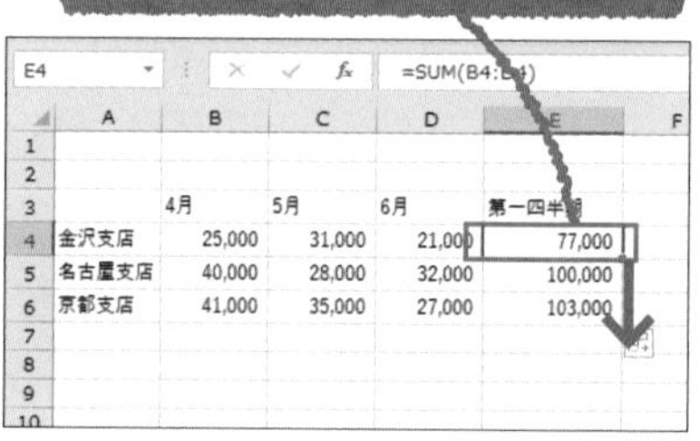

	A	B	C	D	E
3		4月	5月	6月	第一四半期
4	金沢支店	25,000	31,000	21,000	77,000
5	名古屋支店	40,000	28,000	32,000	100,000
6	京都支店	41,000	35,000	27,000	103,000

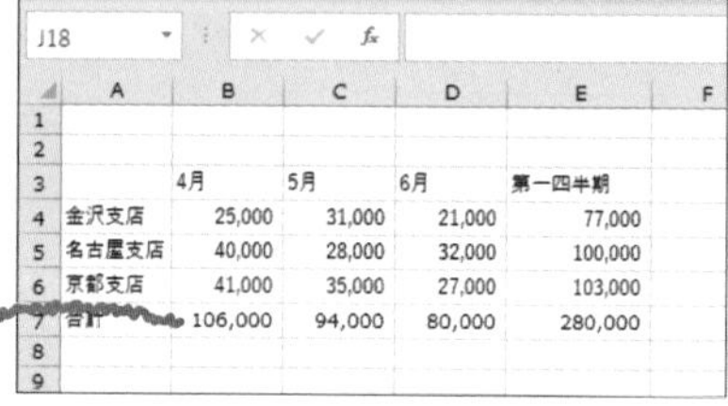

	A	B	C	D	E
3		4月	5月	6月	第一四半期
4	金沢支店	25,000	31,000	21,000	77,000
5	名古屋支店	40,000	28,000	32,000	100,000
6	京都支店	41,000	35,000	27,000	103,000
7	合計	106,000	94,000	80,000	280,000

列の合計もオートSUMで求められる。

●総計を「オートSUM」で一発入力

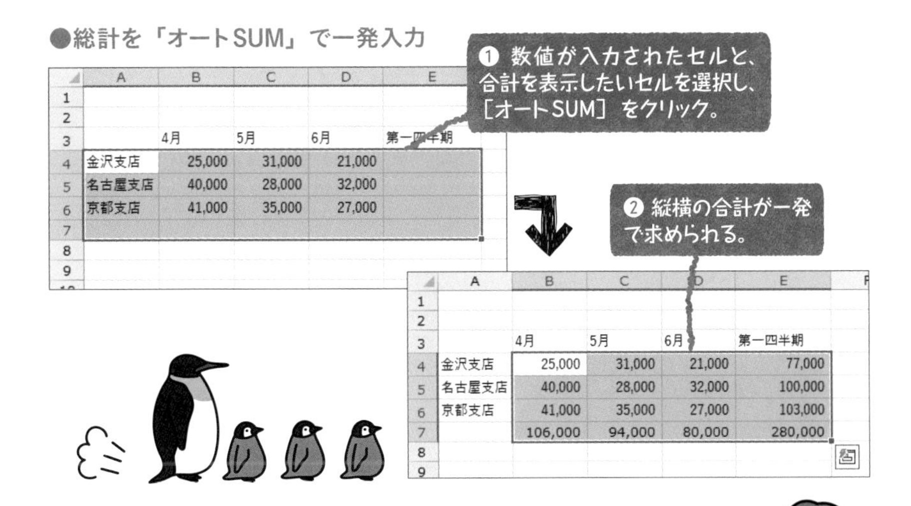

	A	B	C	D	E
1					
2					
3		4月	5月	6月	第一四半期
4	金沢支店	25,000	31,000	21,000	
5	名古屋支店	40,000	28,000	32,000	
6	京都支店	41,000	35,000	27,000	
7					

	A	B	C	D	E
1					
2					
3		4月	5月	6月	第一四半期
4	金沢支店	25,000	31,000	21,000	77,000
5	名古屋支店	40,000	28,000	32,000	100,000
6	京都支店	41,000	35,000	27,000	103,000
7		106,000	94,000	80,000	280,000

●小計と総合計を求める方法

集計には「オートSUM」が欠かせないね

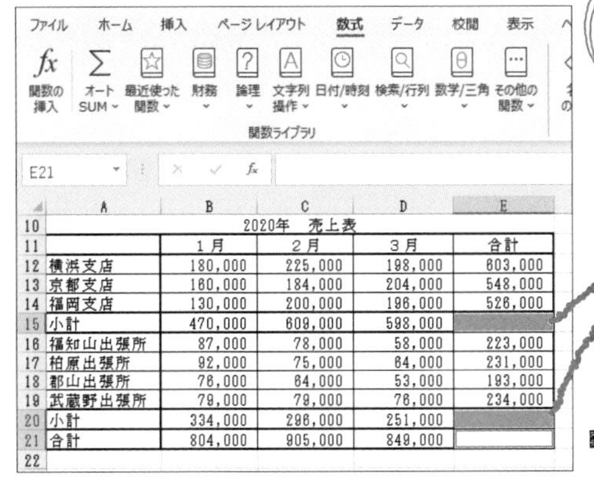

	A	B	C	D	E
10	2020年　売上表				
11		1月	2月	3月	合計
12	横浜支店	180,000	225,000	198,000	603,000
13	京都支店	160,000	184,000	204,000	548,000
14	福岡支店	130,000	200,000	196,000	526,000
15	小計	470,000	609,000	598,000	
16	福知山出張所	87,000	78,000	58,000	223,000
17	柏原出張所	92,000	75,000	64,000	231,000
18	郡山出張所	76,000	64,000	53,000	193,000
19	武蔵野出張所	79,000	79,000	76,000	234,000
20	小計	334,000	296,000	251,000	
21	合計	804,000	905,000	849,000	

① 小計と総計を一度に求めたいときは、まず、Ctrl キーを押しながら、小計を表示するセルと合計を表示するセルを順にクリックして選択。

② ［オートSUM］の［合計］をクリックすると、選択した小計と総合計が一度に求められる。

	A	B	C	D	E
11			2月	3月	合計
12	横浜支店		225,000	198,000	603,000
13	京都支店		184,000	204,000	548,000
14	福岡支店		200,000	196,000	526,000
15	小計	470,000	609,000	598,000	1,677,000
16	福知山出張所	87,000	78,000	58,000	223,000
17	柏原出張所	92,000	75,000	64,000	231,000
18	郡山出張所	76,000	64,000	53,000	193,000
19	武蔵野出張所	79,000	79,000	76,000	234,000
20	小計	334,000	296,000	251,000	881,000
21	合計	804,000	905,000	849,000	2,558,000

合計(S)
合計 (Alt+=)
自動的に足し算します。合計は、選択したセルの後に表示されます。
最小値(I)
その他の関数(F)...

One point

合計を確認するだけなら関数を使わなくても、ステーテスバーの表示を見る方が簡単です。セル範囲を選択すれば、ステータスバーに［平均］・［データの個数］・［合計］が表示されます。

Technique 2

AVERAGE 関数で平均値を簡単に求める

時短 ★★★
ミス削減 ★★★
使用頻度 ★★★

AVERAGE 関数は数値の平均を求めるために使います。合計を求める SUM 関数と並んで、売上などの分析に必須の関数です。

データの分析に使われる基本的な統計量が平均値（算術平均）です。平均値を求めるためには AVERAGE 関数を使います。**AVERAGE 関数は［オート SUM］機能を使って入力するのが簡単です。**［数式］タブの［その他の関数］-［統計］からも選択できます。ただし、慣れてくれば、キーボードを使って「=AVERAGE（範囲）」の形式で入力した方が素早く操作できます。

AVERAGE 関数の使い方

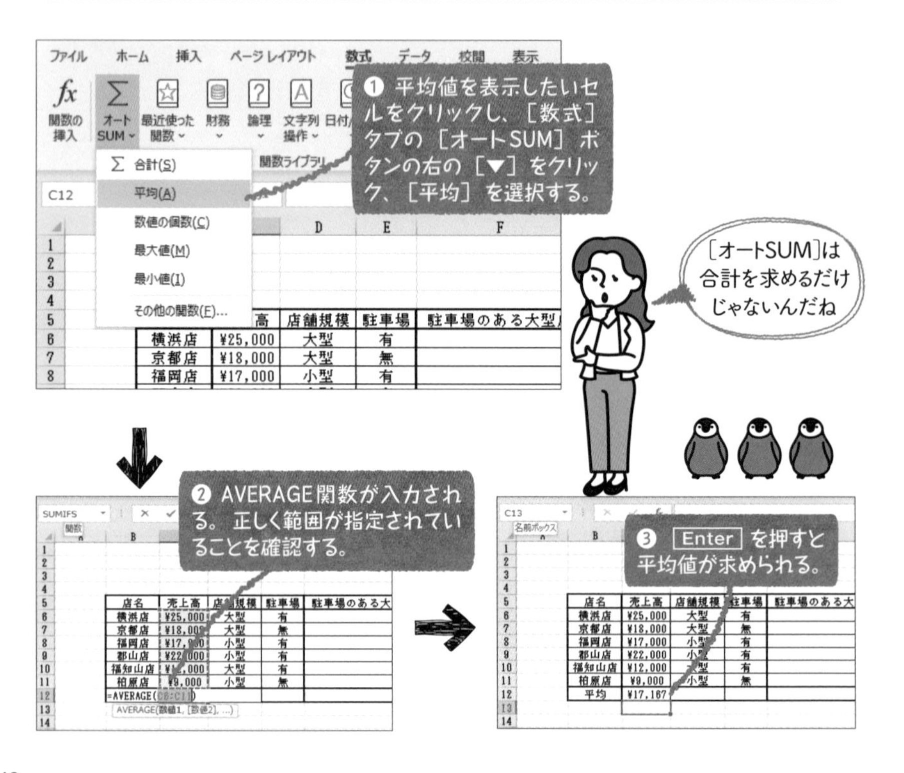

複数の平均をまとめて求める

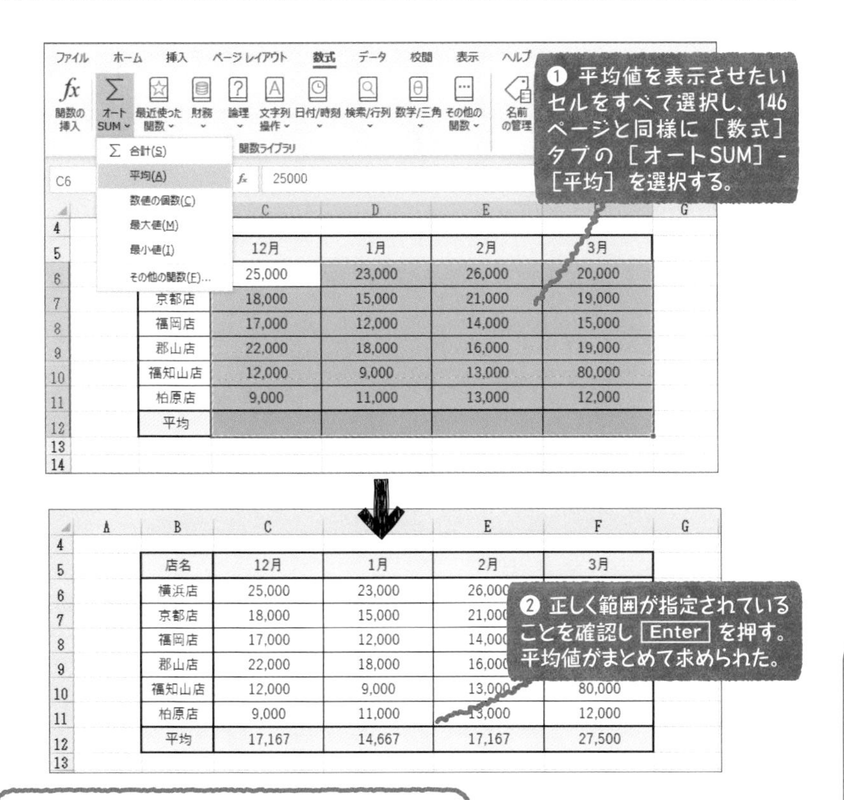

合計や平均の範囲に注意

店名	12月	1月
横浜店	25,000	23,00
京都店	18,000	15,00
福岡店	17,000	12,00
郡山店		18,00
福知山店	12,000	9,00(
柏原店	9,000	11,00
=SUM(C10:C11)		

SUM(数値1, [数値2], ...)

［オートSUM］を使って関数を入力すると、隣接したセル範囲が自動的に引数に指定されます。途中に空のセルや文字列が入力されているセルがあると、思った範囲が指定されていないこともあります。その場合は、対象の範囲をドラッグして、範囲を指定し直してください。

One point

空のセルや文字列が入力されているセルは平均値の計算には使われません。ただし、0が入力されているセルは計算に使われます。

Technique 3

COUNT 関数で数値が何個あるのか数える

時短 ★★★
ミス削減 ★★★
使用頻度 ★★☆

数値の個数を求めるには COUNT 関数を使います。売上の金額ではなく件数を求めるなど、頻度の分析にも使えます。

数値の個数を求めるのに、いちいち手作業でセルの内容をチェックするのはたいへんな作業です。**COUNT 関数を使えば、そのような作業も一瞬でできてしまいます**。COUNT 関数で数えられるデータは、数値や数式で求められた数値、日付、時刻のみです。空のセル、文字列、真偽値、エラー値は数えられないことに注意してください。

数値の個数を数える COUNT 関数

●売上があった店の数を調べる

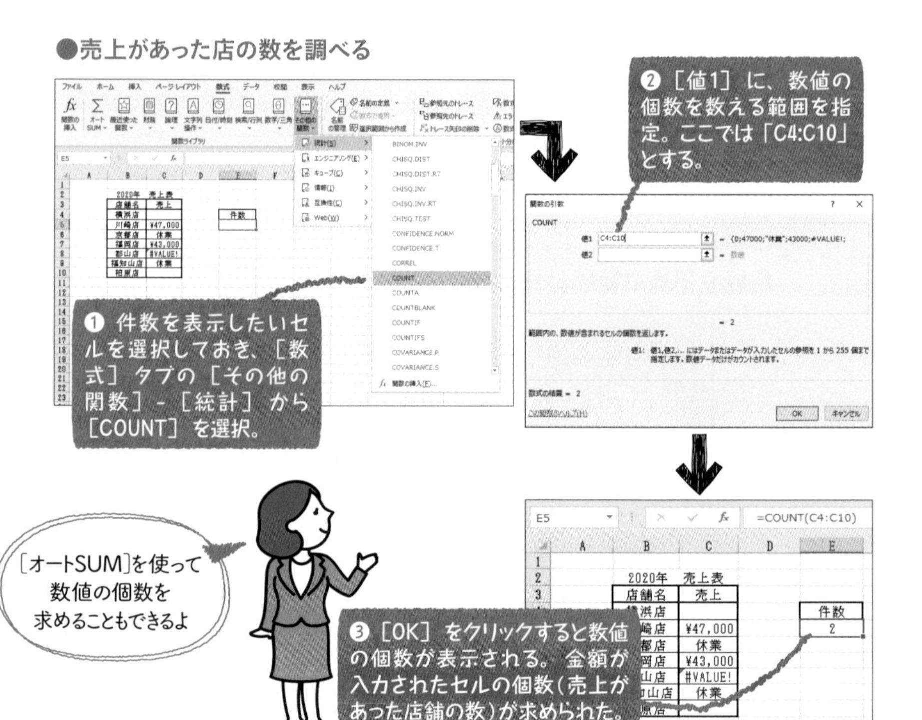

空のセル以外のすべてのセルの数を数えたいときにはCOUNTA関数を使います。チェックリストで「済」の個数を数えたりするのに便利です。逆に、空のセルの数を数えたいときにはCOUNTBLANK関数を使います。こちらは未入力のセルの数を数えるのに使えます。

ほかにも使えるCOUNTAとCOUNTBLANK

●空白以外のセルを数えるCOUNTA

●空白のセルを数えるCOUNTBLANK

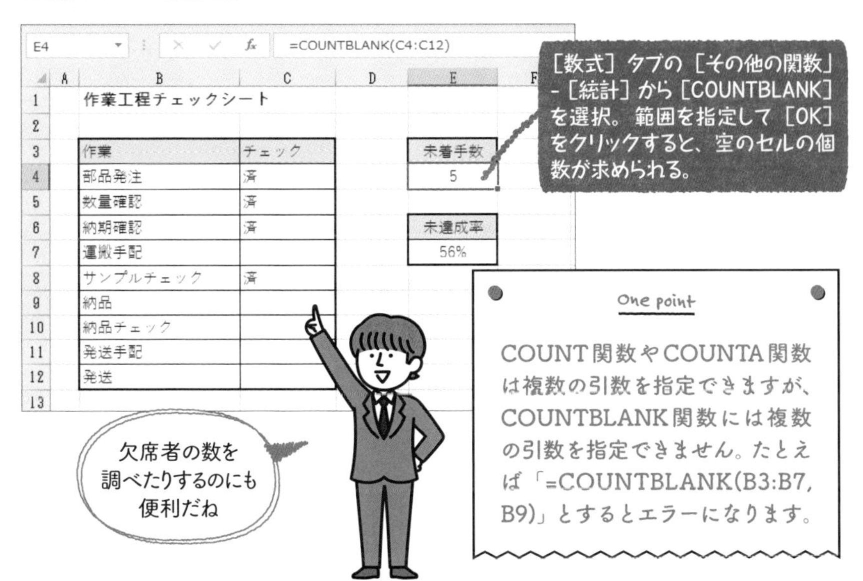

IF 関数で条件によって異なる値を求める

時短 ★★★
ミス削減 ★★★
使用頻度 ★★★

基準値以上なら合格、そうでなければ不合格、のように条件によって異なる評価を求める場合には、IF 関数が活用できます。

試験の成績を元に「優秀」「努力」のように評価を分けたいときには、IF 関数に条件、条件を満たしたときの値、条件を満たさないときの値を指定します。条件としては、たとえば、合計が 200 点以上、などを論理式で指定します。ここでは、条件を満たしたときの値は「優秀」、満たさないときの値は「努力」という文字列です。複数の条件を指定する場合は、IFS 関数が便利です。

状況に対応して値を変える IF 関数

●200 点以上を「優秀」、200 点未満を「努力」とする例

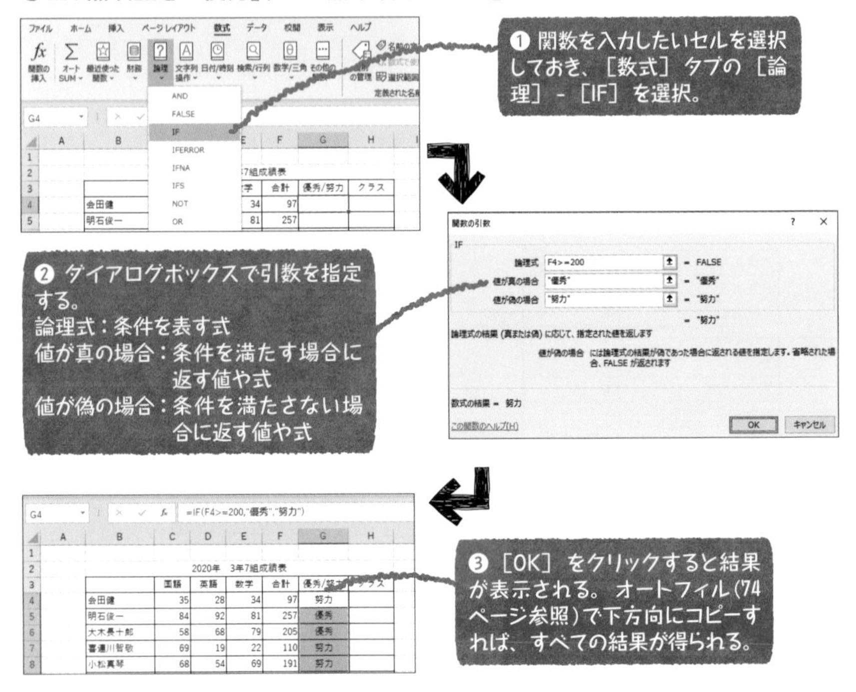

	国語	英語	数学	合計	優秀/努力	クラス
会田健	35	28	34	97	努力	
明石俊一	84	92	81	257	優秀	
大木長十郎	58	68	79	205	優秀	
喜連川智敬	69	19	22	110	努力	
小松真琴	68	54	69	191	努力	

複数の条件で分類できる「IFS」関数

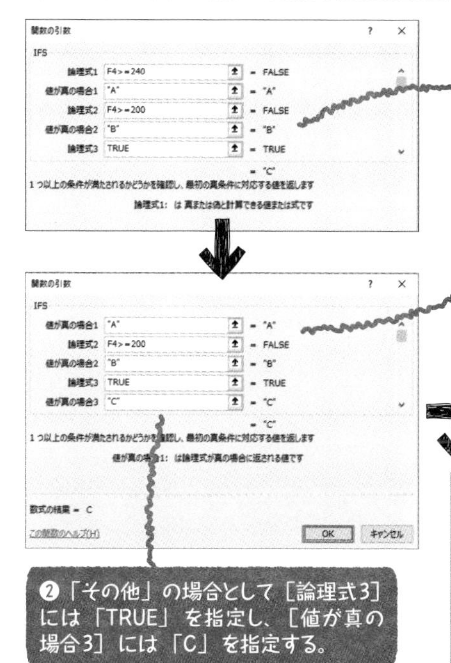

❶ P.144と同様の操作で、[IFS]関数を選択し、[関数の引数]ダイアログを表示。引数を指定する。

論理式1：1つ目の条件を表す式
値が真の場合1：条件を満たす場合に返す値や式
論理式2：2つ目の条件を表す式
値が真の場合2：条件を満たす場合に返す値や式
[Tab]キーを押すと、次の条件が追加できる。

❷「その他」の場合として[論理式3]には「TRUE」を指定し、[値が真の場合3]には「C」を指定する。

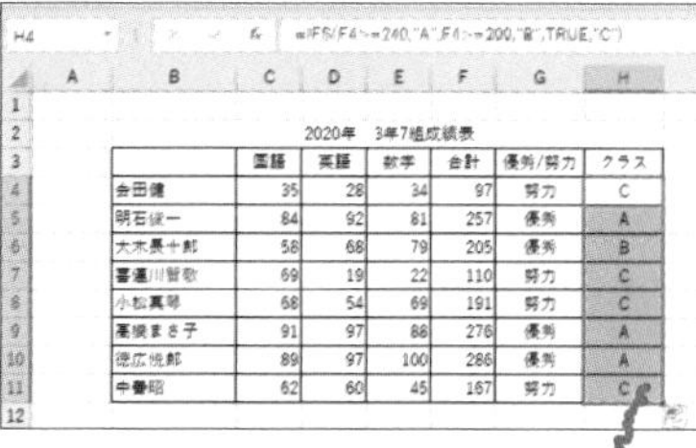

H4 =IFS(F4>=240,"A",F4>=200,"B",TRUE,"C")

2020年　3年7組成績表

	国語	英語	数学	合計	優秀/努力	クラス
会田健	35	28	34	97	努力	C
明石候一	84	92	81	257	優秀	A
大木晨十郎	58	68	79	205	優秀	B
喜瀬川智歌	69	19	22	110	努力	C
小松真琴	68	54	69	191	努力	C
高橋まき子	91	97	88	276	優秀	A
徳広悦郎	89	97	100	286	優秀	A
中番昭	62	60	45	167	努力	C

❸ オートフィルを使って下方向にコピーすれば、成績によるクラス分けができる。

それ以外の「すべて」を表すには、条件にTRUEを指定するよ

IFS関数のよくあるエラー

#N/Aエラー

どの条件にも当てはまらない場合は「#N/A エラー」が表示されます。「それ以外のすべて」の場合に何らかの値を返すには、条件にTRUE を指定します。

#NAME?エラー

IFS 関数はOffice 2019とMicrosoft 365 で利用できる関数です。それ以前のバージョンで IFS 関数を入力しても、#NAME? エラーが表示されます。

SUMIFS 関数で条件に合うデータの合計を求める

時短 ★★★
ミス削減 ★★☆
使用頻度 ★★☆

条件に合った数値を集計できる SUMIF 関数と、複数の条件を指定できる SUMIFS 関数を学びましょう。

たとえば、売上実績表なら商品名・支店名・売上金額など、複数の項目を含んでいます。この表を集計するとき、**「SUMIF」関数を使えば特定の商品の合計を求めたり、特定の支店の合計を求めたりできます**。条件は、「>」(より大きい)や「<」(より小さい)などの記号を使って指定します。文字列の検索には「*」(任意の文字列)や「?」(任意の一文字)なども使えます。

SUMIF 関数で条件付きの合計を求める

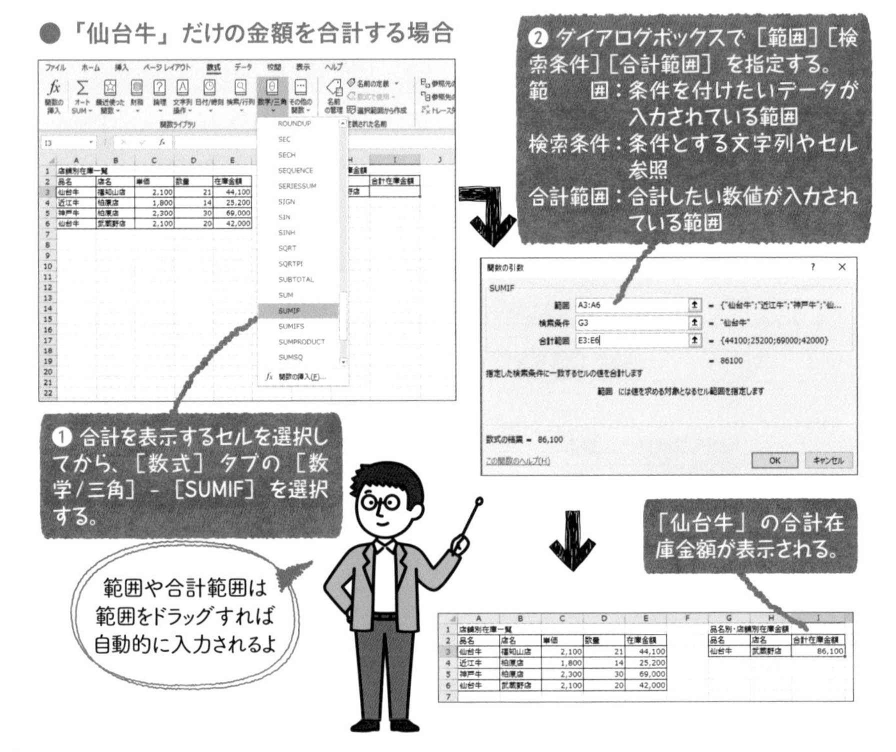

「SUMIF」関数には1つの条件しか指定できませんが、「SUMIFS」関数なら複数の条件が指定できます。SUMIF関数では、条件を最初に指定し、合計範囲を最後に指定しますが、SUMIFS関数では、合計範囲を最初に指定し、続けて複数の条件を指定します。文字列を検索する場合、"a*" なら「aで始まる」、"*a*" なら「aを含む」という意味の条件になります。

SUMIFS関数で複数の条件付き合計を求める

●「武蔵野店」の「仙台牛」の在庫金額を求める場合

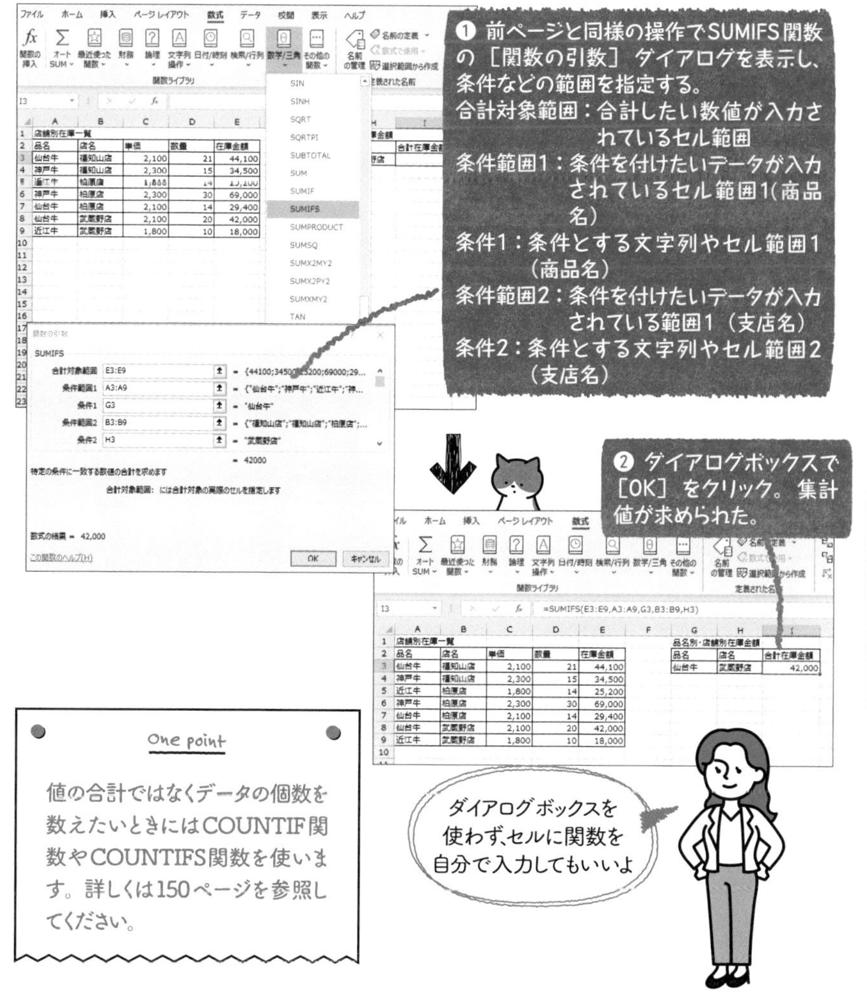

Technique

6 COUNTIF 関数で条件に合うセルの数を数える

時短 ★★★
ミス削減 ★★☆
使用頻度 ★★☆

条件を満たすデータの個数を求めるときには COUNTIF 関数を使います。目標を達成した人や店舗の数が求められます。

特定のランクの会員の人数を求めたり、**売上目標を達成している店舗の数を求めたりするには、COUNTIF 関数が便利です**。指定した［範囲］の中で［検索条件］に一致するセルの数 (つまり条件に一致するデータの個数) が返されます。検索条件には、「<」(未満)、「<=」(以下)、「=」(等しい)、「>=」(以上)、「>」(より大) などの記号も使えます。

条件を満たすセルの数を数えるCOUNTIF関数

「売上目標を達成した店舗のうち、大型店はどれくらいあるか」というように、**検索条件が複数あるときにはCOUNTIFS関数を使います。**基本的な使い方はCOUNTIF関数と同じですが、[範囲]と[検索条件]のペアを複数指定できるというわけです。すべての条件を満たすセルの個数が求められます。

複数の条件ならCOUNTIFS関数で

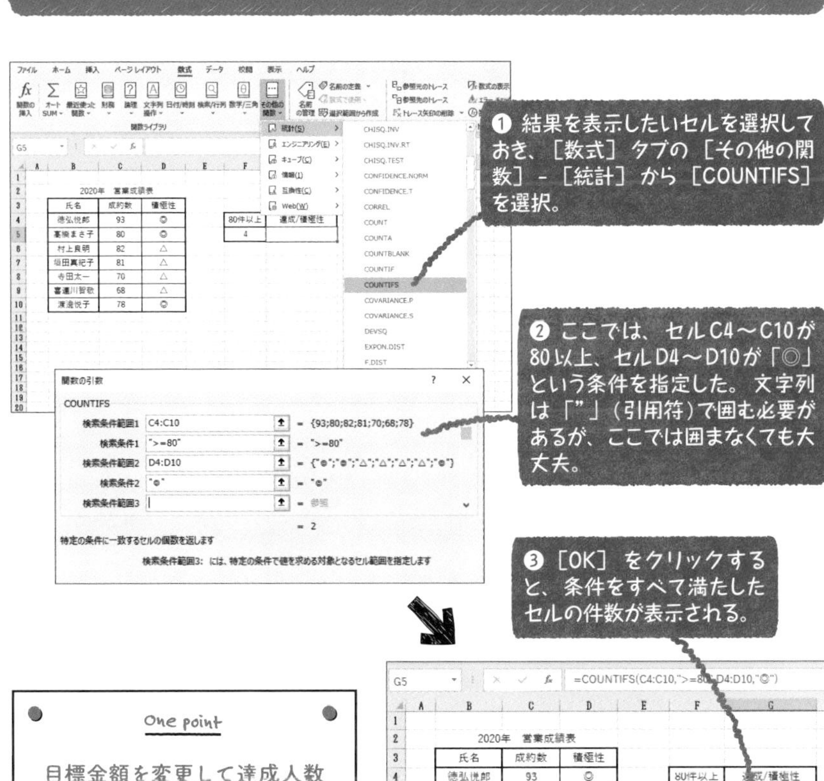

One point

目標金額を変更して達成人数を数えるなど、条件を変えたい場合には、[検索条件]に決まった数値を入れるとうまくいきません。たとえば目標金額がセルF3に入力されているなら「">="&F3」と入力します(「>=F3」ではありません)。「&」は文字列を連結する演算子です。

Technique 7

VLOOKUP 関数で商品名を自動表示する

時短 ★★★
ミス削減 ★★★
使用頻度 ★★★

表を検索し、検索値に対応するデータを取り出す VLOOKUP 関数を使って、入力の省力化とミスの防止に役立てよう。

あらかじめ用意してある表の中から、検索値に一致する行を探し、それに対応するデータを取り出すのが VLOOKUP 関数です。たとえば、商品コードを検索値として、商品リストを検索し、商品名や価格を表示させるといった使い方ができます。検索の方法には「完全一致」と「近似値」があります。Excel をデータベースとして使うには不可欠な関数です。

商品コードを使って商品を検索する

●商品コードから商品名を抜き出す

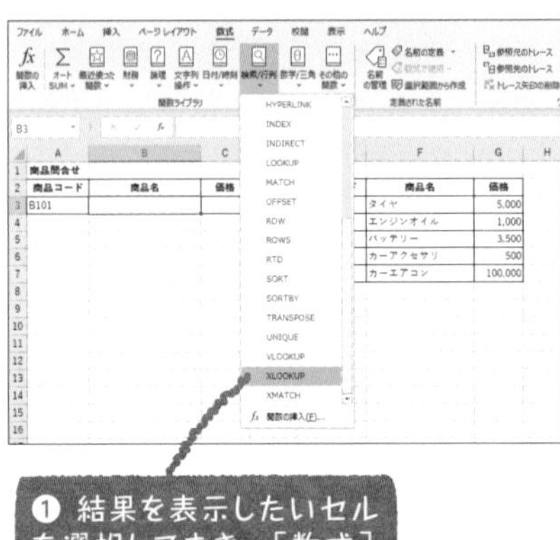

❶ 結果を表示したいセルを選択しておき、［数式］タブから［検索/行列］-［VLOOKUP］を選択する。

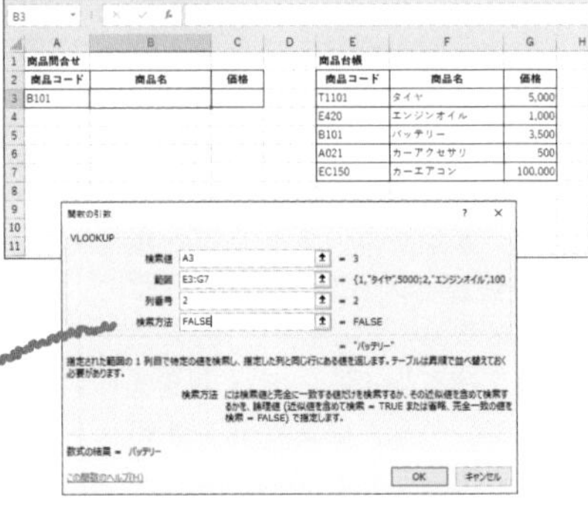

❷［関数の引数］ダイアログボックスで、［検索値］、検索する表の［範囲］・取り出したいデータがある［列番号］・［検索方法］を指定。

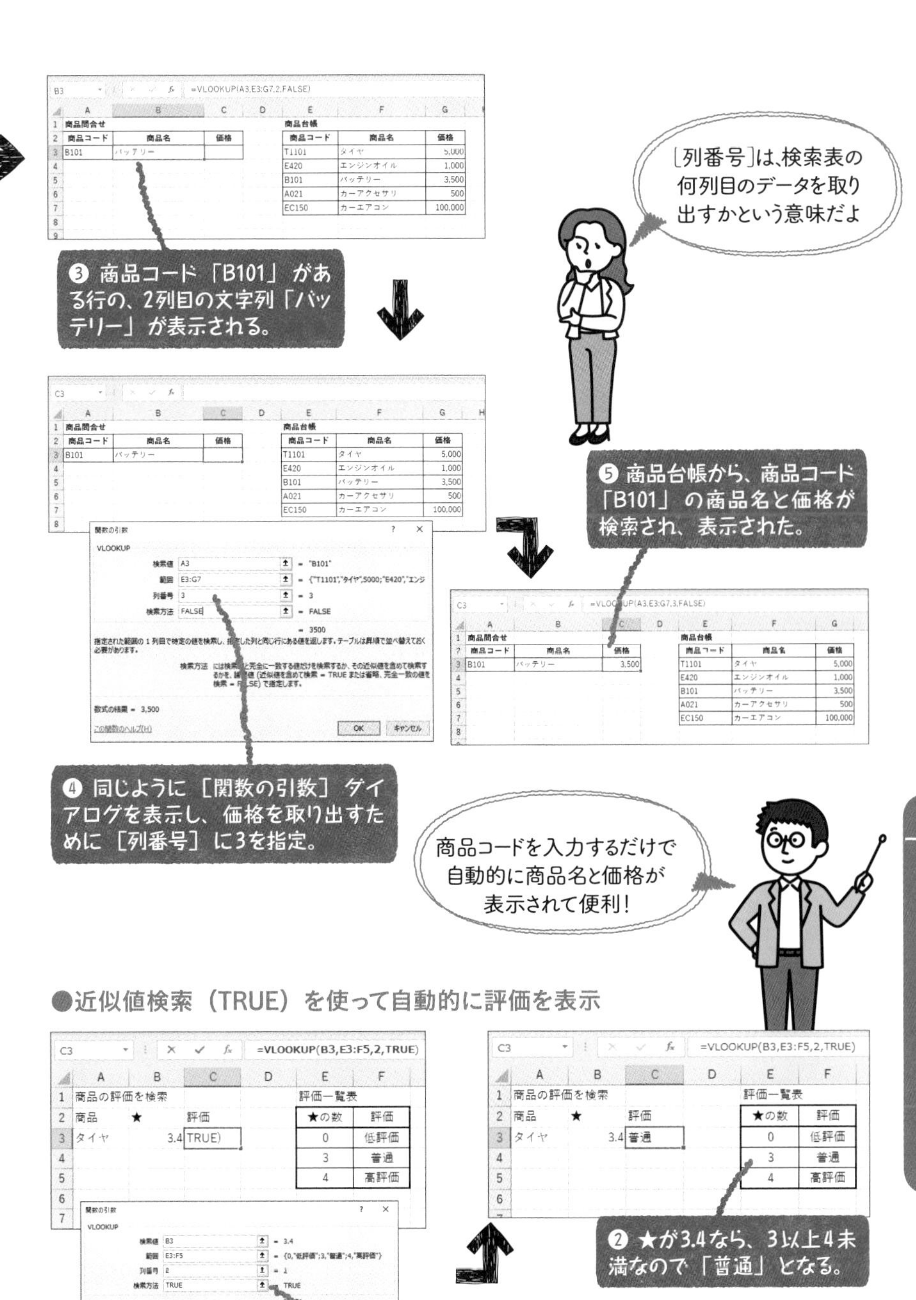
=VLOOKUP(A3,E3:G7,2,FALSE)
［列番号］は、検索表の何列目のデータを取り出すかという意味だよ
❸ 商品コード「B101」がある行の、2列目の文字列「バッテリー」が表示される。
❺ 商品台帳から、商品コード「B101」の商品名と価格が検索され、表示された。
=VLOOKUP(A3,E3:G7,3,FALSE)
❹ 同じように［関数の引数］ダイアログを表示し、価格を取り出すために［列番号］に3を指定。
商品コードを入力するだけで自動的に商品名と価格が表示されて便利！
●近似値検索（TRUE）を使って自動的に評価を表示
=VLOOKUP(B3,E3:F5,2,TRUE)
❷ ★が3.4なら、3以上4未満なので「普通」となる。
❶ 評価の一覧表は、0以上3未満が「低評価」、3以上4未満が「普通」、4以上が「高評価」という意味。［検索方法］にTRUEを指定して、近似値検索とする。

LARGE・SMALL 関数で上位と下位を表示する

時短 ★★☆
ミス削減 ★★☆
使用頻度 ★★☆

トップ 3 やワースト 3 など、データの中から上位・下位を抜き出すときは LARGE 関数や SMALL 関数を使いましょう。

売上や得点などの大きな方から何番目かにあたる値を取り出すには LARGE 関数が使えます。一方、小さな方から何番目かの値を取り出すには SMALL 関数が使えます。売上や得点は値の大きな方が上位ですが、競争のタイムやゴルフのスコアなどは値の小さな方が上位になるので、その場合は SMALL 関数を使って上位の値を取り出すことになります。

大きい（小さい）順に値を取り出す LARGE（SMALL）関数

上位・下位というのはデータの種類によって異なります。あくまでLARGE関数は大きい方から何番目か、SMALL関数は小さい方から何番目かの値を取り出すということに注意してください。なお、順位にデータの個数より大きな値を指定すると［#NUM!］エラーとなります。

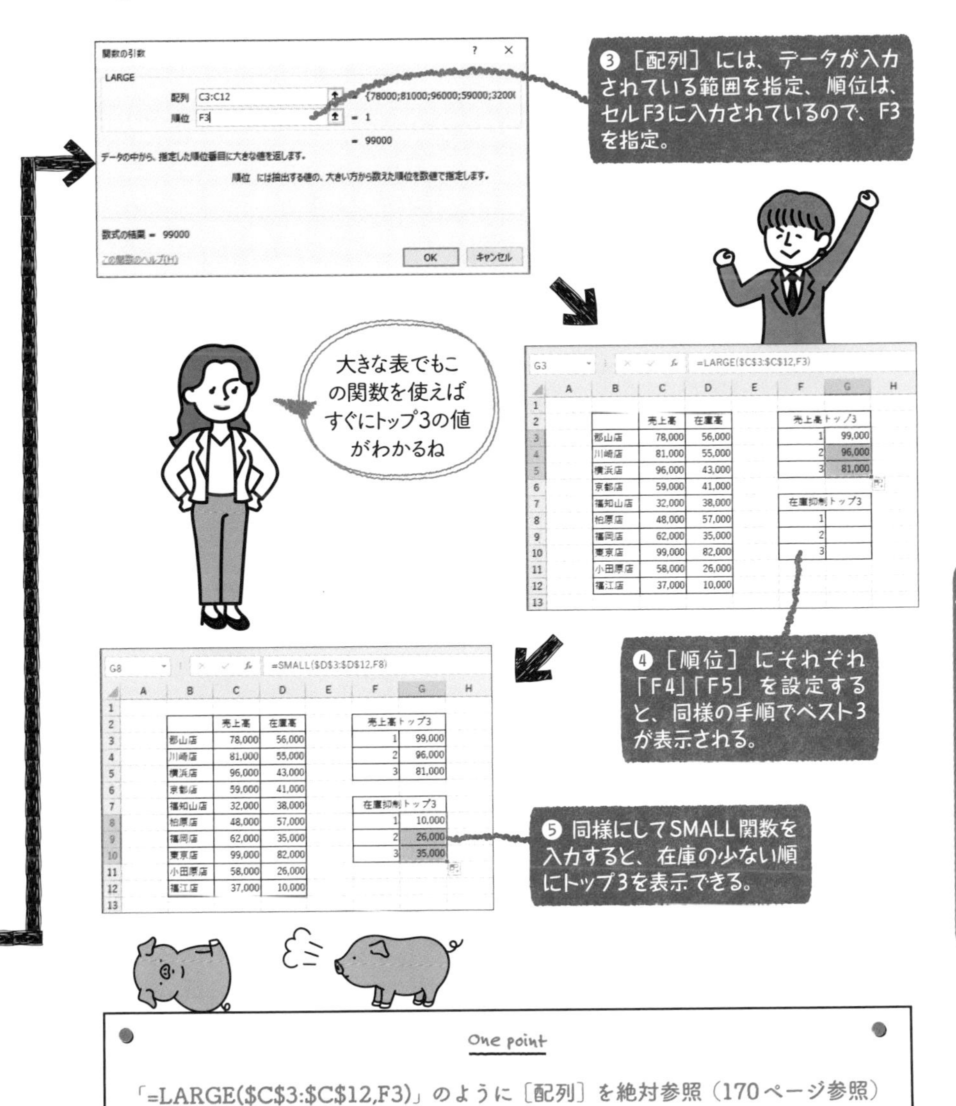

One point

「=LARGE($C$3:$C$12,F3)」のように［配列］を絶対参照（170ページ参照）にしておき、オートフィル機能を使って数式をコピーすれば2位、3位の値も簡単に求められます。

Technique 9

PHONETIC 関数でふりがなを一気に入力する

時短 ★★☆
ミス削減 ★★☆
使用頻度 ★★☆

セルにふりがなを表示するのではなく、検索などに使うために取り出したいときにはPHONETIC関数を利用しよう。

Excelではデータを入力した時点で、セルには自動的にふりがなも設定されています。[ホーム]タブの[ふりがなの表示/非表示]をクリックすればそれが確認できます。しかし、ふりがなだけを別のセルに表示したい場合や、**ふりがなを使って検索を行いたい場合には、セルに設定されているふりがなを取り出す必要があります。そのために使える関数がPHONETIC関数です。**

ふりがなを取り出す関数

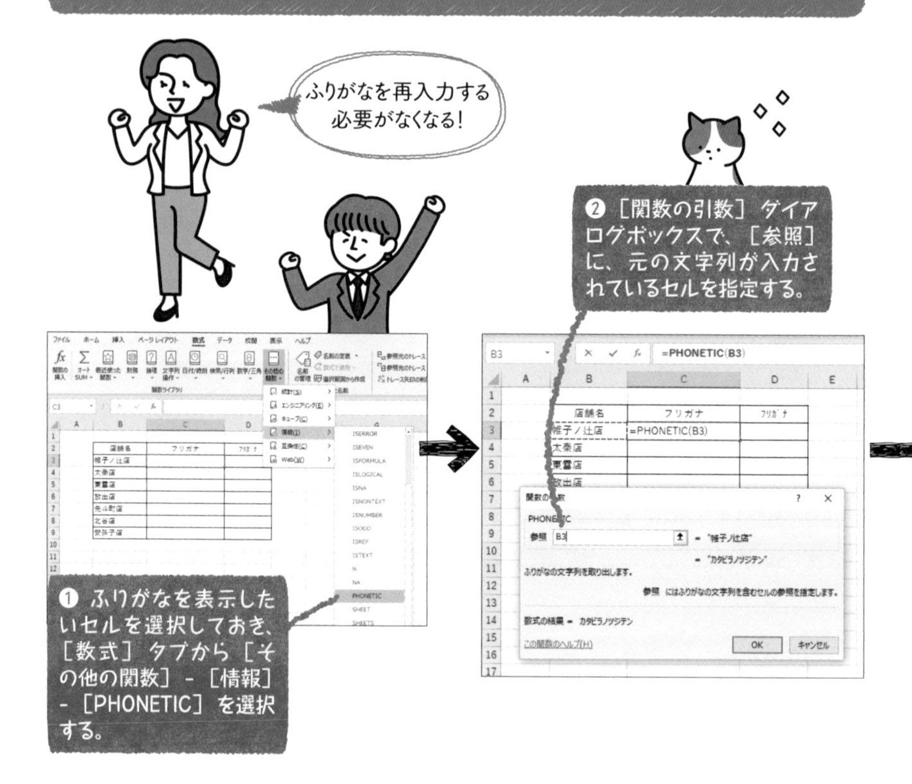

●ふりがなの修正

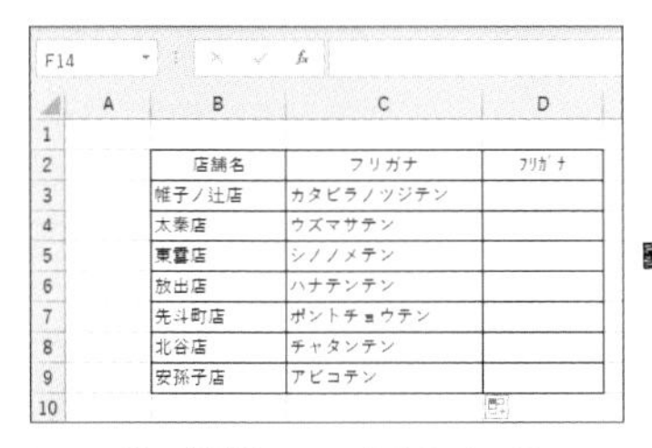

F14

	A	B	C	D
1				
2		店舗名	フリガナ	ﾌﾘｶﾞﾅ
3		帷子ノ辻店	カタビラノツジテン	
4		太秦店	ウズマサテン	
5		東雲店	シノノメテン	
6		放出店	ハナテンテン	
7		先斗町店	ポントチョウテン	
8		北谷店	チャタンテン	
9		安孫子店	アビコテン	
10				

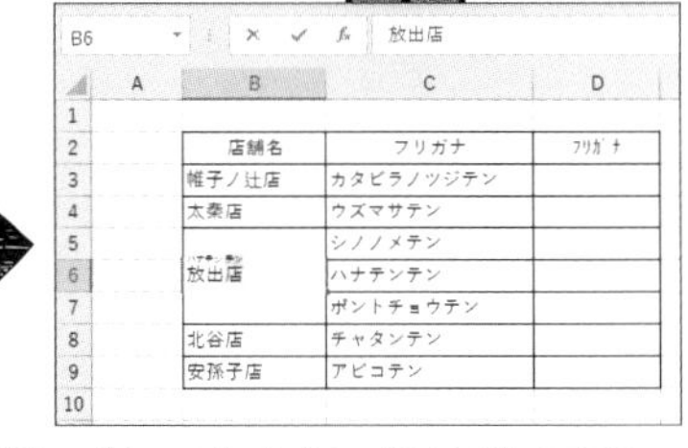

B6 放出店

	A	B	C	D
1				
2		店舗名	フリガナ	ﾌﾘｶﾞﾅ
3		帷子ノ辻店	カタビラノツジテン	
4		太秦店	ウズマサテン	
5			シノノメテン	
6		放出店	ハナテンテン	
7			ポントチョウテン	
8		北谷店	チャタンテン	
9		安孫子店	アビコテン	
10				

ふりがなが間違っていたときは、元のセルを選択し、［ホーム］タブの［ふりがなの表示・非表示］の［▼］ボタンをクリックし、［ふりがなの編集］を選択。表示されたふりがなを修正し、 Enter キーを押す。

●ふりがなを半角にする

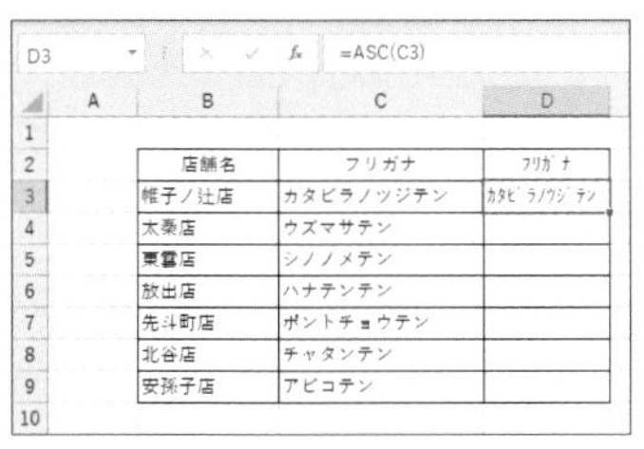

D3 =ASC(C3)

	A	B	C	D
1				
2		店舗名	フリガナ	ﾌﾘｶﾞﾅ
3		帷子ノ辻店	カタビラノツジテン	ｶﾀﾋﾞﾗﾉﾂｼﾞﾃﾝ
4		太秦店	ウズマサテン	
5		東雲店	シノノメテン	
6		放出店	ハナテンテン	
7		先斗町店	ポントチョウテン	
8		北谷店	チャタンテン	
9		安孫子店	アビコテン	
10				

D3 =ASC(C3)

	A	B	C	D
1				
2		店舗名	フリガナ	ﾌﾘｶﾞﾅ
3		帷子ノ辻店	カタビラノツジテン	ｶﾀﾋﾞﾗﾉﾂｼﾞﾃﾝ
4		太秦店	ウズマサテン	ｳｽﾞﾏｻﾃﾝ
5		東雲店	シノノメテン	ｼﾉﾉﾒﾃﾝ
6		放出店	ハナテンテン	ﾊﾅﾃﾝﾃﾝ
7		先斗町店	ポントチョウテン	ﾎﾟﾝﾄﾁｮｳﾃﾝ
8		北谷店	チャタンテン	ﾁｬﾀﾝﾃﾝ
9		安孫子店	アビコテン	ｱﾋﾞｺﾃﾝ
10				

ふりがなを半角に変換したいときは、［ふりがなの設定］で文字種を変えるか、ASC 関数と組み合わせましょう。方法は P.166 を参照してください。

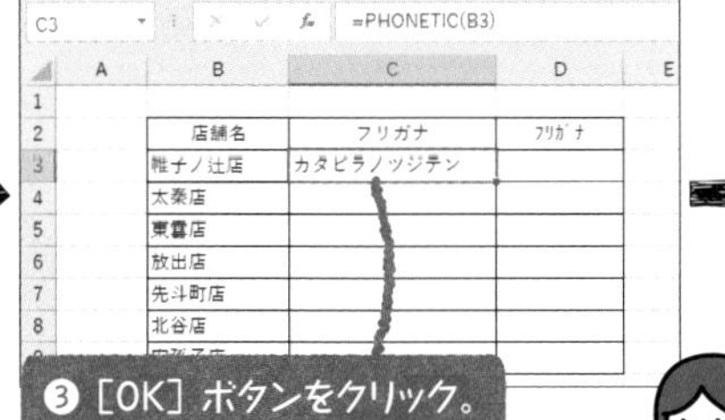

C3 =PHONETIC(B3)

	A	B	C	D
1				
2		店舗名	フリガナ	ﾌﾘｶﾞﾅ
3		帷子ノ辻店	カタビラノツジテン	
4		太秦店		
5		東雲店		
6		放出店		
7		先斗町店		
8		北谷店		

❸［OK］ボタンをクリック。ふりがなが取り出された。

C3 =PHONETIC(B3)

	A	B	C	D
1				
2		店舗名	フリガナ	ﾌﾘｶﾞﾅ
3		帷子ノ辻店	カタビラノツジテン	
4		太秦店	ウズマサテン	
5		東雲店	シノノメテン	
6		放出店	ハナテンテン	
7		先斗町店	ポントチョウテン	
8		北谷店	チャタンテン	
9		安孫子店	アビコテン	
10				
11				

あっという間にふりがなが取り出せたね

❹ オートフィル機能を使ってセルを下にコピーすると、以下のセルにも同じ数式が入力される。

Technique 10

SUBSTITUTE 関数で文字列を置換・削除する

時短 ★★★
ミス削減 ★★☆
使用頻度 ★★☆

文字列の一部を置換した結果を返してくれるSUBSTITUTE関数を使えば、置換だけでなく、文字列の削除もできます。

データの活用にあたっては、前処理としてデータを適切な形式に加工しておくことがあります。そのためには、文字列の操作も必要になります。たとえば、住所から都道府県を取り除くとか、役職名付きで氏名が入力されていたセルから役職名を取り除いて氏名のみにするなどがそういった例です。**SUBSTITUTE関数は文字列の置換に使う関数ですが、文字列の一部を削除するのにも使えます。**

SUBSTITUTEで文字を取り除く・置き換える

●一部の文字列を取り除く

❶ 結果を表示したいセルを選択し、[数式]タブから[文字列操作]-SUBSTITUTEを選択。

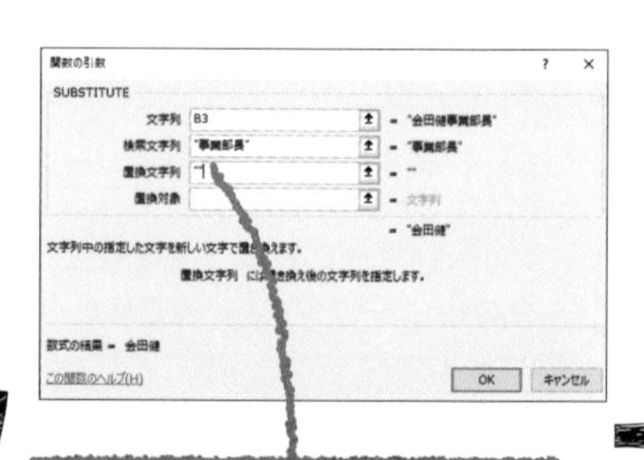

❷[文字列]には元の文字列が入力されているセルを、[検索文字列]には削除したい文字列を指定する。[置換文字列]には空の文字列("")を指定する。文字列は「"(ダブルクォーテーション)」で囲んで表すことに注意。

文字列の一部を削除するには、［置換文字列］に空の文字列を指定します。SUBSTITUTE 関数の本来の機能である置換を行いたいときには、もちろん、置換後の文字列を指定します。たとえば、「支社制だった会社が事業部制を採用したとすると、［検索文字列］に「支社」を、［置換文字列］に「事業部」を指定するといいでしょう。

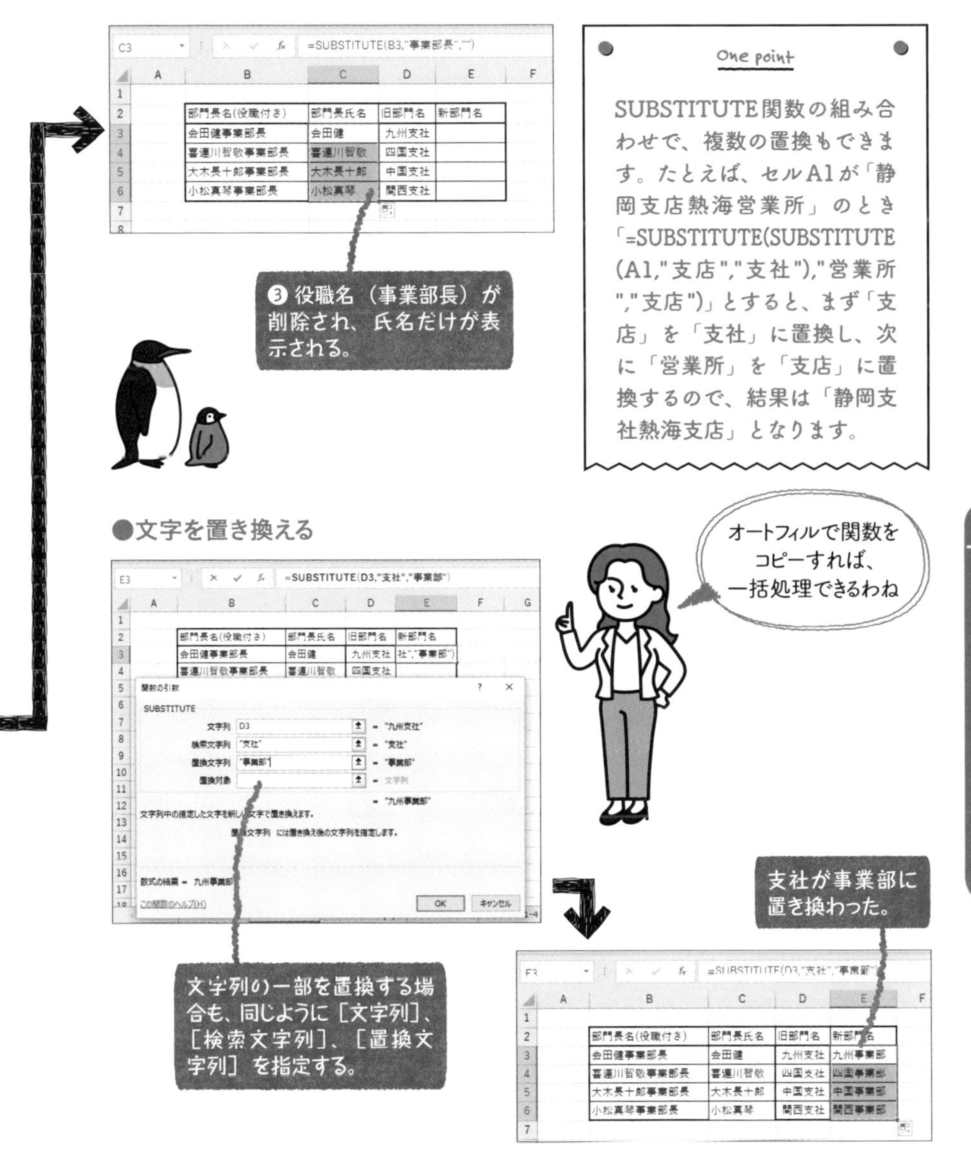

Technique 11

ROW 関数で行番号を求める

時短 ★★☆
ミス削減 ★★☆
使用頻度 ★★☆

オートフィル機能で入力した連番は並べ替えを行うとバラバラになります。ROW 関数を使えば、この問題が解決できます。

売上の順位表などのように、連番を付けた表では、並べ替えを行うと連番がバラバラになってしまうことがあります。連番の範囲を除いて並べ替えを行えばいいのですが、範囲の指定や並べ替えのキーの指定が面倒です。そのような場合に、**ROW 関数を使って行番号から求めた連番を付けておくという解決法があります。並べ替えを行っても、常に同じ順位が表示される表が作成できます。**

並べ替えると連番がズレてしまう

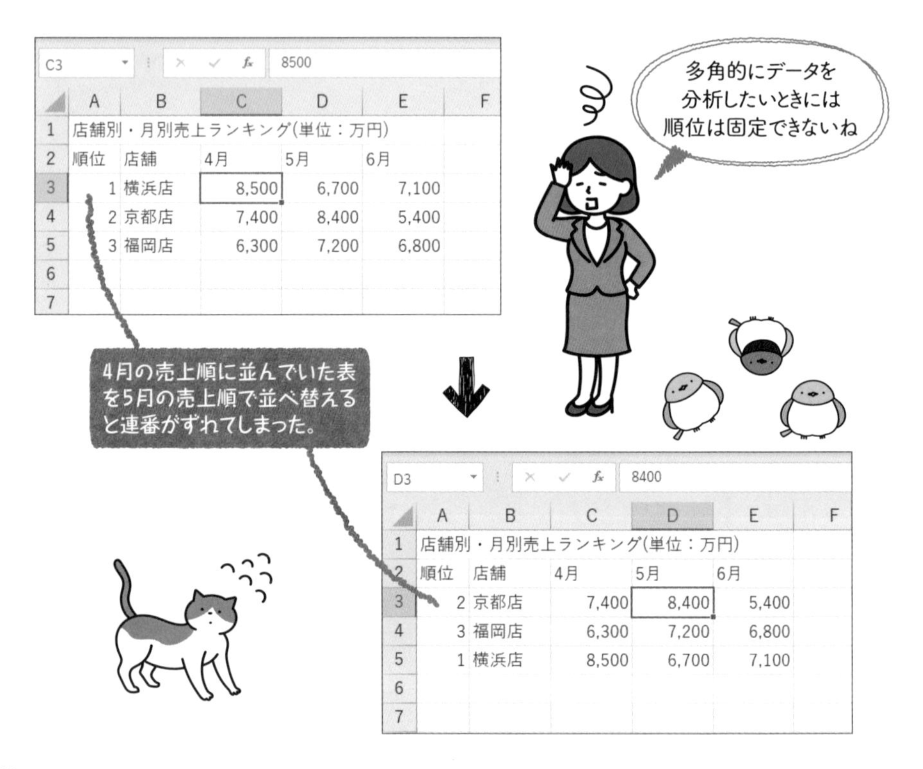

C3 　 8500

	A	B	C	D	E	F
1	店舗別・月別売上ランキング(単位：万円)					
2	順位	店舗	4月	5月	6月	
3	1	横浜店	8,500	6,700	7,100	
4	2	京都店	7,400	8,400	5,400	
5	3	福岡店	6,300	7,200	6,800	
6						
7						

D3 　 8400

	A	B	C	D	E	F
1	店舗別・月別売上ランキング(単位：万円)					
2	順位	店舗	4月	5月	6月	
3	2	京都店	7,400	8,400	5,400	
4	3	福岡店	6,300	7,200	6,800	
5	1	横浜店	8,500	6,700	7,100	
6						
7						

ROW関数で連番を付ければ解決

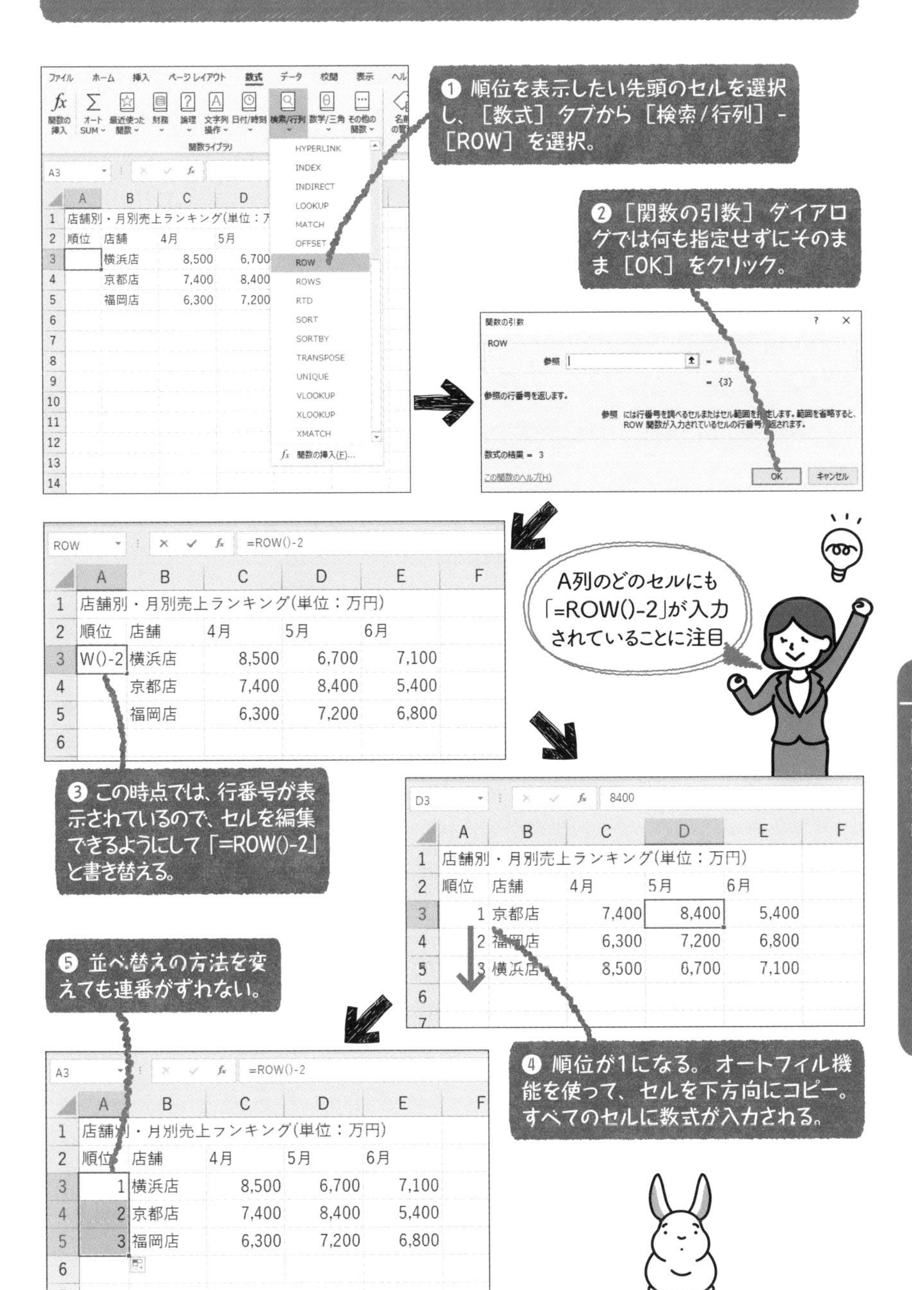

Technique

12 DATE関数で日付データを作る

時短 ★★☆
ミス削減 ★★☆
使用頻度 ★☆☆

セルごとに入力された年・月・日を日付に変換するにはDATE関数を、時・分・秒を時刻に変換するにはTIME関数を使います。

年・月・日が別々のセルに入力されていると、日付の計算がかなりやっかいになります。そのようなときには、**DATE関数を使って、それらを1つの日付データに変換しましょう**。Excelの内部では、日付を、1900年1月1日を1とした連番（シリアル値）で記憶しているので、足し算と引き算で日付の計算ができます。**時・分・秒についてはTIME関数を使って時刻データに変換できます**。

年・月・日を合体させるDATE関数

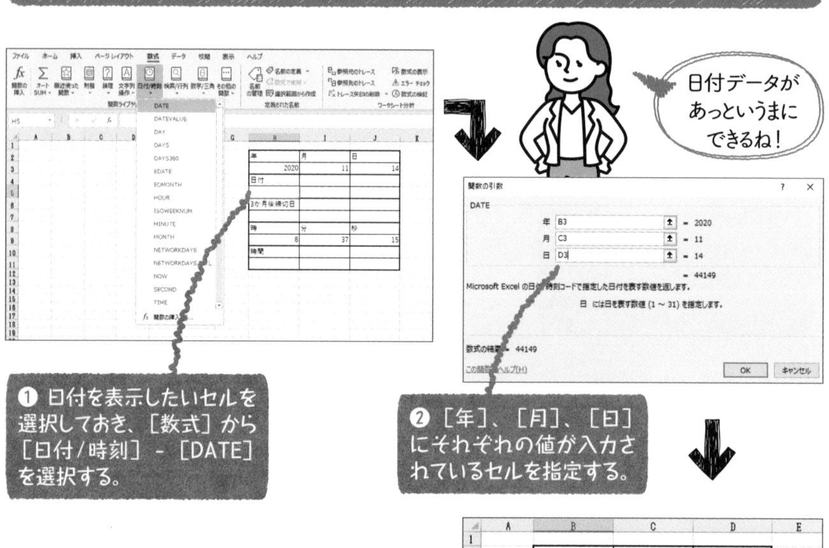

前ページの例では、年･月･日をまとめましたが、逆に、日付から年だけ、月だけ、日だけを取り出すこともできます。年を取り出すにはYEAR関数を、月を取り出すにはMONTH関数を、日を取り出すにはDAY関数を使います。これらの関数を組み合わせて、3か月後の15日の日付を求めてみましょう。

日付を年・月・日に分ける関数

●3か月後の日付を求める

B7　=DATE(YEAR(B5),MONTH(B5)+3,15)

	A	B	C	D
1				
2		年	月	日
3		2020	11	14
4		日付		
5		2020/11/14		
6		3か月後締切日		
7		=DATE(YEAR(B5),MONTH(B5)+3,15)		
8		時	分	秒
9		8	37	15
10		時間		

B7　=DATE(YEAR(B5),MONTH(B5)+3,15)

	A	B	C	D
1				
2		年	月	日
3		2020	11	14
4		日付		
5		2020/11/14		
6		3か月後締切日		
7		2021/2/15		
8		時	分	秒
9		8	37	15
10		時間		

Technique 13

TEXT 関数で表示形式をサクッと変更する

時短 ★★☆
ミス削減 ★★☆
使用頻度 ★☆☆

セルに入力された数値や日付に表示形式を設定し、文字列に変換する TEXT 関数を使いこなそう。

TEXT 関数はその名のとおり、数値や日付を文字列に変換する関数です。 その際、表示形式を変更できます。たとえば日付を元に、曜日を漢字で表示するといったことができます。また、数値に通貨記号や桁区切りのカンマを付けた文字列を返すことも可能です。書式設定での表示形式の指定は、元の数値の見せ方を変えるだけですが、この関数では、元の数値から新たな文字列を作ります。

様々な表記に変えられる TEXT 関数

●日付から曜日を求める

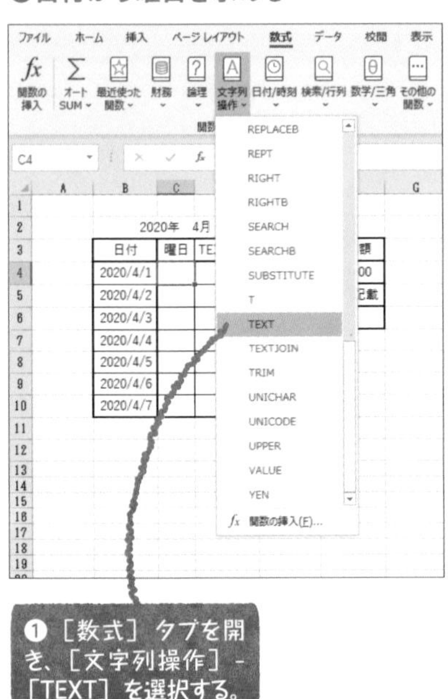

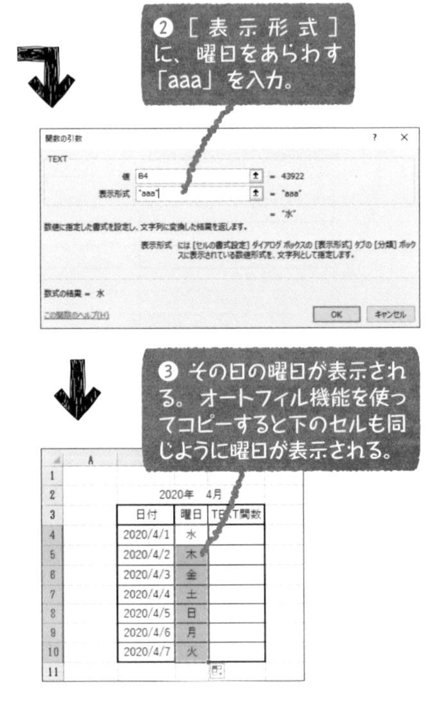

書式記号には様々なものがありますが、［セルの書式設定］ダイアログボックス（Ctrl＋1 キーを押せば表示できます）の［表示形式］タブの［ユーザー定義］で使われている記号が指定できます。なお、［表示形式］を指定するときには書式記号を「"」で囲む必要があります。

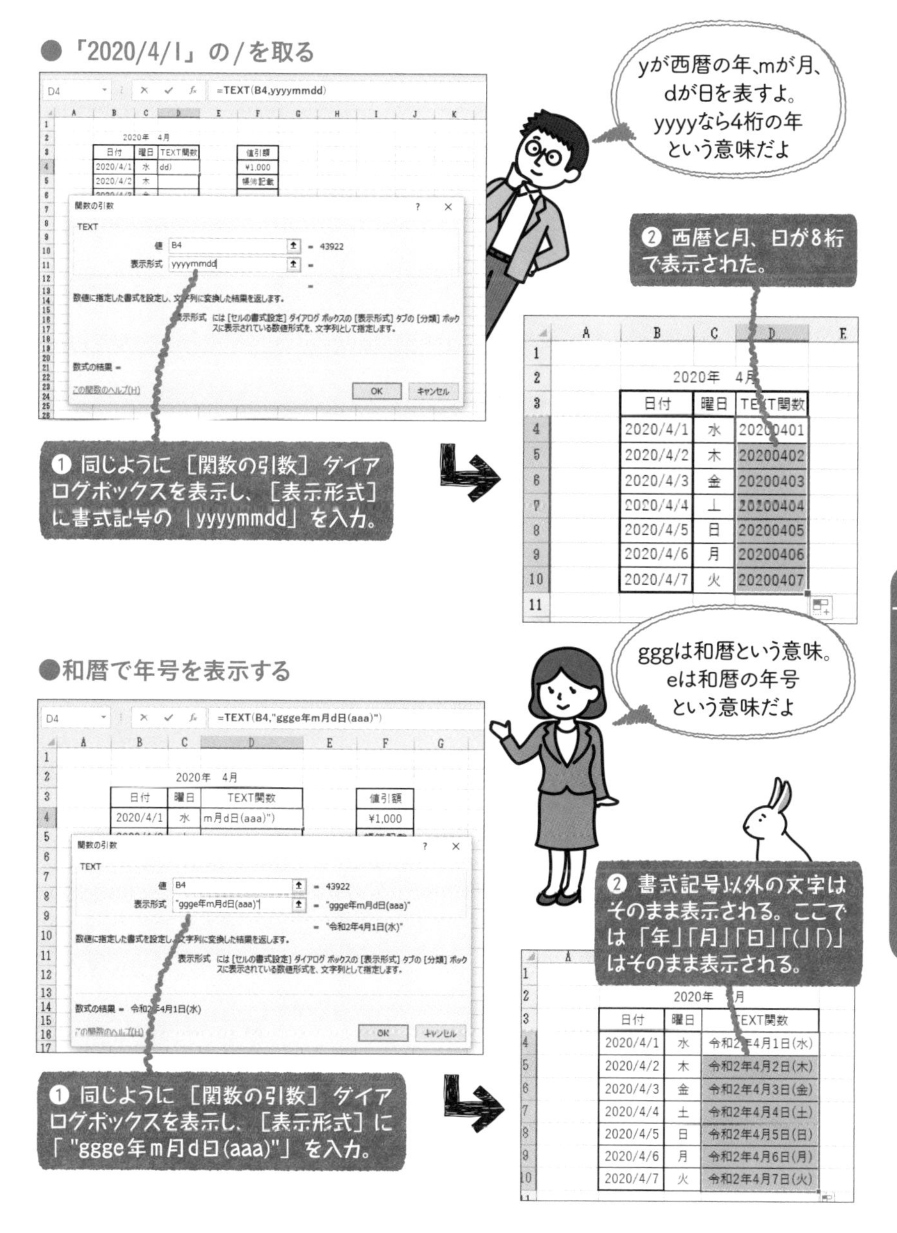

Technique 14

JIS 関数と ASC 関数で全角と半角を統一する

時短 ★★☆
ミス削減 ★★☆
使用頻度 ★☆☆

全角に変換する JIS 関数や半角に変換する ASC 関数を使って、セル内の文字列に混在する文字の種類を統一しよう。

カタカナ、英数字、スペースには全角文字と半角文字があるので、同じ内容のつもりでも、文字種が統一されていないと別の文字列とみなされてしまいます。複数の人が入力する場合はもちろん、一人で入力した場合でも、そういう「ゆらぎ」が起こる可能性があります。資料として見づらいだけでなく、フィルターによるデータの抽出が正しくできないということにもなりかねません。

関数で簡単に全角・半角を変換する方法

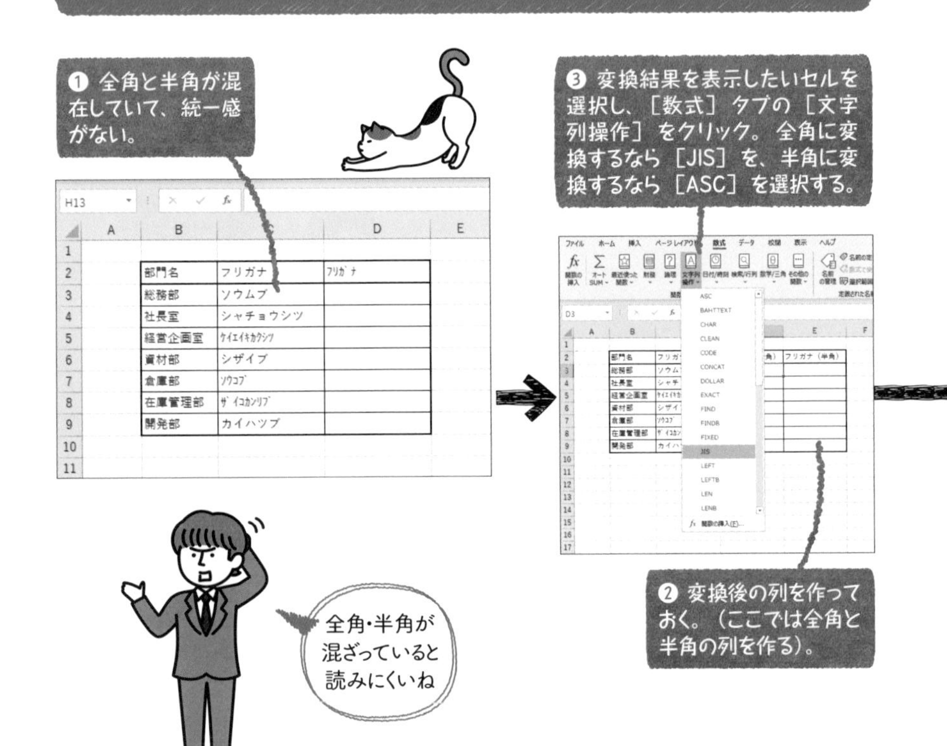

JIS 関数は、文字列に含まれる半角文字を全角に変換して返してくれます。一方、ASC 関数は全角文字を半角に変換して返してくれます。いずれの関数も、変換できない文字はそのまま返します。これらの関数を使えば、全角と半角が混在するデータの文字種を統一できます。

●全角に変換する「JIS」

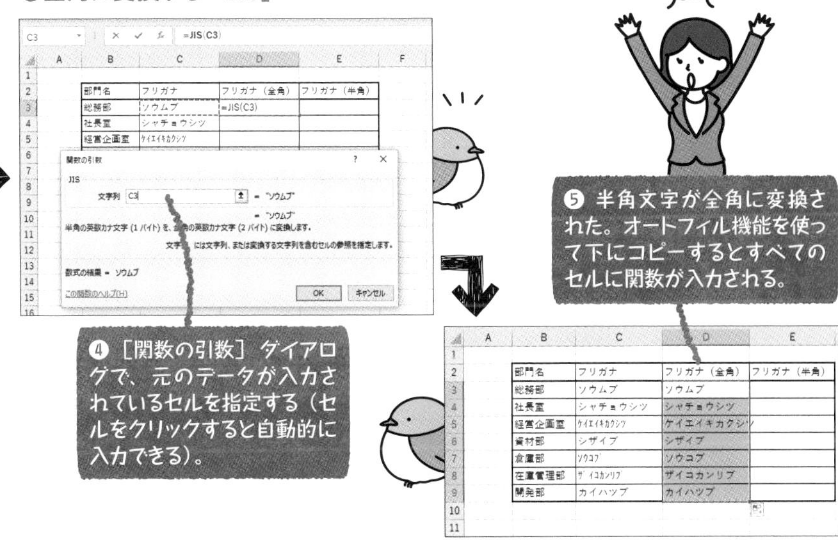

●半角に変換する「ASC」

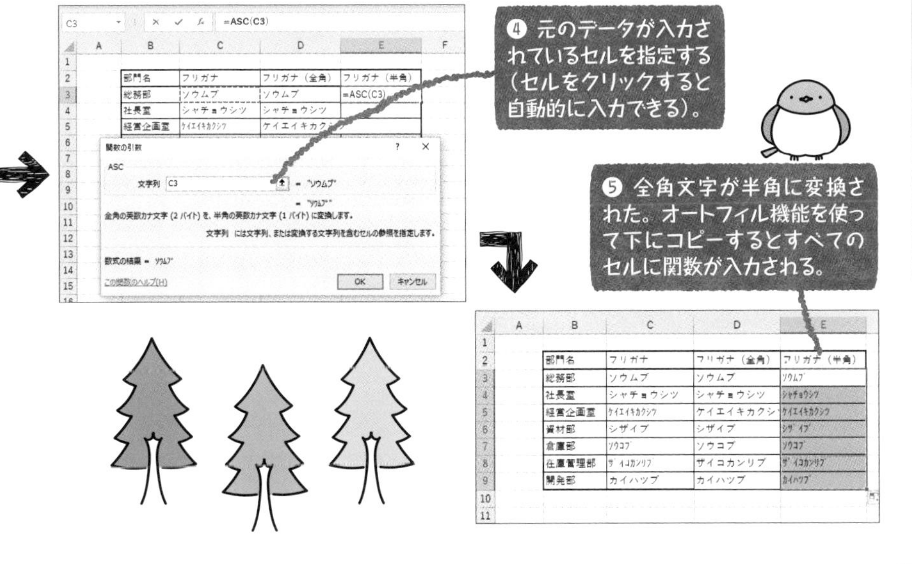

4
一瞬で計算が終わる関数最速ランキング

Technique

15 CLEAN 関数でセル内の改行文字などを削除する

時短 ★★☆
ミス削減 ★★☆
使用頻度 ★☆☆

CLEAN 関数を利用すると印刷されない見えない余計な文字を除去して、「キレイ」なデータに仕上げることができます。

ほかのアプリで作成したデータを取り込んだり、セル内で改行したりした場合には、印刷されない余計な文字がセルに入力されてしまうことがあります。このようなデータがあると、検索や文字列の操作がうまくいかなくなることがあります。**CLEAN 関数を使えば、そういった余計な文字が取り除けます。**このような前処理は「データクリーニング」とか「データクレンジング」と呼ばれます。

「CLEAN」「TRIM」関数で余計な文字を削除

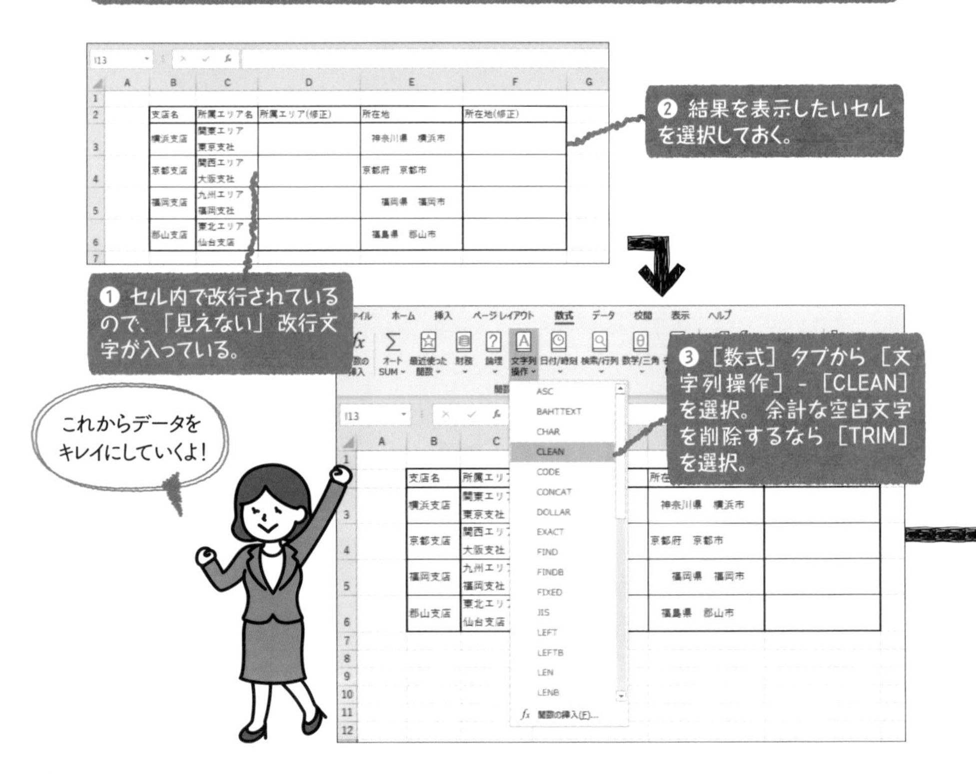

CLEAN関数は印刷されない文字を削除しますが、空白文字は削除しません。余計な空白文字を削除したいときには、TRIM関数を使います。**TRIM関数は、文字列の前後に入っている余計な空白文字を削除し、複数の空白文字を1つにまとめてくれます。**余計な空白のせいで検索できないなどのトラブルを防げます。

●CLEAN関数でセル内の改行を削除する

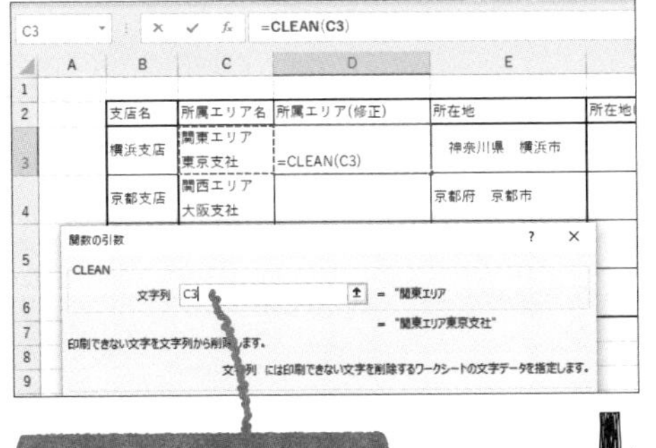

❹ 元の文字列が入力されているセルを［文字列］に指定。

	A	B	C	D	E
1					
2		支店名	所属エリア名	所属エリア(修正)	所在地
3		横浜支店	関東エリア 東京支社	関東エリア東京支社	神奈川県　横浜市
4		京都支店	関西エリア 大阪支社	関西エリア大阪支社	京都府　京都市
5		福岡支店	九州エリア 福岡支社	九州エリア福岡支社	福岡県　福岡市

❺ 改行文字が削除され、1行になった。オートフィル機能を使って下にコピーすれば、すべてのセルで改行文字が削除される。

One point

「印刷できない文字がある」といっても、画面に表示されないと確認のしようがありません。このようなときは、LEN関数を使って文字数を求めるといいでしょう。表示されている文字数よりLEN関数の結果が多ければ、印刷できない文字があることになります。

●余計な空白文字を除去する「TRIM」関数

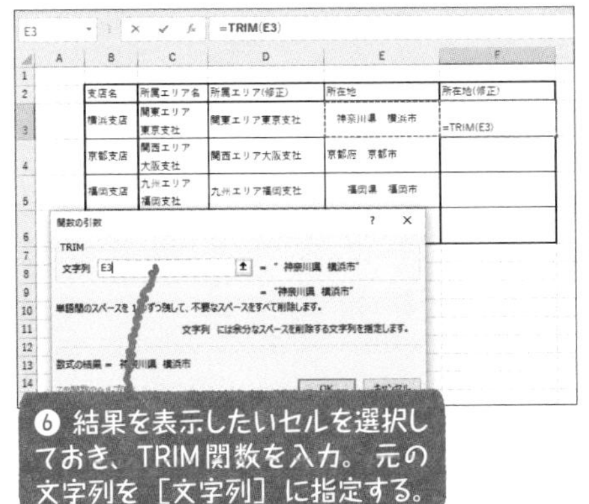

❻ 結果を表示したいセルを選択しておき、TRIM関数を入力。元の文字列を［文字列］に指定する。

❼ 文字列の前後にある空白文字が削除され、複数の空白文字が1つにまとめられた。

column

押さえておきたい

相対参照と絶対参照

数式や関数にセルを指定する方法には
「相対参照」「絶対参照」「複合参照」があります。

相対参照

特に何も指定しないと「相対参照」になります。数式をコピーした際に「A1+A2」といった数式は、コピー先に合わせてセル参照が自動的に修正され「B1+B2」といった数式になります。

	A	B	C
1	100	200	300
2	200	300	400
3	300	500	700
4			

セルA3の数式をセルB3とC3にコピーします。列方向（右方向）にコピーすると、数式中の列番号もそれに合わせてB、Cと変わります。

	A	B	C
1	100		
2	200	300	400
3	=A1+A2	=B1+B2	=C1+C2
4			

セルB3とC3にもセルA3と同じパターンの数式が入力され、計算が行われます。

「相対参照」と「絶対参照」を理解しておけばExcelの仕組みがもっとよくわかるようになるよ！

※セル参照…セルがどこの位置にあるかという指定のこと。A1やB2といったセルアドレスで表す。

絶対参照

「$A$1」のように列番号と行番号の前に「$」を付けると「絶対参照」になります。数式をコピーしても、コピー先に合わせてセル参照が変わることはありません。常に指定されたセルを参照して計算が行われます。

	A	B	C
1	100		
2	200	300	400
3	=$A$1+A2	=$A$1+B2	=$A$1+C2
4			

「$」を列番号と行番号の前に付けると絶対参照になります。

	A	B	C
1	100		
2	200	300	400
3	300	400	500
4			

常に指定されたセルを参照して計算が行われます。

複合参照

行番号または列番号のいずれかに「$」を付けると複合参照になります。「$」を付けた列や行番号は、コピーしても変わりません。「$」を付けていない列や行番号は、コピーの方向に合わせて自動的に変わります。

	A	B	C	D
1		100	200	
2	100	=$A2+B$1	=$A2+C$1	
3	200	=$A3+B$1	=$A3+C$1	
4				

コピーしても参照を変えず固定しておきたい列または行の前に「$A1」「B$1」のように「$」を入れます。

	A	B	C
1		100	200
2	100	200	300
3	200	300	400
4			

「$」を付けていない列または行の番号だけがコピーの方向に合わせて変わります。

CHOUSOKU
Excel
MIRUDAKE
notes

Chapter 5

パパッとグラフを作る時短ワザランキング

Excel のグラフ作成は基本中の基本。 資料作成やデータ分析などビジネスで必須のスキルです。 本書ではグラフをスピーディーに作成し、 ちょっとした工夫でわかりやすくする便利ワザを紹介します。ワンランク上のグラフ作りを目指しましょう。

棒グラフの太さや間隔を調整する

時短 ★☆☆
ミス削減 ★★☆
使用頻度 ★★★

棒グラフをより見やすくするためには、棒の太さなどを適切に設定する必要があります。目的に合った形式にすることも重要です。

グラフ作成は、表内のいずれかのセルをクリックし、［挿入］タブからグラフの種類を選択するだけの簡単な操作でできます (P.26)。このとき、サイズや色などの書式は自動的に設定されます。しかし、**棒グラフの場合、棒の間隔が広すぎると間延びしたグラフになってしまいます。そのような場合には［要素の間隔］を狭くしましょう。**間隔を狭くすると棒は自動的に太くなります。

棒グラフの間隔を調整する

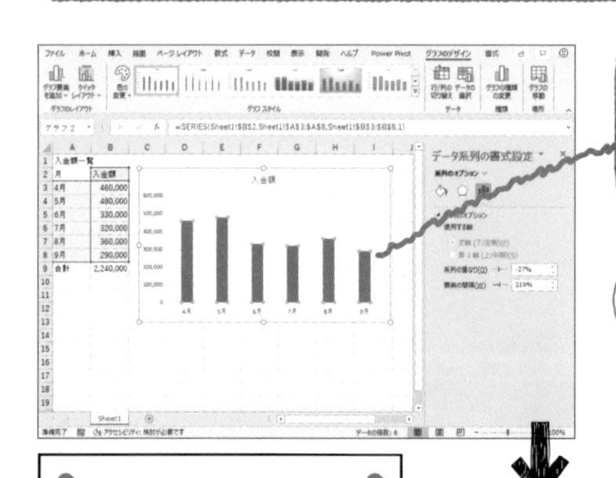

❶ 右クリックして［データ系列の書式設定］を選択すると、［データ系列の書式設定］作業ウィンドウが表示される。

間隔が狭くなると棒が太くなるよ

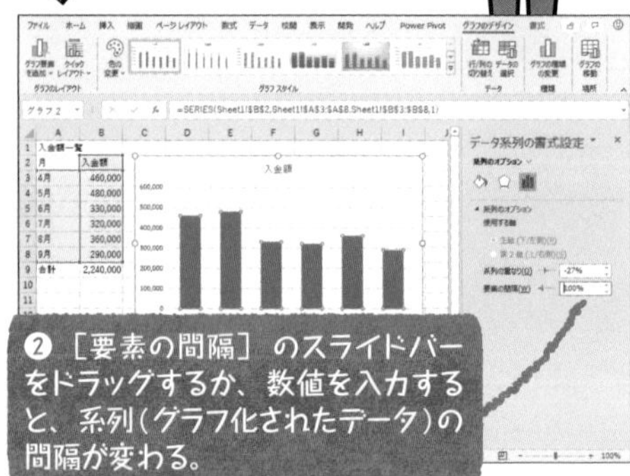

❷［要素の間隔］のスライドバーをドラッグするか、数値を入力すると、系列（グラフ化されたデータ）の間隔が変わる。

One point

複数の行・列をグラフ化した場合には、1つの項目に対して複数の棒が表示されます。それらの棒の間隔は［系列の重なり］で指定します。負の値だと間隔が広がり、正の値だと棒同士が重なります。

複数の行と列からなるデータを元に棒グラフを作成するとき、行・列のどちらを系列（同じ色で表示される棒の並び）にするかは分析の観点によって決まります。[行 / 列の切り替え] を使って、目的に合ったグラフにしましょう。さらに、書式の設定や、グラフの位置、サイズなどの調整によって、見やすくなるように仕上げます。位置とサイズの変更はマウス操作だけでできます。

簡単操作でグラフの軸や位置を動かす

●行と列を入れ替える

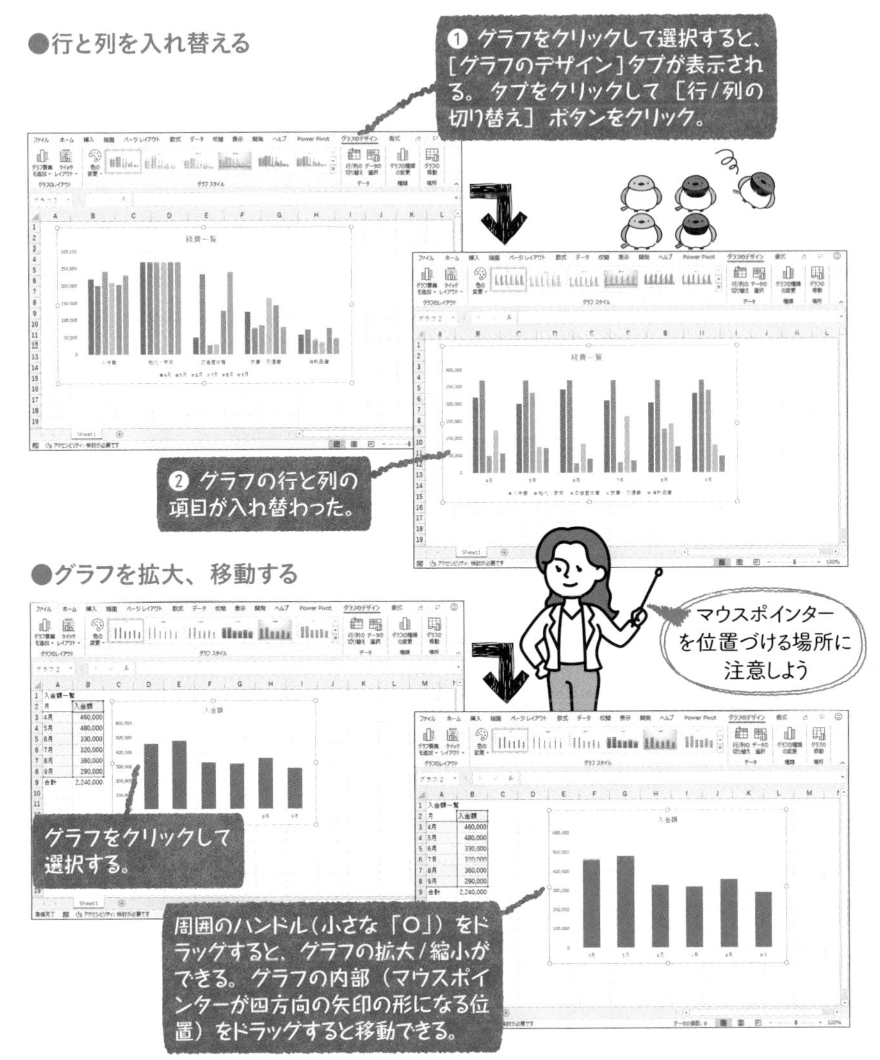

Technique 2

ダブルクリックで円グラフの一部を強調

時短 ★☆☆
ミス削減 ★★☆
使用頻度 ★★☆

表を円グラフにしただけではわかりにくいままです。一部を強調したり、並べ方を変えて、理解しやすい円グラフにしよう。

円グラフで表わされる「割合」は目的に合わせて強調できます。たとえば、**注目すべき部分を切り出して表示したり、割合の大きな順に並べてみたり**といったことです。ただし、印象を操作するために、割合の小さな項目を大きく見せるなど、本来の意味から外れた強調をするのはよくありません。3D円グラフで手前の項目が大きく見えることにも注意が必要です。

一歩先行く円グラフを作ってみる

割合の大きな順に並べ替える

❶ グラフは元のデータの並び順で作成されている。

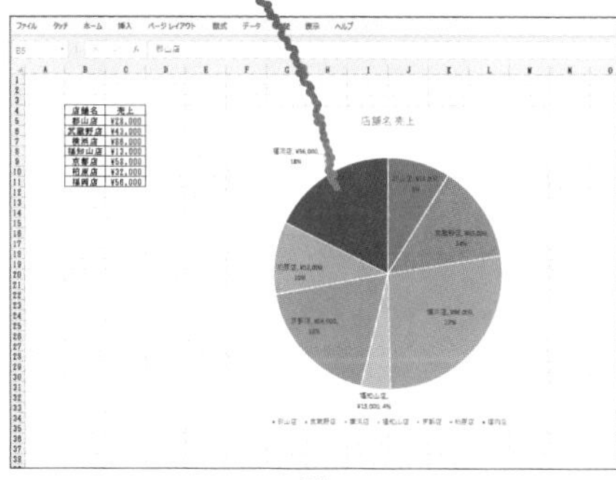

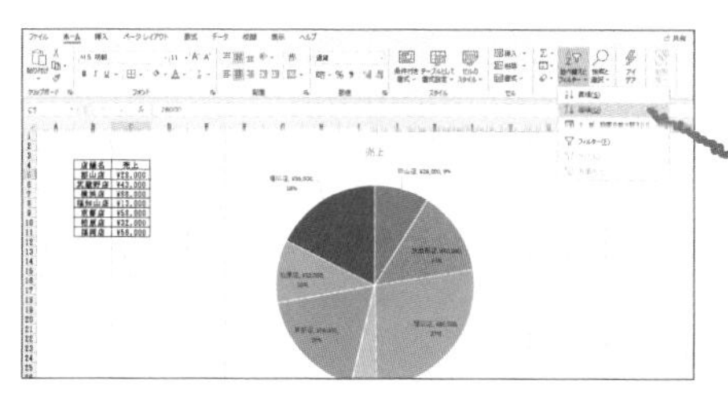

❷ 売上が入力されたいずれかのセルを選択し、［ホーム］タブの［並べ替えとフィルター］ボタンをクリック。［降順］をクリックして、売上の大きな順に並べ替える。

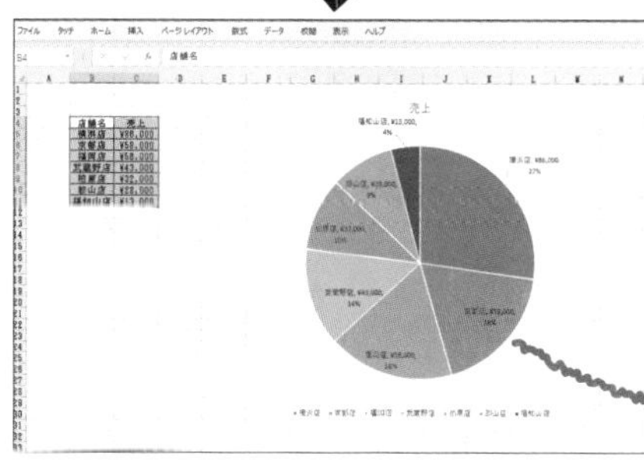

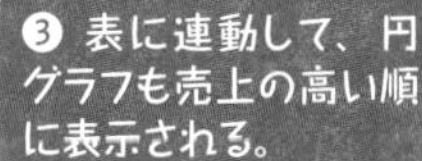

❸ 表に連動して、円グラフも売上の高い順に表示される。

［挿入］タブの［円グラフ］をクリックすると、3Dやドーナツなど様々なグラフが作成できます。

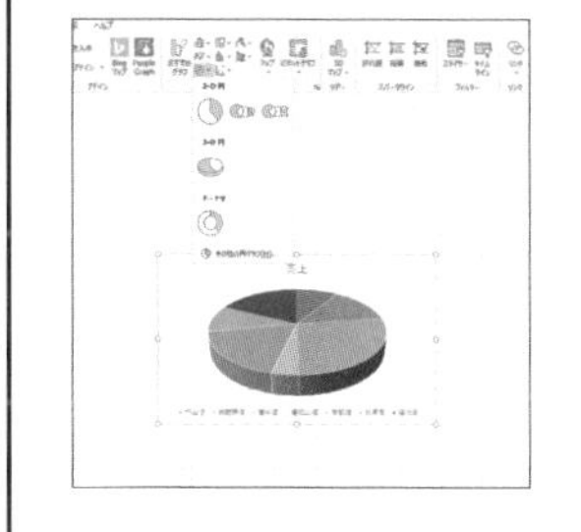

割合の大きな順に
並ぶとわかりやすいね

Technique 3

クイックレイアウトでグラフ内に項目名や％を表示

時短 ★☆☆
ミス削減 ★★★
使用頻度 ★★☆

データを見やすくするために、％や項目名などの表示要素を自動的に設定できるクイックレイアウトを使いこなそう。

円グラフは、「割合」を見るのに適したグラフです。とはいえ、感覚的に把握するだけでなく正確な数値を表示したいこともあります。また、項目名をグラフ内に表示するとさらに見やすくなります。**クイックレイアウトを利用すると、グラフに表示する要素を簡単に指定できます**。より細かな設定を行いたいときは、各要素の書式設定のための作業ウィンドウを利用するとよいでしょう。

円グラフ内への書き込みは意外に簡単

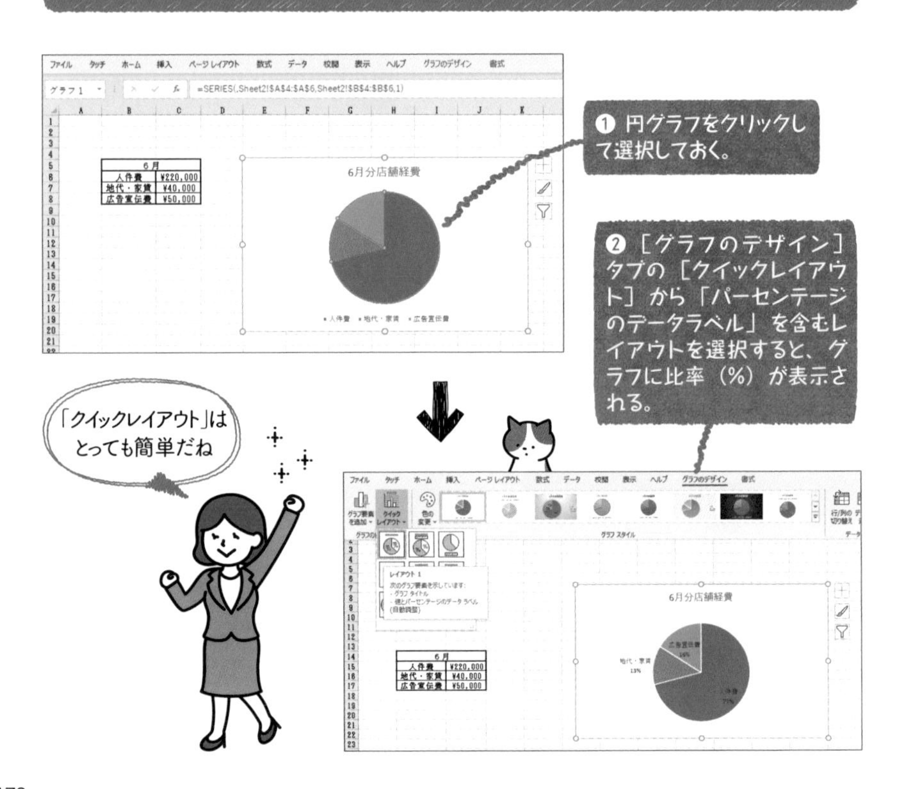

●データラベルのみ表示

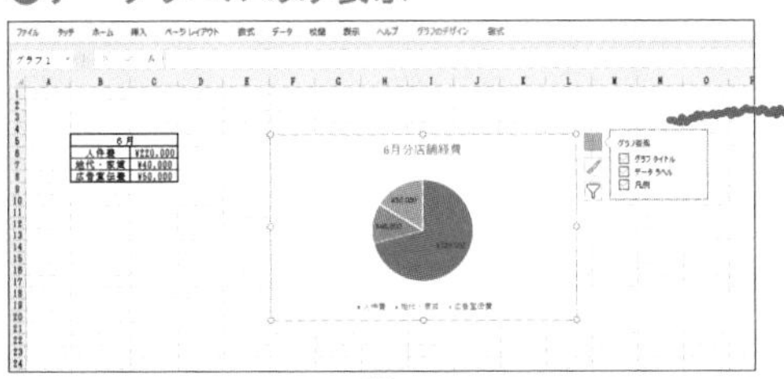

❶ グラフを選択し、右肩の[+]をクリックすると［グラフ要素］の一覧が表示される。［データラベル］にチェックを入れると、各項目の値が表示される。

❷［データラベルの書式設定］を表示するには、グラフを選択しておき［グラフのデザイン］タブの［グラフ要素を追加］→［データラベル］→［その他のデータラベルオプション］を選択してもよい。

●データラベルオプションで項目を選択

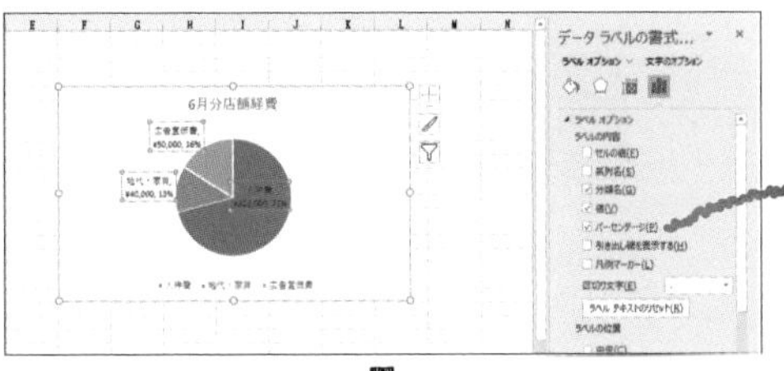

［データラベル］をダブルクリックする［データラベルの書式設定］ウィンドウが表示される。［分類名］［値］［パーセンテージ］にチェックを入れる。

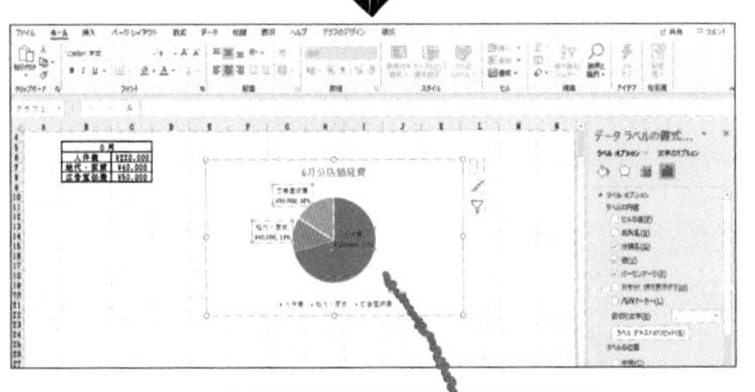

チェックマークを付けた内容がグラフ内に表示される。

One point

［データラベル］をクリックするとすべてのラベルが選択されます。もう一度クリックすると、個々のラベルが選択できます。この状態で、個別に設定の変更、移動、サイズ変更ができます。細かな調整をするときに便利です。

デザイン機能でグラフの色を簡単に変更

時短 ★★☆
ミス削減 ★★☆
使用頻度 ★★★

グラフを見やすくしたり強調したりするためには、色の変更が効果的です。カラフルな配色やシンプルな配色が選べます。

たとえば、果物に関するデータには青系統の配色は似つかわしくありません。このように、グラフ化するデータによってはイメージに合った配色に変えたほうがいい場合があります。また、色覚は人による違いがあり、赤と緑が区別しにくい人などがいます。したがって、**シンプルな配色にして明るさを変えて区別できるようにするなどの配慮や工夫が必要です**。

適切な配色でグラフを描画する

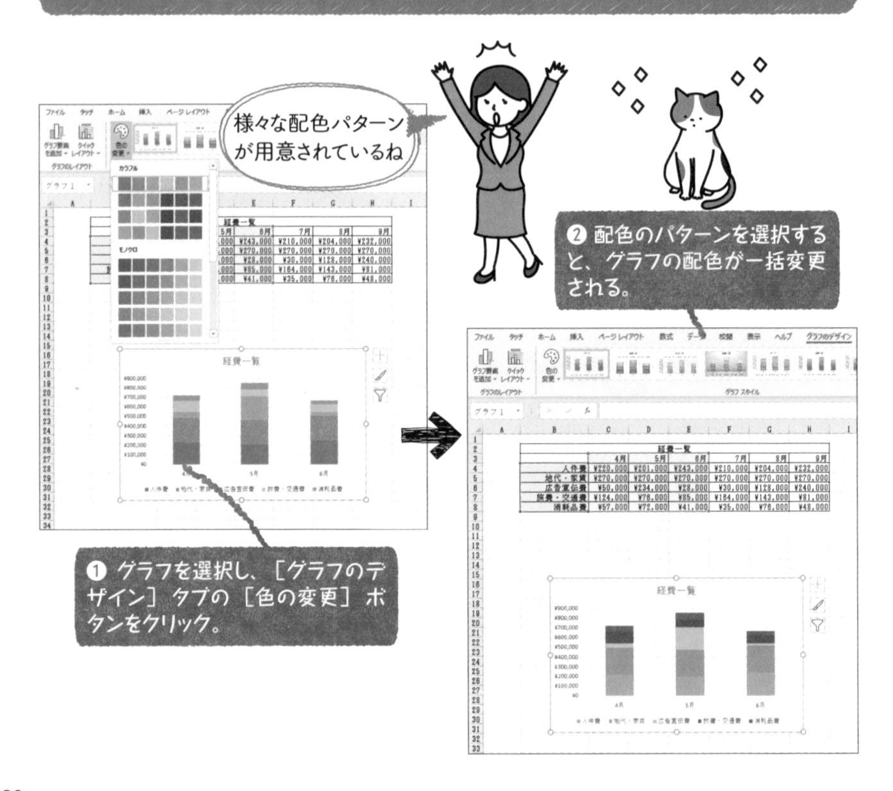

グラフ化するデータ系列やデータ数が多い場合には、グラフの各要素が細かく色分けされてしまい、かえって注目すべき箇所がわからなくなってしまうことがあります。配色を変えるだけでなく、たとえば、1か所だけ突出している部分があるなどといったときには、そこだけ色を変えてみるといった見せ方もできます。一部の要素の色を変えるときは、[図形の塗りつぶし] 機能を使います。

グラフの一部の色を変更する

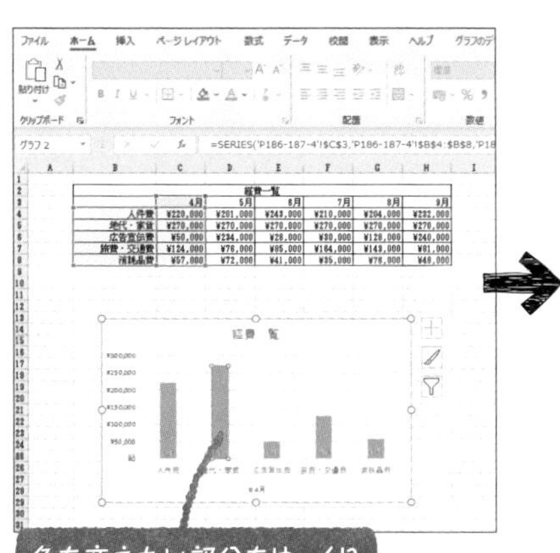

色を変えたい部分をゆっくり2回クリックして選択(ダブルクリックではない)。

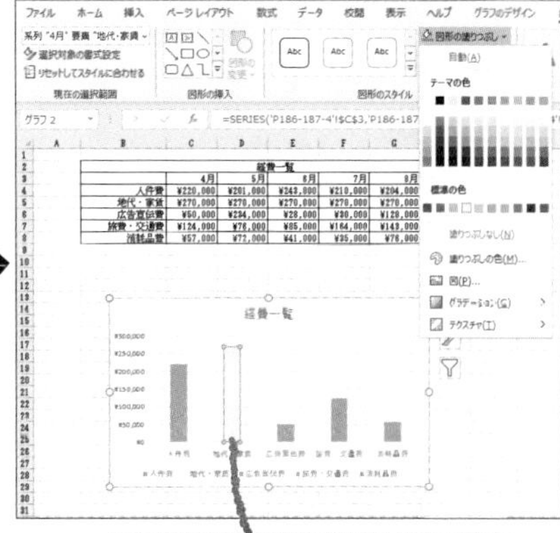

[書式] タブの [図形の塗りつぶし] から色を選択する。色が変更される。

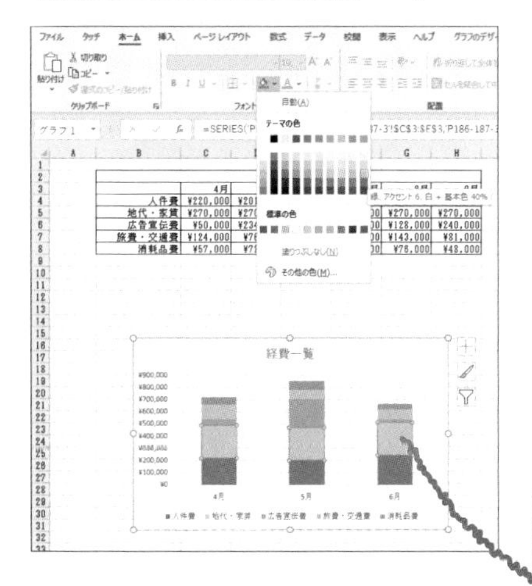

細かい色分けも同じ方法。色を変えたい部分を選択するには、2回ゆっくりクリックすることに注意。1回目は系列全体が選択され、2回目で個々の要素が選択される。

One point

要素をきちんと区別できるようにするには、模様(パターン)も合わせて変えるのも効果的です。[データ系列の書式設定] ウィンドウで [塗りつぶしと線] ボタンをクリックし [塗りつぶし(パターン)] を選択すると、模様が選択できます。

KEY WORD → ☑ グラフフィルター、棒グラフ

Technique 5

グラフフィルターで必要な項目だけ表示させる

時短 ★★☆
ミス削減 ★★★
使用頻度 ★★☆

無駄なパーツで飾り立てずに、必要なものだけに絞り込めば、より見やすくわかりやすいグラフを作成できる。

グラフは、数値の並びからは見えにくいデータの全体像や特徴を直感的に伝えられる便利なツールです。しかし、すべての値をグラフ化してしまうと、かえって注目すべきポイントがわかりづらくなることもあります。どの項目を表示するかは［グラフフィルター］で簡単に選択できるので、**伝えるべき重要な情報を過不足なく、正しく伝えられるようにしましょう。**

覚えておきたいグラフフィルターの使い方

●必要な項目だけ表示させる

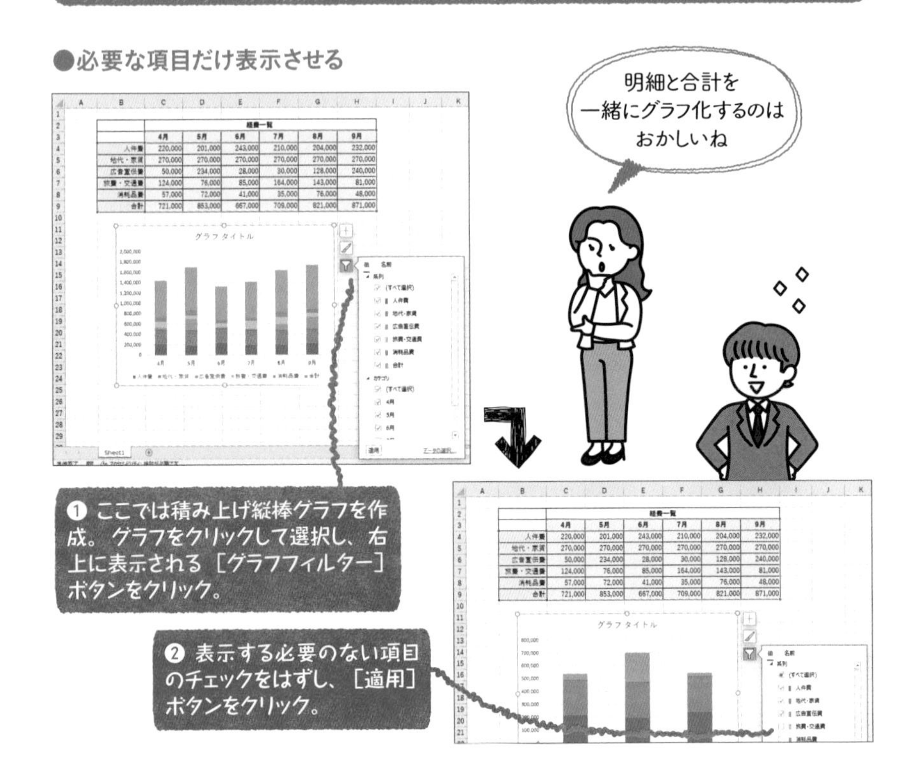

●凡例(はんれい)を表示する

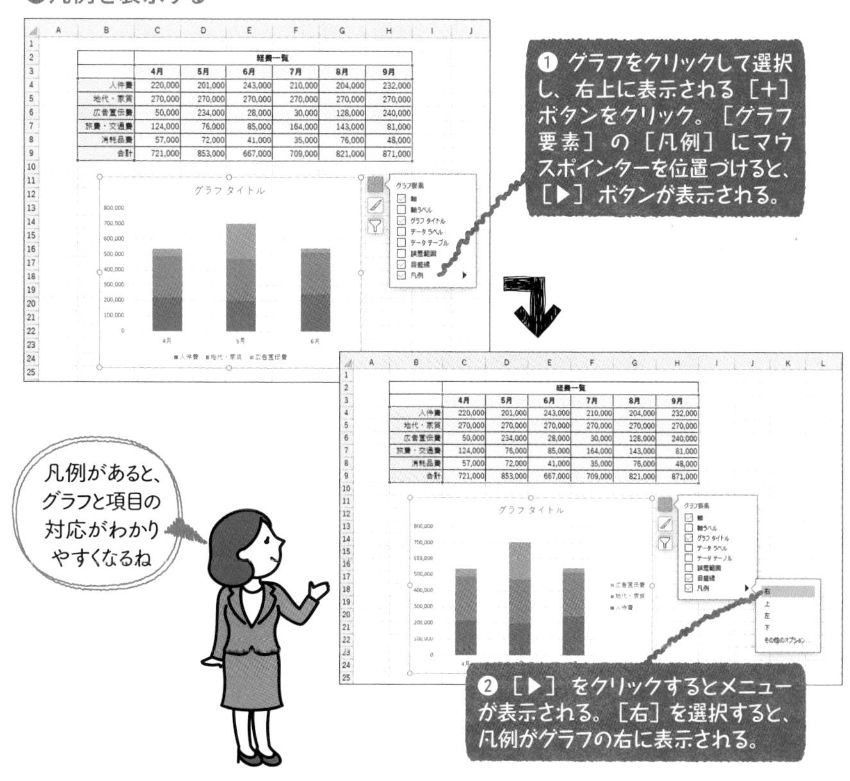

	4月	5月	6月	7月	8月	9月
人件費	220,000	201,000	243,000	210,000	204,000	232,000
地代・家賃	270,000	270,000	270,000	270,000	270,000	270,000
広告宣伝費	50,000	234,000	28,000	30,000	128,000	240,000
旅費・交通費	124,000	76,000	85,000	164,000	143,000	81,000
消耗品費	57,000	72,000	41,000	35,000	76,000	48,000
合計	721,000	853,000	667,000	709,000	821,000	871,000

●グラフに元の値を表示する

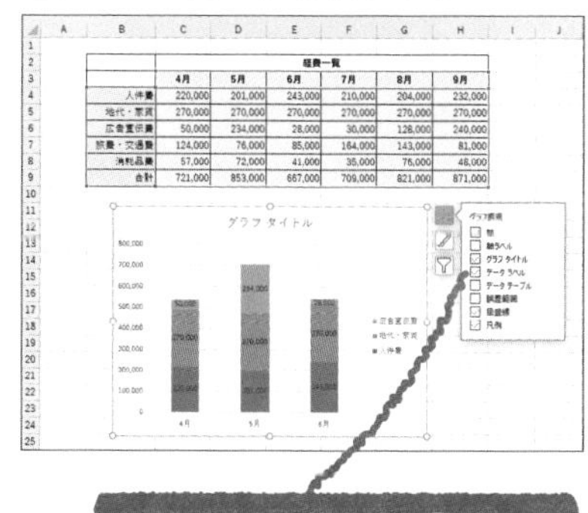

上と同じように操作し、［グラフ要素］の［データラベル］にチェックを入れると、グラフの上に金額が表示される。

●合計のみのグラフにするには

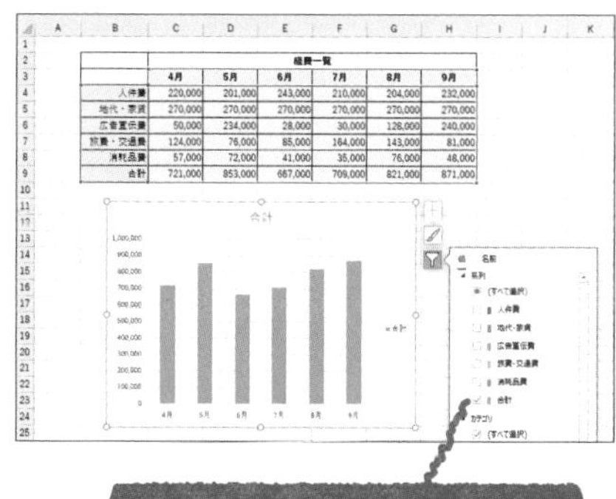

左ページと同じ操作で［グラフフィルター］を表示し、［系列］の一覧で［合計］だけにチェックを入れると、合計だけのシンプルなグラフになる。

グラフの項目を入れ替える

時短 ★★☆
ミス削減 ★★★
使用頻度 ★★★

行と列を入れ替えたり項目の順序を変えて、目的に合ったグラフにしましょう。棒グラフと折れ線グラフの例を紹介します。

グラフを作成するのは、なんらかの観点からデータの特徴を見たいからです。したがって、**系列や項目軸の並びが適切でないと、目的に合わないおかしなグラフになってしまいます**。それでは説得力を上げるどころか信頼を失ってしまう原因にもなりかねません。グラフの「構成」を適切な形にするには［グラフのデザイン］タブでの設定が使えます。

グラフの行/列を入れ替える

●棒グラフの行/列の入れ替え

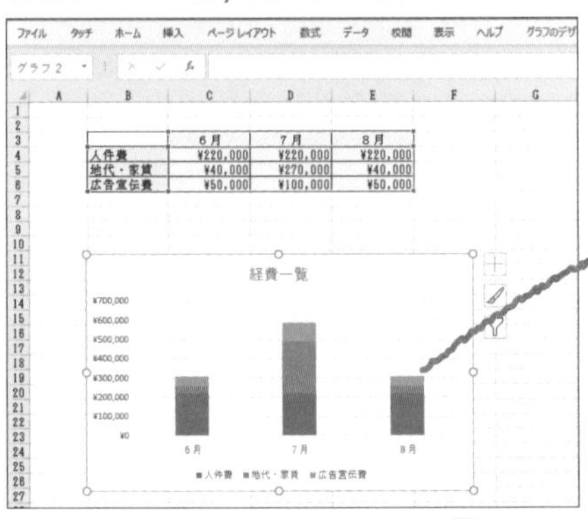

グラフをクリックして選択しておく（ここでは積み上げ縦棒グラフを作成してある）。

［グラフのデザイン］タブの［行/列の切り替え］をクリック。行と列が入れ替わる。

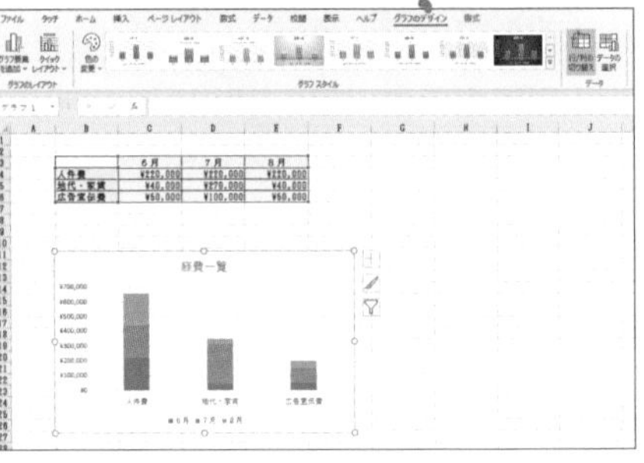

●折れ線グラフは時系列データの表示に便利

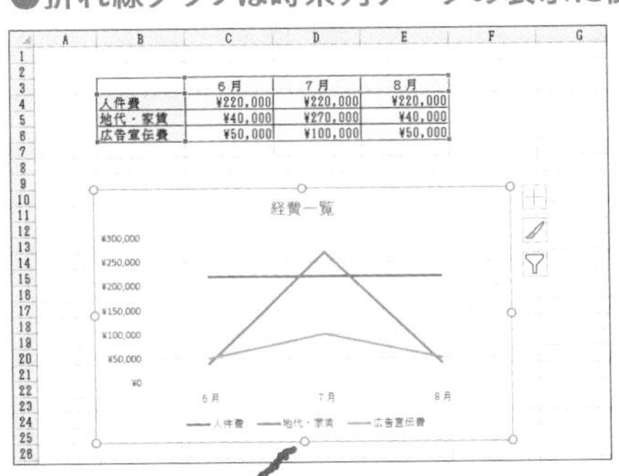

	6月	7月	8月
人件費	¥220,000	¥220,000	¥220,000
地代・家賃	¥40,000	¥270,000	¥40,000
広告宣伝費	¥50,000	¥100,000	¥50,000

折れ線グラフの
行/列を入れ替えると、
項目軸が時系列では
なくなって、不適切なグ
ラフになることがあるよ

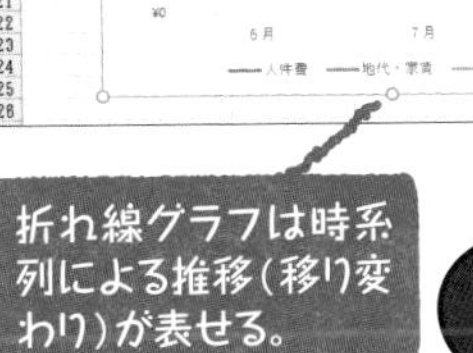

●項目の順序を変える

グラフをクリックして選択し、［グラフのデザイン］タブをクリック。［データの選択］をクリック。

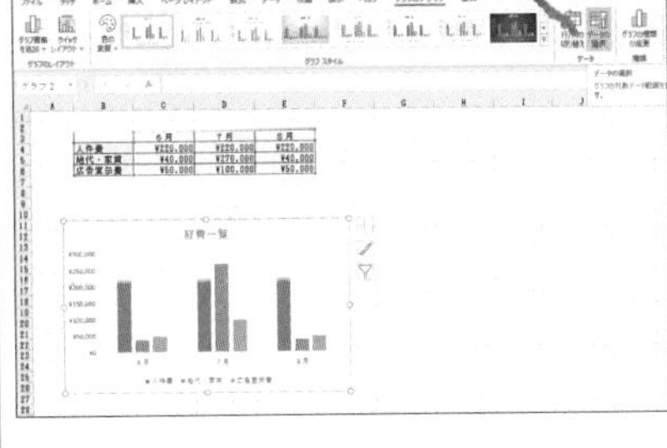

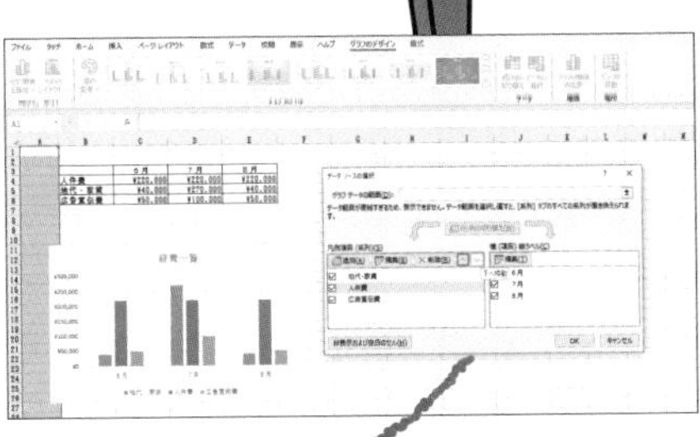

［データソースの選択］のダイアログボックスで、［凡例項目（系列）］の右上にある［▲］［▼］ボタンをクリックして順序を入れ替える。

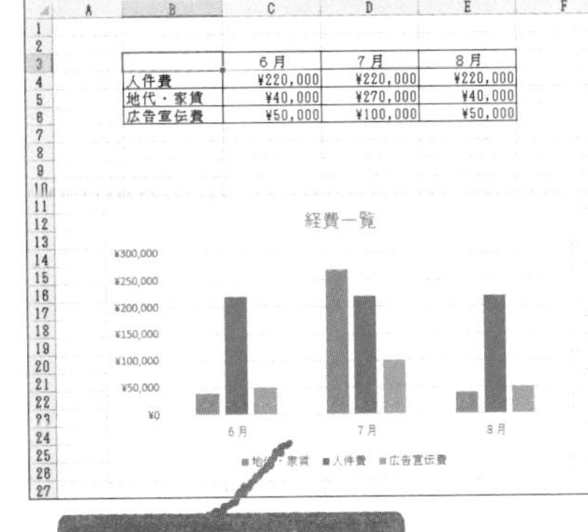

	6月	7月	8月
人件費	¥220,000	¥220,000	¥220,000
地代・家賃	¥40,000	¥270,000	¥40,000
広告宣伝費	¥50,000	¥100,000	¥50,000

項目の並び順が変わる。

One point

棒グラフは値の大きさを比較するのに便利なグラフです。折れ線グラフは推移（移り変わり）を表現できます。また、円グラフは割合（比率）を見るのに使います。目的に合ったグラフを適切な形式で作成するようにしましょう。

Technique 7

グラフのデータ範囲を広げる

時短 ★★☆
ミス削減 ★★☆
使用頻度 ★★☆

ドラッグ操作やコピーと貼り付けにより、作成したグラフにデータを追加したり範囲を変更したりするワザです。

グラフは一度作成すれば、それでよいというものではありません。データは追加・更新されますし、見たい範囲が変わることもあります。そのような場合には、**グラフの元になっている範囲をドラッグ操作で変更したり、コピーと貼り付けを使って、グラフデータの範囲を追加したりします**。[データソースの選択]ダイアログボックスからの操作よりもはるかに簡単です。

データの範囲をドラッグしてグラフを更新

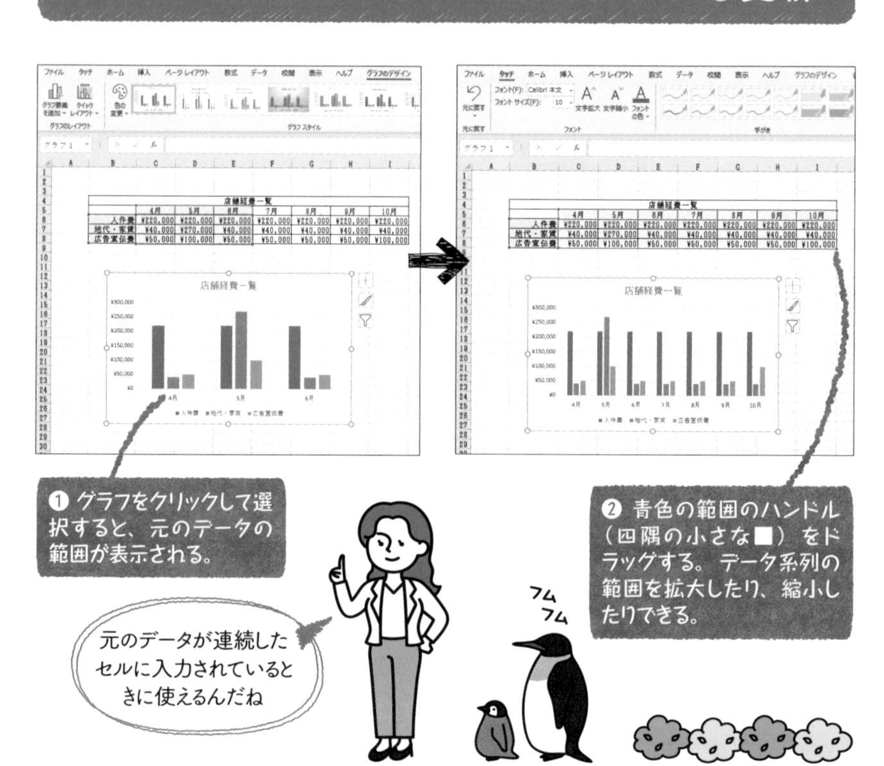

離れた範囲のデータを追加する

One point

ここでは、そもそも月と次の月の間を空けるのは適切ではありません。しかし、そういった表が作られていることもあるでしょう。ほかの箇所に影響がなければ、空白列を削除してから、左ページの方法でグラフを更新する方が適切です。

Technique 8

折れ線グラフと棒グラフを組み合わせる

時短 ★☆☆
ミス削減 ★★☆
使用頻度 ★★☆

棒グラフと折れ線グラフの特徴をうまく活かして、高度なデータ分析を可能にする複合グラフを作成しよう。

Excel には様々な種類のグラフが用意されていますが、中でも**折れ線グラフと棒グラフを利用した複合グラフは、データを複数の側面から分析するときによく使われます**。棒グラフは量的なイメージを、折れ線グラフは推移を表現しやすいグラフです。表示単位が異なったり差が大きかったりするときは、第２数値軸を設定することもできます。

複合グラフの作り方

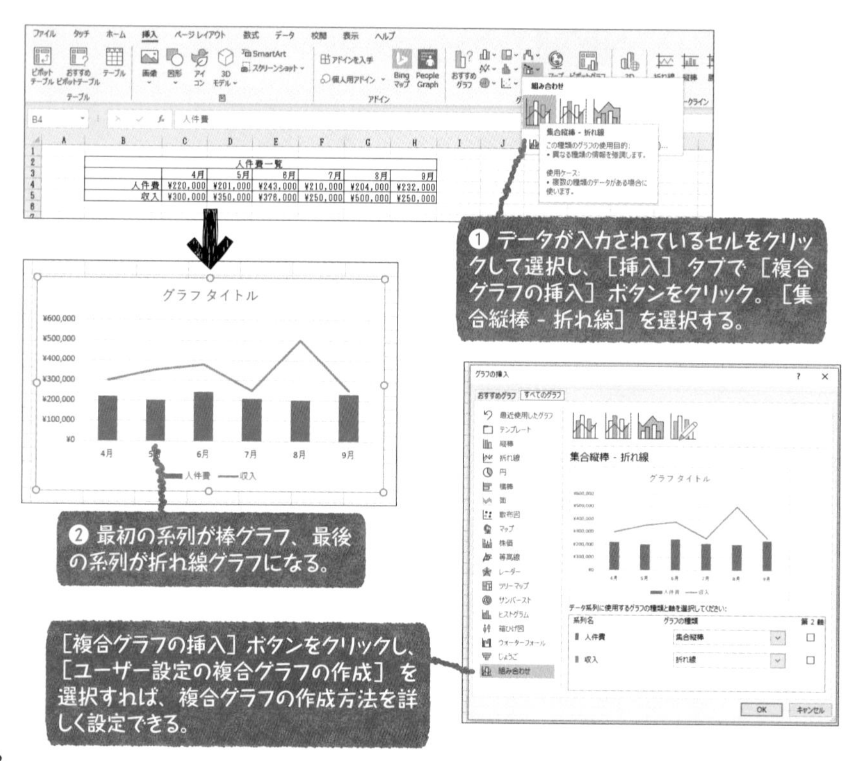

棒グラフを値の表示に使い、累積された構成比を折れ線グラフで表す「パレート図」の作成も可能です。Excel2013 以前は棒グラフと折れ線グラフを組み合わせて作成する必要がありましたが、Excel2016 以降では、グラフの種類を選択するだけで簡単に作成できます。品質管理で不良品の原因を分析したり、在庫管理や販売管理で売れ筋や死に筋商品を調べたりするのに役立つグラフです。

パレート図の作り方

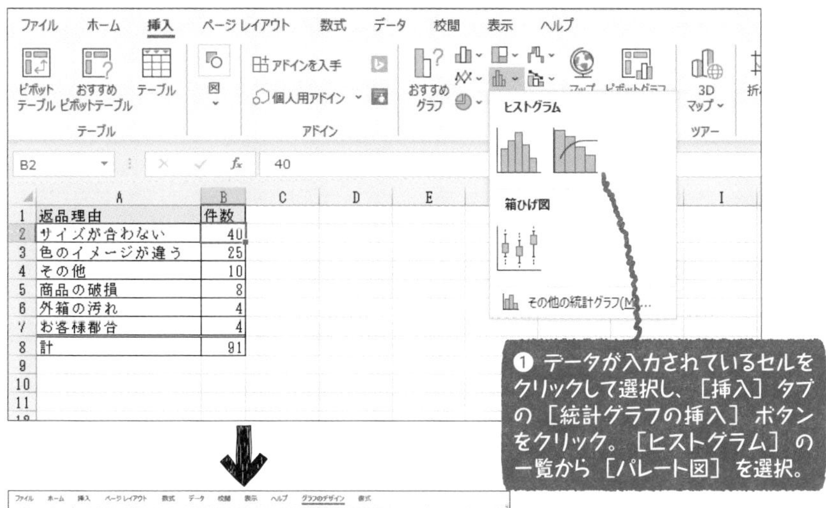

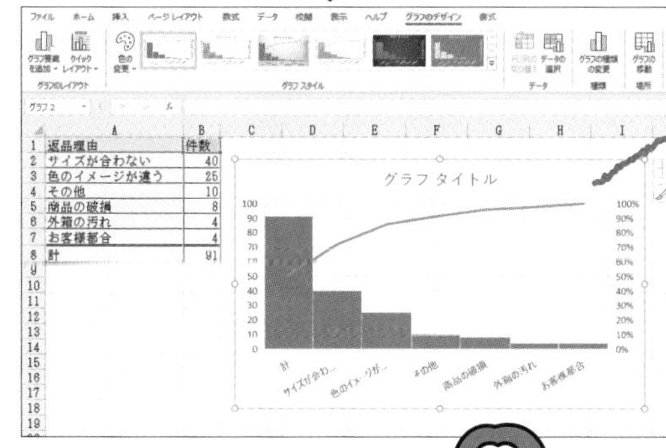

❷ パレート図が表示された。

One point

複合グラフでは、系列によって数値の大きさが違うことも少なくありません。その場合は、第2軸を使いましょう。［データ系列の書式設定］作業ウィンドウを表示して［系列のオプション］ボタンをクリックし、［第2軸］を選択します。

元のデータを並べ替えていなくても、棒グラフは自動的に降順に並ぶよ

相関関係がパッとわかる散布図を作る

時短 ★★★
ミス削減 ★★☆
使用頻度 ★☆☆

項目間の関係の視覚化に役立つのが散布図です。一方が増えれば、他方も増える（または減る）などの関係が見えてきます。

訪問回数と売上、学習時間と成績など、項目間に何らかの関係があることが予想される場合には、統計的な処理をする前に散布図を使って大まかに傾向を見ておくといいでしょう。逆に、**数値だけでは見えなかった特徴や全体的な傾向から大きく外れたデータの存在が散布図から見えてくることもあります。** 近似曲線を表示することもできます。

散布図の作り方

❶ データが入力されている範囲のいずれかのセルをクリック。

	A	B	C
1			
2		ウェブサイト閲覧回数	購入金額
3		7	¥1,000
4		6	¥1,500
5		5	¥2,000
6		8	¥4,000
7		7	¥2,500
8		12	¥3,000
9		14	¥3,500
10		13	¥4,000
11		18	¥4,500
12		25	¥5,000
13		22	¥5,500
14		26	¥6,000
15		34	¥6,500
16		39	¥7,000
17		48	¥7,500
18		55	¥8,000
19		43	¥8,500
20		37	¥9,000
21		22	¥9,500
22		24	¥10,000

❷［挿入］タブの［散布図(X,Y)またはバブルチャートの挿入］ボタンをクリックし、［散布図］を選択。

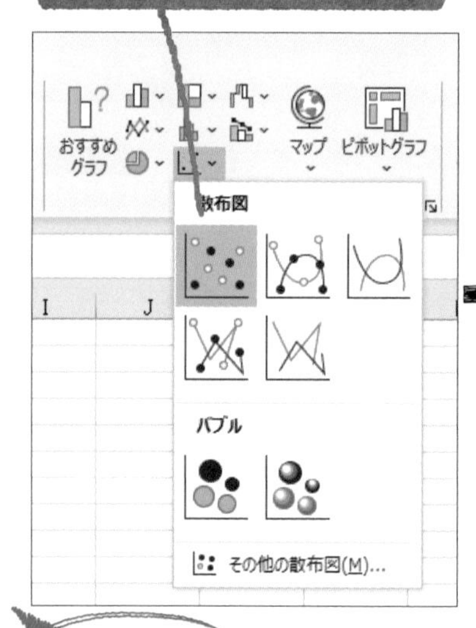

1列目が横軸、2列目が縦軸になります

散布図には各データに対応する点が表示されていますが、**近似曲線を追加すれば直線的な関係や指数関数的な関係といった傾向を表示することもできます。**グラフを選択し、右上に表示された［＋］ボタンをクリックし、［近似曲線］をチェックすると線形近似（直線的な関係）を表す点線が表示されます。［近似曲線］の右の［▶］をクリックすると近似曲線の種類が選べます。

One point

［＋］をクリックし［近似曲線］にマウスポインターを位置づけると［▶］ボタンが表示されます。それをクリックすれば、近似曲線の種類が選べます。「倍々」に増えていくような場合は「指数」を選びます。

Technique 10

グラフをWordの文書に貼り付ける

時短 ★★☆
ミス削減 ★★☆
使用頻度 ★☆☆

Excelで作成したグラフを、Wordの文書やPowerPointのスライドに貼り付けて活用範囲を広げよう。

Excelで作成したグラフは、WordやPowerPointに様々な形で貼り付けられます。**そのまま貼り付けると、貼り付けた場所でExcelと同様にグラフの操作ができます。また、データをリンクさせると、元データの変更もできます。一方、図として貼り付けると「画像」のように取り扱われます**。貼り付けの方法は、貼り付けるときでも、貼り付けた後でも選択できます。

グラフとして貼り付ける

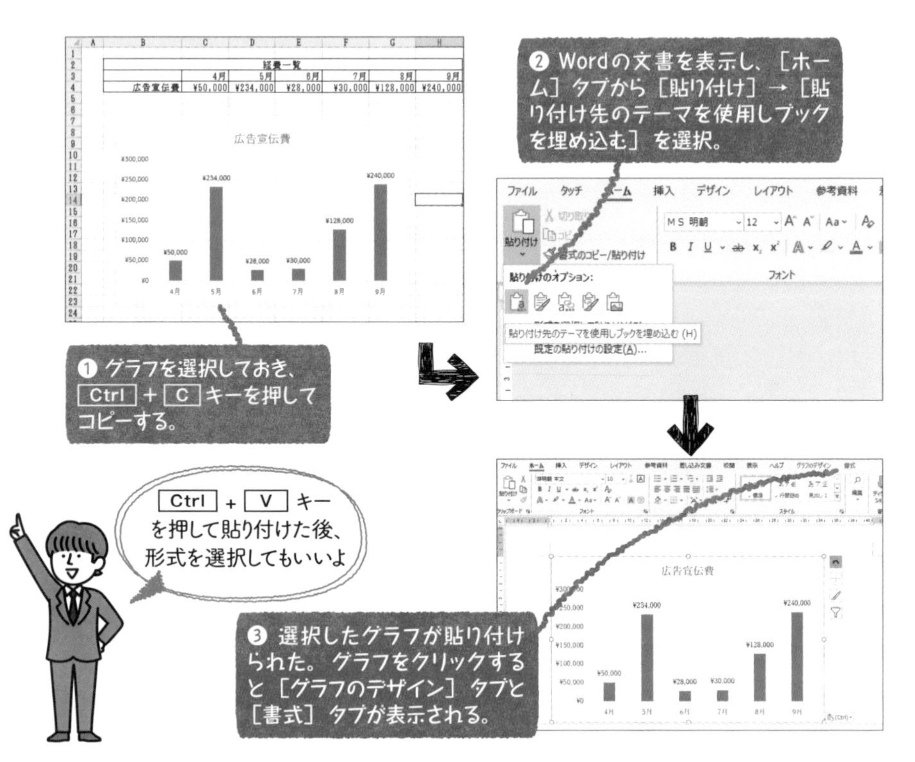

図として貼り付ける

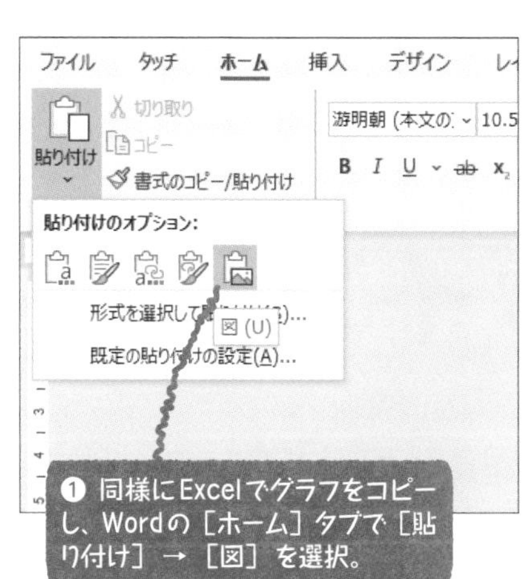

図として貼り付ければ、
絵や写真と同じような
加工ができるんだね

❶ 同様にExcelでグラフをコピーし、Wordの［ホーム］タブで［貼り付け］→［図］を選択。

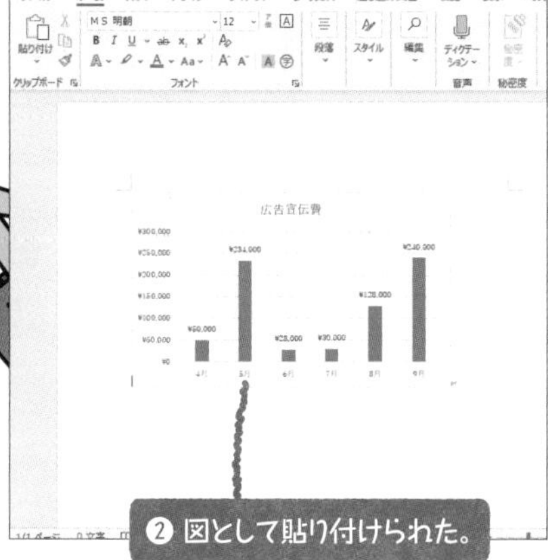

❸ グラフをクリックすると［図の形式］タブが表示される。グラフそのものは変更できないが、トリミングするなど図としての書式は変更できる。

❷ 図として貼り付けられた。

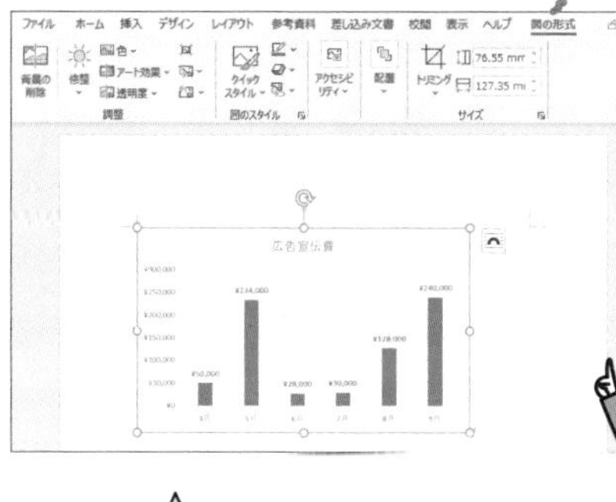

One point

貼り付けた直後に、グラフの右下に表示される［貼り付けのオプション］ボタンをクリックすれば、形式を変更できます。

column

グラフデザインの
3つのポイント

Excel でグラフを作る場合、強調したいポイントを
明確にした上でデザインしないと見る人に伝わりません。

要素を減らす

グラフで扱う項目が多くて複雑だと、作成者の意図を、見た人が読み取りづらくなります。グラフに盛り込む要素を必要最低限に減らせば、データの特徴や分析の観点を把握しやすくなるというメリットもあります。

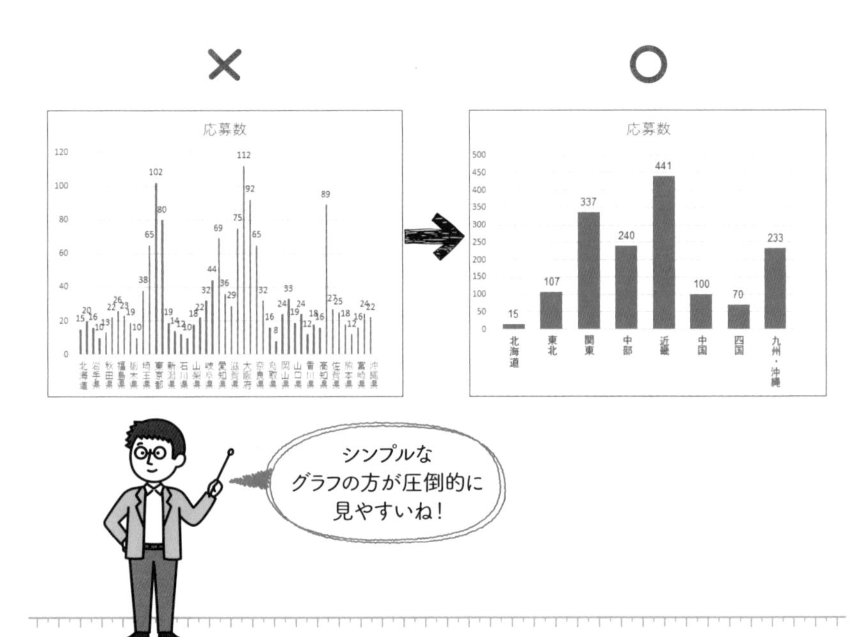

一部分を強調させる

グラフ内で強調したい要素があれば、そこだけ色を変えて見る人の視線を集めるようにします。そのグラフで何を伝えたいのかをわかりやすく示すことができます。

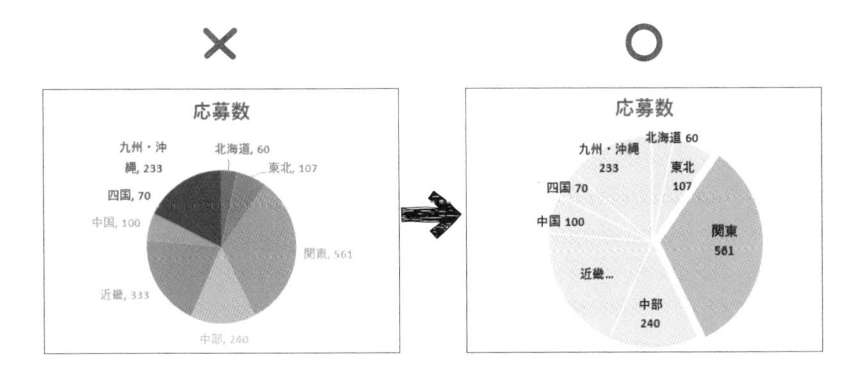

だれもが見やすい色使いにする

人により色の違いが判別しにくいことを考慮するカラーユニバーサルデザイン(CUD)という考え方にそって、明るさを変えるだけでなく、文字を入れたり、模様を変えたりして、個々の要素がきちんと区別できるようにしましょう。

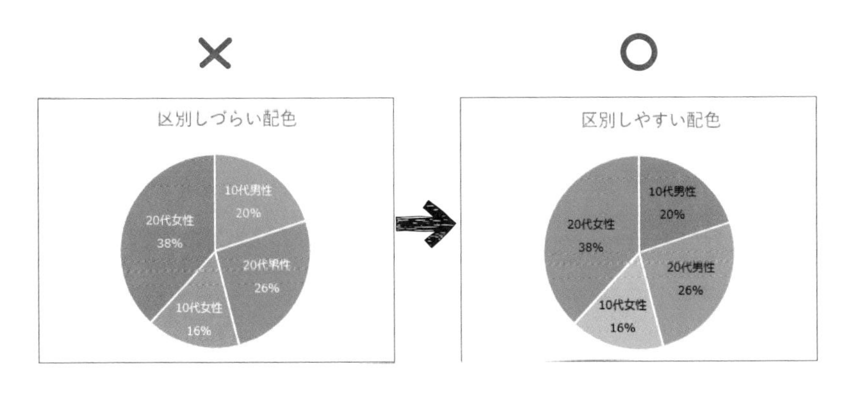

CHOUSOKU
Excel
MIRUDAKE
notes

Chapter 6

見映えが劇的に変わるコスパ最強ワザランキング

わかりやすい資料作りのために、表やグラフの質をアップさせましょう。ちょっとした手間でキレイに仕上げることができます。本章では、数値やセル幅を統一させるワザや見栄えがよいグラフの作り方などを紹介します。

Technique 1

セルの中央に文字を揃えて見出しを見やすくする

時短 ★☆☆
ミス削減 ★★☆
使用頻度 ★★★

様々な設定を駆使することで、データをキレイに・見やすく・わかりやすくしよう。

表のタイトルや長い文字列を複数のセルにまたがって表示されたいときがあります。このようなときには、ホームタブの［セルを結合して中央揃え］ボタンをクリックします。あるいは、以下の手順のように、［セルの書式設定］ダイアログボックスの**［配置］タブで［横位置］を［選択範囲内で中央］に設定します。**この場合、セルは結合されません。

複数のセルにまたがって中央揃え

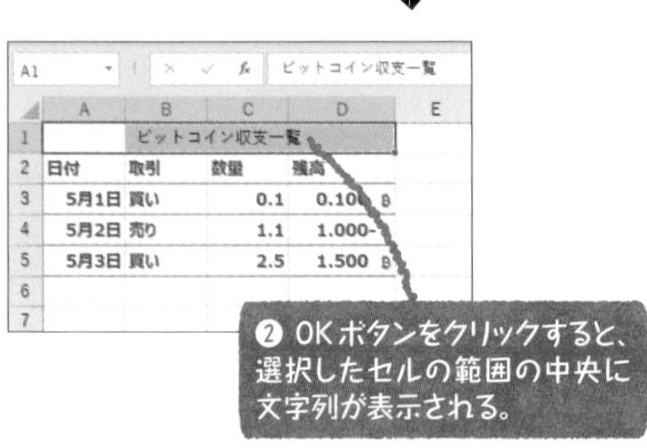

One point

［セルを結合して中央揃え］を使って複数のセルを結合すると、並べ替えや移動などができなくなることがあります。「選択範囲内で中央」であれば、そういった問題が起こりません。

書式設定のうち使用頻度の高い機能は［フォント］［配置］［数値］は、［ホーム］タブの中にあります。それ以外の細かな設定は、P.198で見たように Ctrl + 1 キーを押し、［セルの書式設定］ダイアログボックスを表示して行います。これらの機能を組み合わせて書式を設定し、見やすい表を作成しましょう。

セルの書式を設定して見やすく

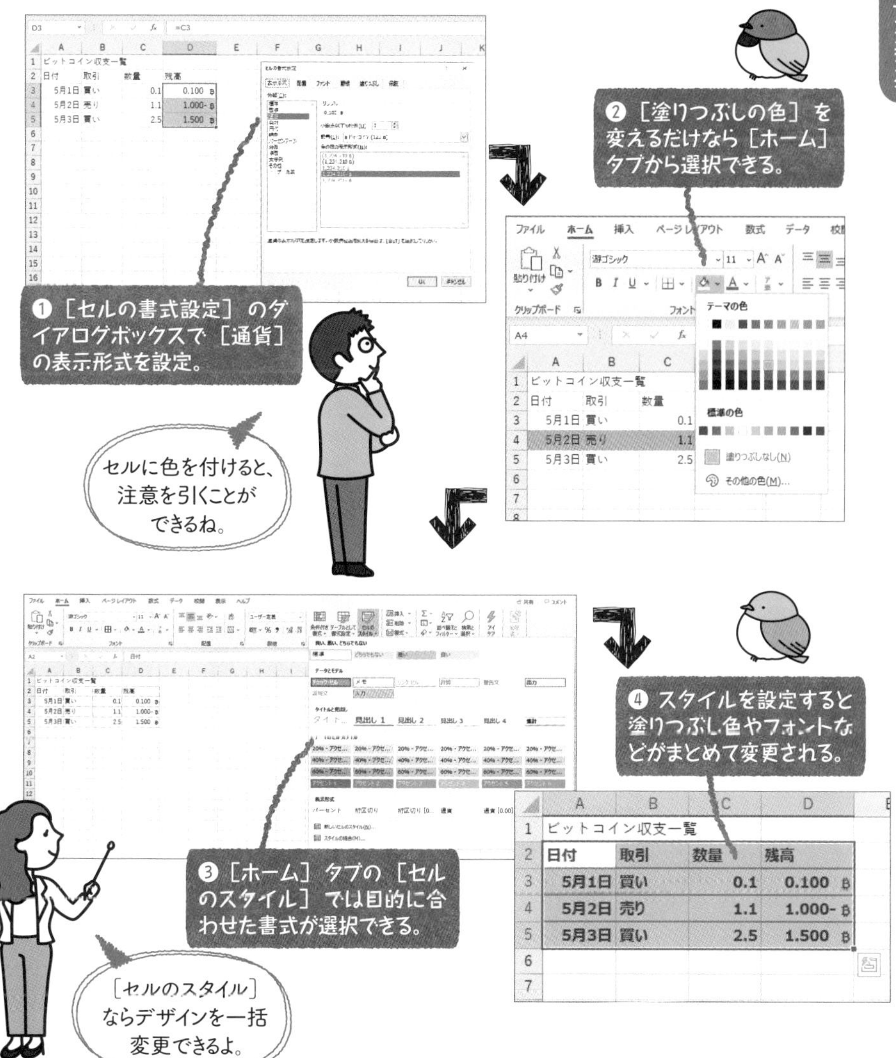

Technique

2 セルの内容に合わせて列の幅を変える

時短 ★★☆
ミス削減 ★★☆
使用頻度 ★★★

セルに入力されている文字列や数値の幅に合わせてセルの幅を自動的に調整するワザを紹介します。

セルの列幅は列番号の境界線をドラッグすれば調整できます。しかし、ドラッグ操作で微調整するのは面倒です。また、大きな表になると、列に入力されている内容がどれだけの幅になるのか分からないこともあります。そこで、**境界線をダブルクリックするというワザを使いましょう**。入力されている内容の最大の幅に合わせて列幅が自動的に変わります。

列幅の変更にはドラッグかダブルクリック

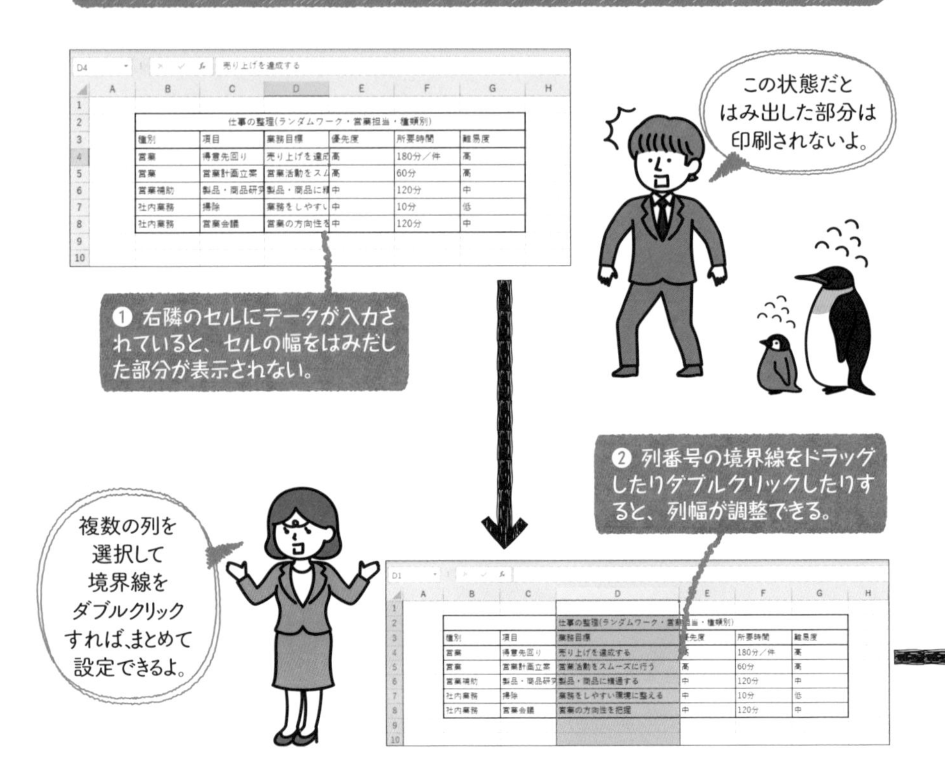

列全体の幅を自動的に調整するには、列番号の境界線をダブルクリックするという方法が使えますが、長い文字列が入力されているセルがあると、列幅が広がりすぎることがあります。そのような場合は、特定のセルの内容に合わせて列幅を自動調整するといいでしょう。［ホーム］タブの［セル］にある［書式］ボタンをクリックして［列の幅の自動設定］を選択します。

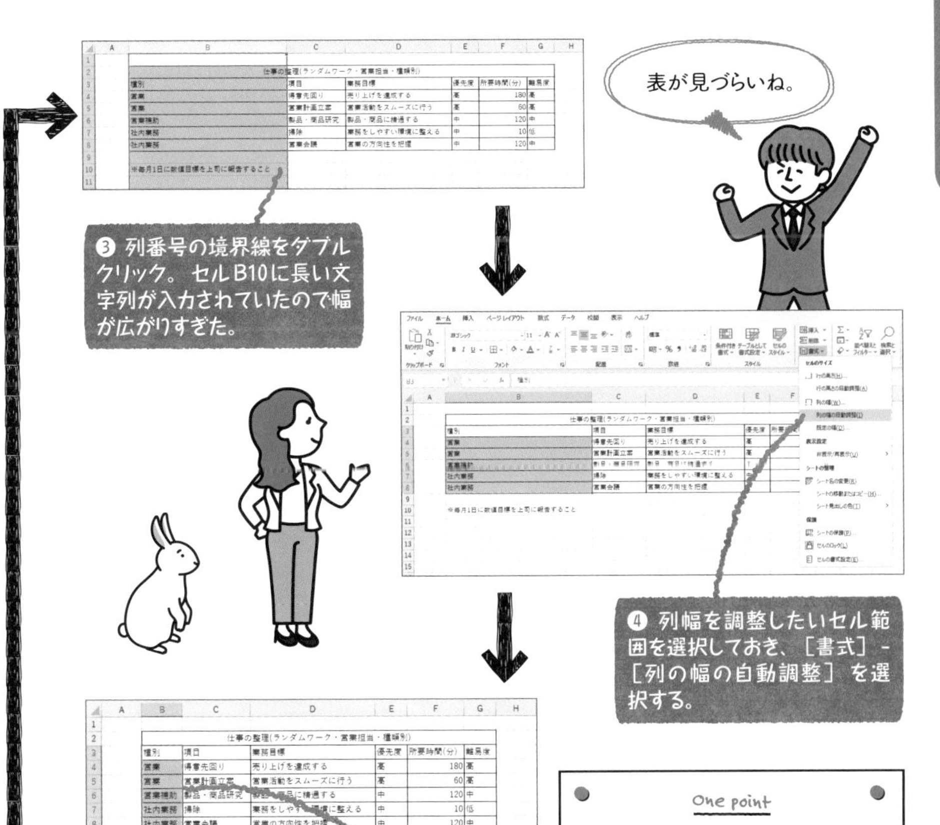

One point

セルの内容が列幅ギリギリに表示されている場合、画面では表示されていても、印刷すると一部が欠けてしまうことがあります。列幅に少し余裕を持たせるか、列番号の境界をダブルクリックして列幅を調整しておくと確実に印刷できます。

Technique 3

他の列と同じ列幅にする

時短 ★★☆
ミス削減 ★★☆
使用頻度 ★★☆

ほかのセルや列と同じ列幅にしたいときには、列幅だけを貼り付ける便利な機能を使いましょう。

全体のバランスを考えながら表の列幅を調整していると、すでに列幅を変更した列と同じ列幅を適用したいことがあります。列見出しの境界でマウスボタンを長押しすると列幅が表示されるので、それを手がかりにするという方法もありますが、列幅だけを貼り付けるという便利な機能を使ったほうが確実で、すばやく操作できます。

コピー元の列幅だけを貼り付ける

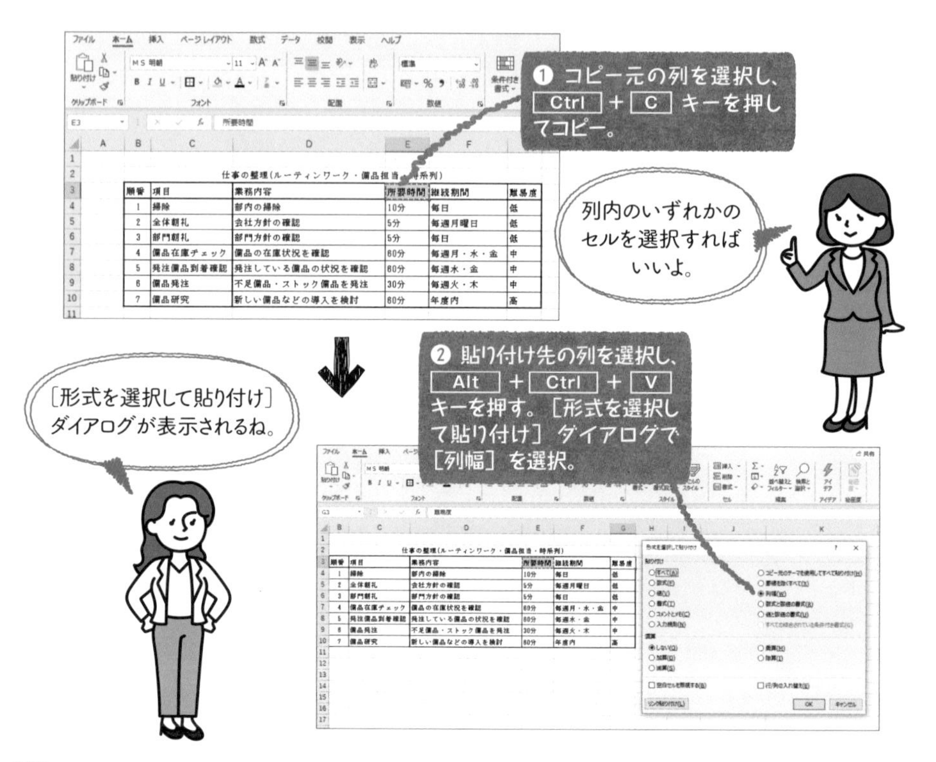

P.208で見た[書式のコピー/貼り付け]では、列幅の貼り付けはできません。また、貼り付けを実行したあと［貼り付けのオプション］ボタンから形式を選択できますが、その中に列幅だけを貼り付けるという設定もありません。列幅だけの貼り付けは［形式を指定して貼り付け］ダイアログボックスでしかできないことに注意してください。

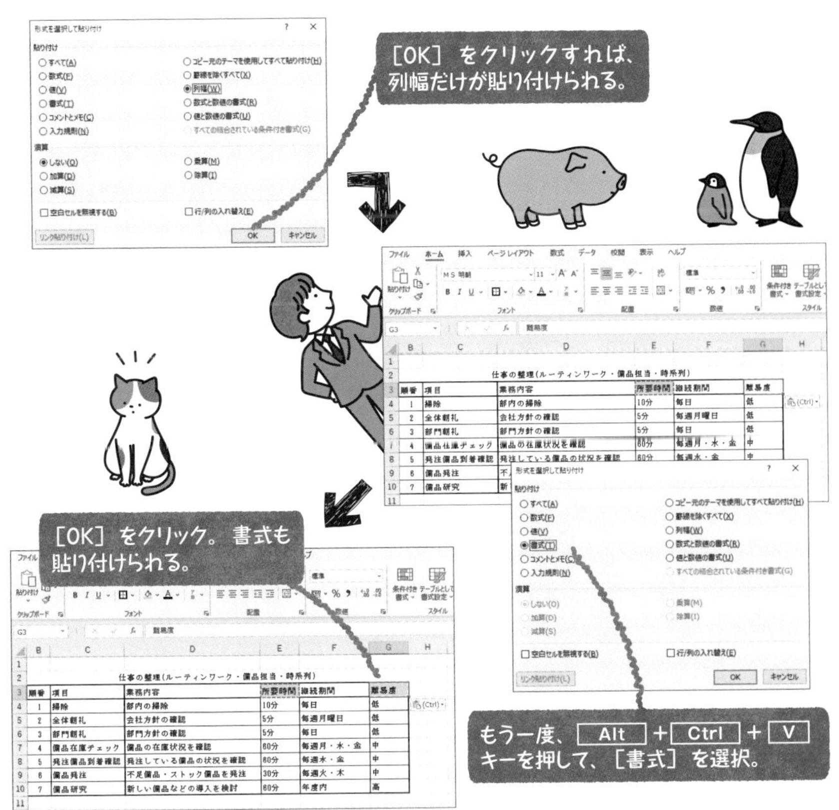

One point

ここではショートカットキーを使ってコピーと貼り付けを行いましたが、右クリックからの操作や［ホーム］タブにある［コピー］ボタンや［貼り付け］ボタンからの操作ももちろん可能です。

セル幅に収まるように文字を表示させる

時短 ★☆☆
ミス削減 ★☆☆
使用頻度 ★☆☆

セルからはみ出している文字列を、セル幅を広げずに収めることができる３つの簡単な設定のやり方を紹介します。

セルに入力した文字列がセルの幅に収まりきらないことはよくあります。列幅を広げることもできますが、ほかのセルが間延びして見える場合もあります。解決方法としては、**セル内で文字列を折り返すという方法や文字を縮小するという方法があります**。またセルを結合するという方法もあります。それぞれ、適した場面・適さない場面があるので順に見ていきましょう。

文字列を折り返してセル内に収める

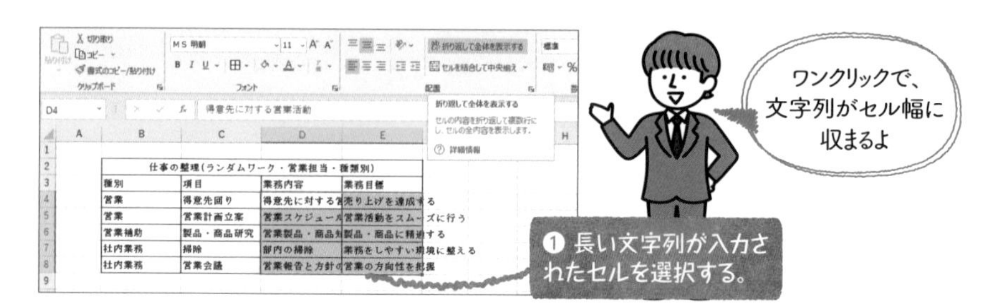

❷ ［ホーム］タブの［配置］にある［折り返して全体を表示する］をクリック。セルの幅に合わせて折り返される。

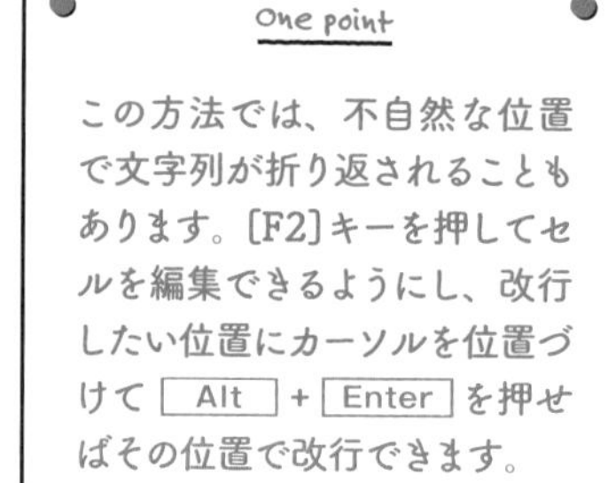

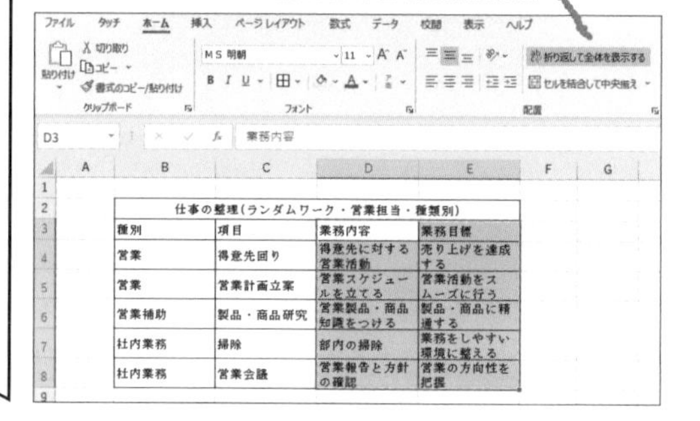

折り返して全体を表示すると行の高さが変わってしまいます。はみ出す文字数が少ない場合は、セルの幅に合わせて文字を縮小するという方法も使えます。この場合、行の高さは変わりません。また、タイトル部分などで右側のセルが空いていれば、セルを結合する方法もあります。ただし、セル結合を行うと並べ替えなどがうまくできなくなることがあるので注意が必要です。

文字の縮小・セルの結合で収める

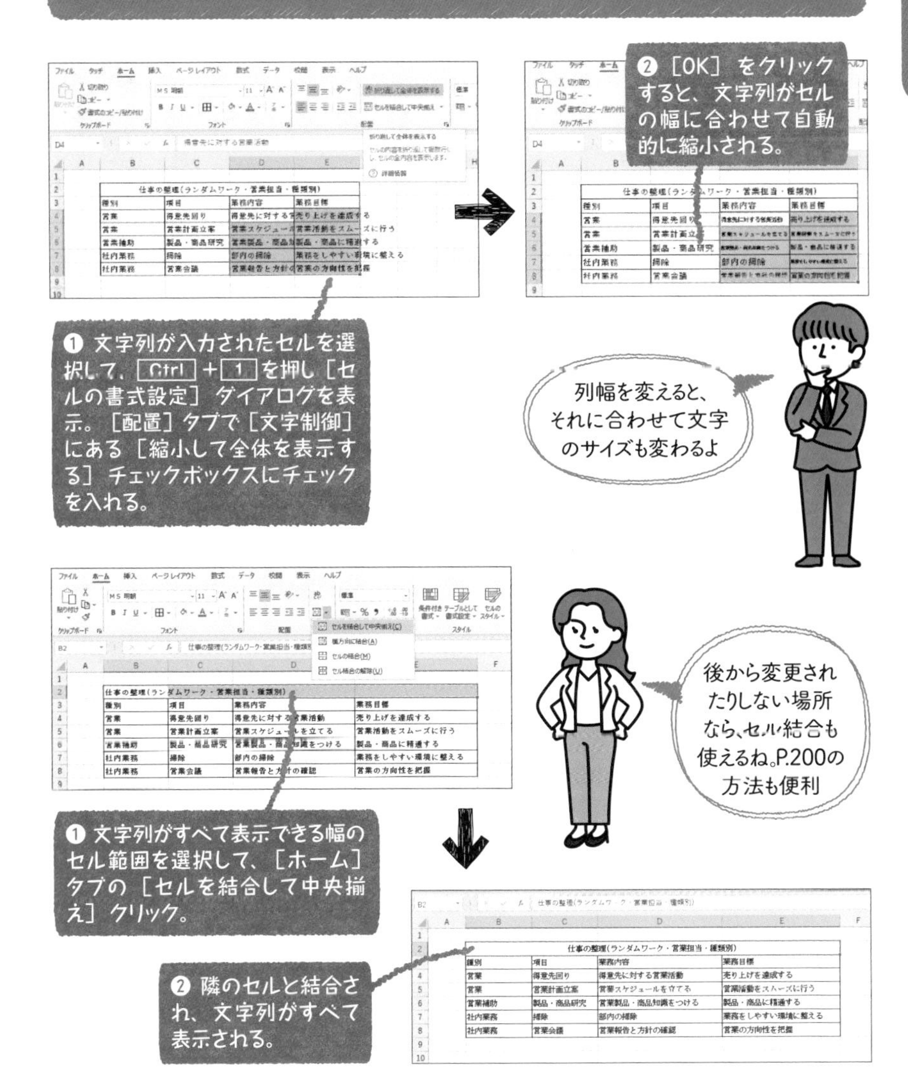

テーブルスタイルで映える表に変身させる

時短 ★★★
ミス削減 ★★☆
使用頻度 ★★★

便利な機能が満載のテーブルを利用して、見栄えのよい使いやすい表に仕上げてみよう。

見やすい表、伝わる表を作る第一歩は、見た目を華やかにすることではなく、表のしくみがきちんと反映されたデザインを適用することです。**テーブルスタイルの機能は、表のしくみを生かして、データをうまく利用できるようにする機能です**。さらに、それに合わせたデザインが選べるので、首尾一貫した表が作成できます。

テーブルに変換して見やすいデザインにする

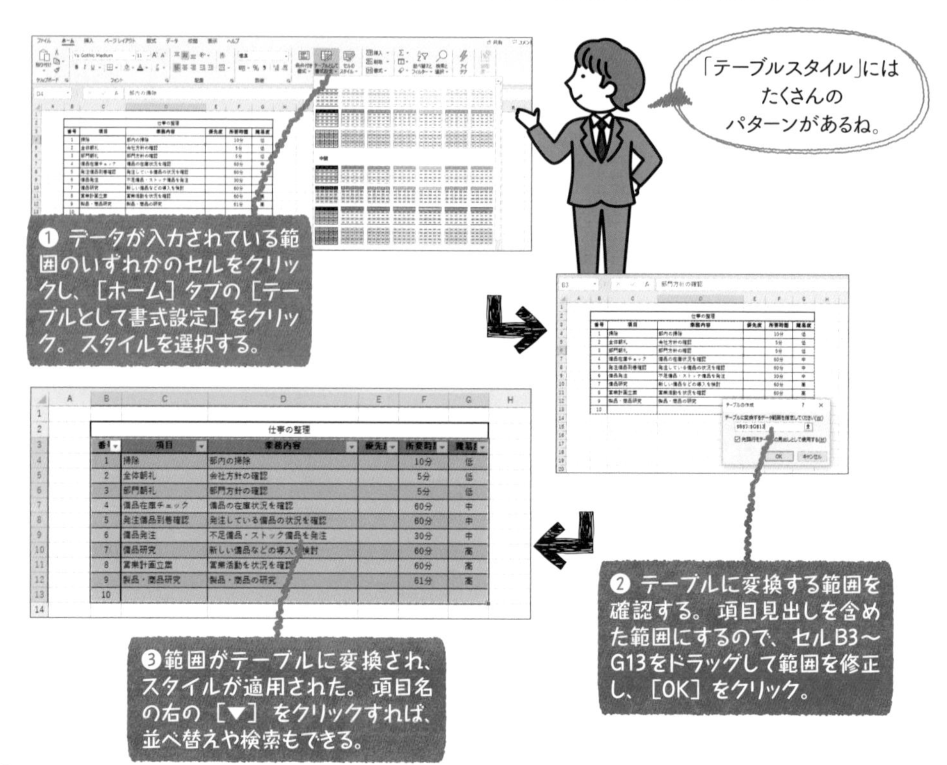

テーブル機能では、決まったスタイルを適用するだけでなく、細かなデザインの設定もできます。たとえば、横縞を縦縞に変更することも簡単です。なお、テーブルの設定を解除するには、テーブル内のいずれかのセルをクリックし、［テーブルデザイン］タブの［ツール］にある［範囲に変換］を選択します。テーブルの設定は解除されますが、書式は削除されずにそのまま残ります。

テーブルのデザインを変更する

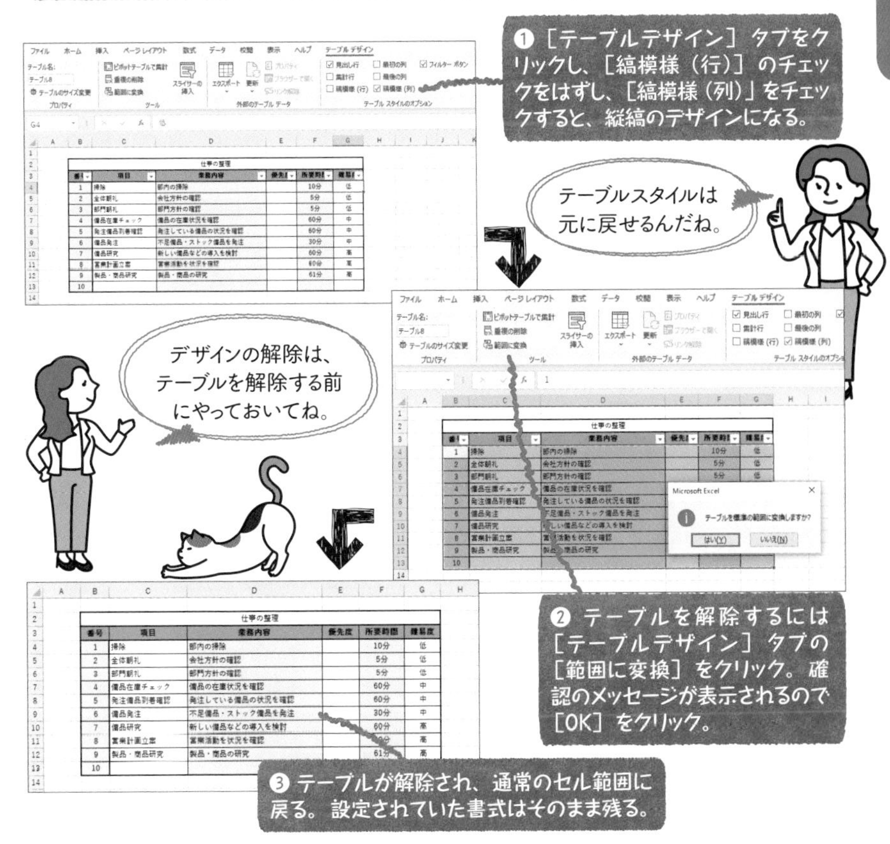

One point

テーブルを範囲に戻す前に、設定された書式を解除しておきたいときは、［テーブルデザイン］タブの［テーブルデザイン］の右にある［▼］をクリックし、［クリア］を選択します。

Technique 6

「書式のコピー」で表の書式を再利用する

時短 ★★☆
ミス削減 ★★☆
使用頻度 ★★☆

すでに設定した書式と同じ書式をほかのセルでも使いたいときには、「書式のコピー / 貼り付け」がとても便利です。

苦労して設定したセルの書式を、ほかのセルにも同じように設定したいことはよくあります。このとき、同じ書式であるにもかかわらず、一から設定し直すのは時間の無駄です。**[書式のコピー / 貼り付け] を利用すれば、一瞬で同じ書式をほかのセルにも適用できます**。この機能はセル範囲だけでなく、図形やグラフ内の文字列などにも使えます。

設定した書式をほかの範囲に貼り付け

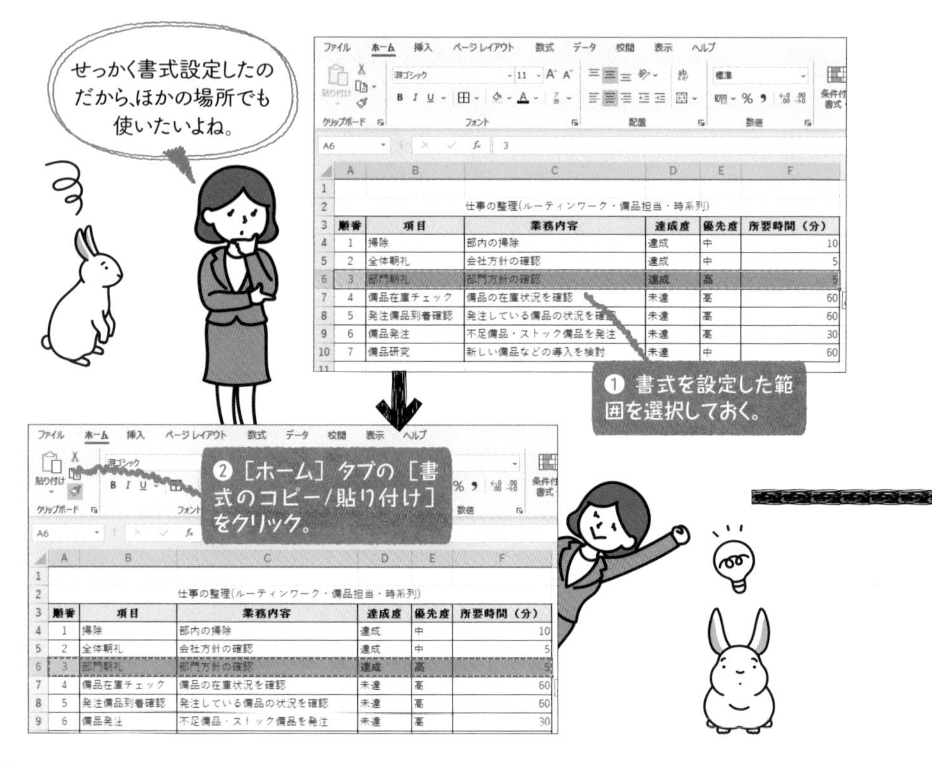

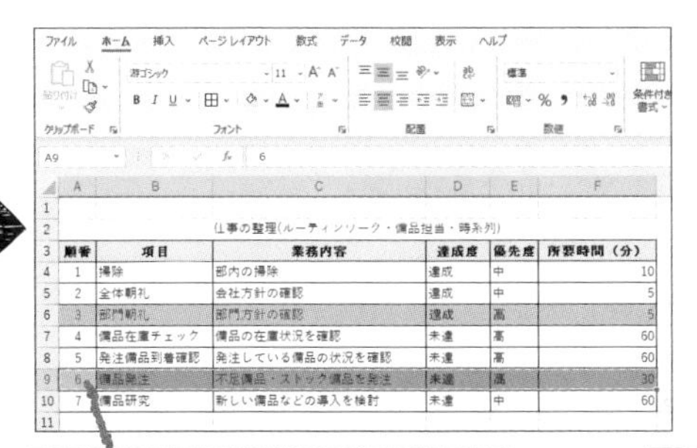

仕事の整理(ルーティンワーク・備品担当・時系列)

順番	項目	業務内容	達成度	優先度	所要時間（分）
1	掃除	部内の掃除	達成	中	10
2	全体朝礼	会社方針の確認	達成	中	5
3	部門朝礼	部門方針の確認	達成	高	5
4	備品在庫チェック	備品の在庫状況を確認	未達	高	60
5	発注備品到着確認	発注している備品の状況を確認	未達	高	60
6	備品発注	不足備品・ストック備品を発注	未達	高	30
7	備品研究	新しい備品などの導入を検討	未達	中	60

❸ 貼り付け先の先頭のセルをクリックすると書式が貼り付けられる。

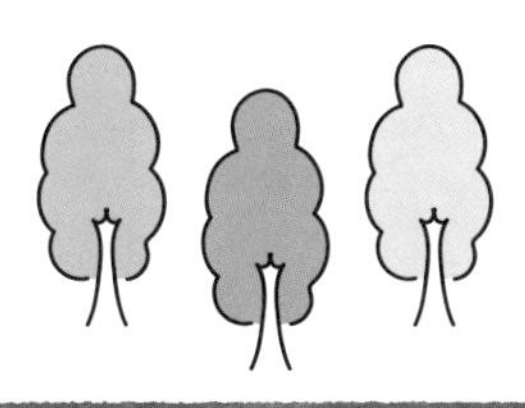

❹ 書式のコピー元を選択し、［書式のコピー/貼り付け］をダブルクリック。

仕事の整理(ルーティンワーク・備品担当・時系列)

順番	項目	業務内容	達成度	優先度	所要時間（分）
1	掃除	部内の掃除	達成	中	10
2	全体朝礼	会社方針の確認	達成	中	5
3	部門朝礼	部門方針の確認	達成	高	5
4	備品在庫チェック	備品の在庫状況を確認	未達	中	60
5	発注備品到着確認	発注している備品の状況を確認	未達	高	60
6	備品発注	不足備品・ストック備品を発注	未達	中	30
7	備品研究	新しい備品などの導入を検討	未達	中	60

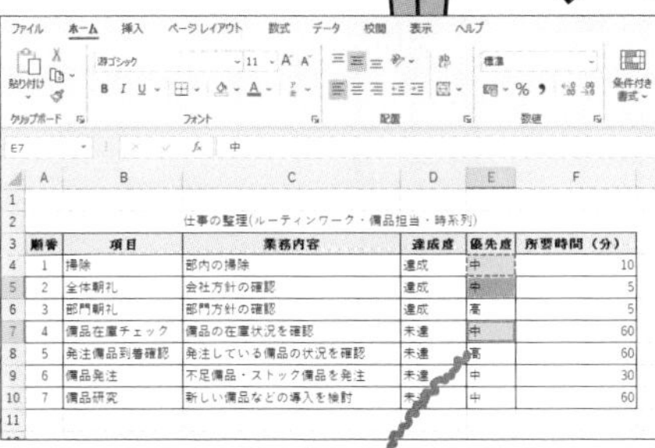

仕事の整理(ルーティンワーク・備品担当・時系列)

順番	項目	業務内容	達成度	優先度	所要時間（分）
1	掃除	部内の掃除	達成	中	10
2	全体朝礼	会社方針の確認	達成	中	5
3	部門朝礼	部門方針の確認	達成	高	5
4	備品在庫チェック	備品の在庫状況を確認	未達	中	60
5	発注備品到着確認	発注している備品の状況を確認	未達	高	60
6	備品発注	不足備品・ストック備品を発注	未達	中	30
7	備品研究	新しい備品などの導入を検討	未達	中	60

❺ 貼り付け先を順にクリックする。同じ書式がいくらでも設定できる。

❻ 貼り付け先をドラッグすれば、複数の範囲にも貼り付けられる。

仕事の整理(ルーティンワーク・備品担当・時系列)

順番	項目	業務内容	達成度	優先度	所要時間（分）
1	掃除	部内の掃除	達成	中	10
2	全体朝礼	会社方針の確認	達成	中	5
3	部門朝礼	部門方針の確認	達成	高	5
4	備品在庫チェック	備品の在庫状況を確認	未達	中	60
5	発注備品到着確認	発注している備品の状況を確認	未達	高	60
6	備品発注	不足備品・ストック備品を発注	未達	中	30
7	備品研究	新しい備品などの導入を検討	未達	中	60

One point

「優先度」によって書式を変えたいといったルールがある場合には、手作業で書式をコピーするよりも、条件付き書式を使うほうが効果的です。P.112を参照してください。

貼り付けを終了するには［Esc］を押すか、［書式のコピー/貼り付け］をもう一度クリックすればいいよ。

Technique 7

条件に合ったセルだけ自動的に色を付ける

時短 ★★☆
ミス削減 ★★☆
使用頻度 ★★☆

条件に合ったデータを見つけ出し、セルの塗りつぶし色などを自動的に変える「条件付き書式」を使いこなそう。

目標の売上金額を上回る値が入力されているセルにだけ色を付けたいというような場合には「条件付き書式」が便利です。金額や数量などが基準値よりも「大きい」「小さい」といった条件や、指定した文字列が含まれているかといった条件が指定できます。あるセルの値を元に、別のセルの書式を変更したいといったときには、数式を使って条件を指定することもできます。

値によってセルを色分けする

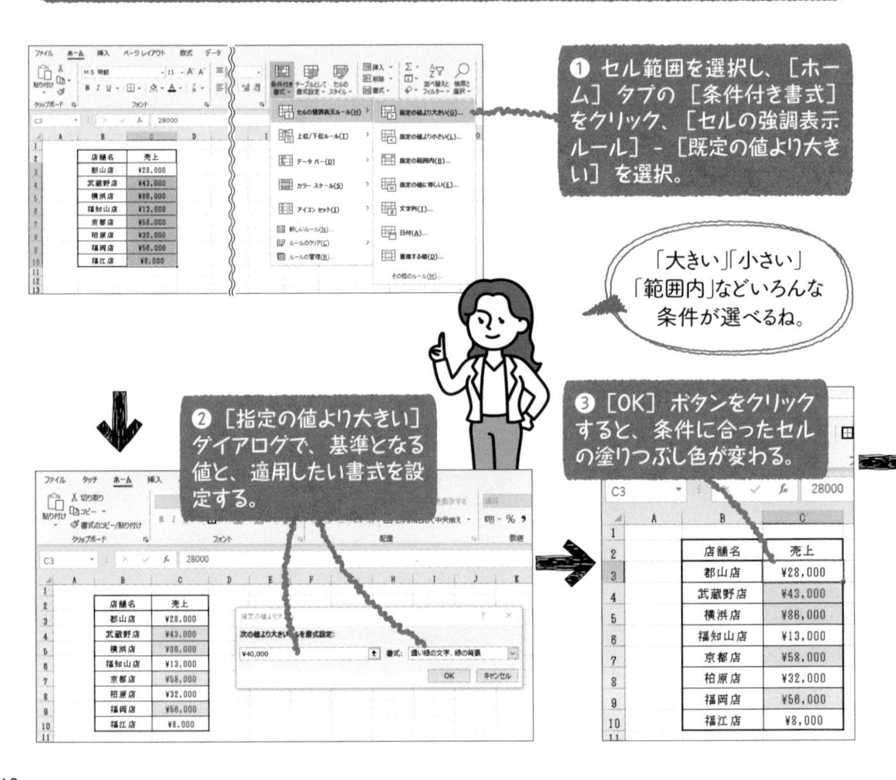

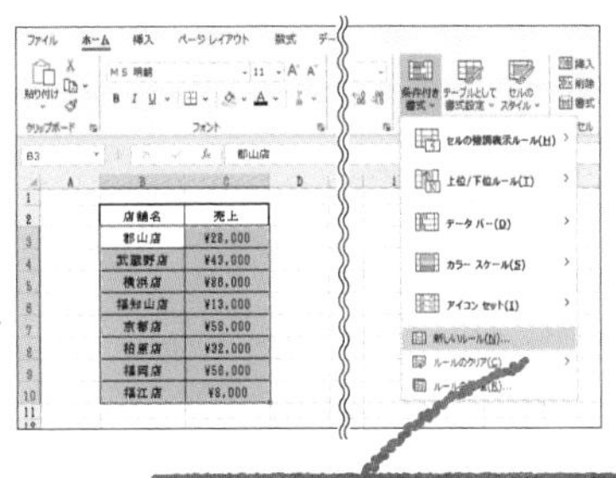

❺ セルB3～C10を選択しておき、同様に、[新しいルール]をクリックする。

One point

数式の「$C3」は列が絶対参照、行が相対参照なので、列はC列に固定されていますが、行は書式を設定するセルに合わせて変わります。たとえば、セルB3から見ると「C3」のセルを表すので「セルC3が40000以上のとき、セルB3の書式を変える」という意味になります。また、セルB4から見ると「セルC4が40000以上のとき」という条件になります。

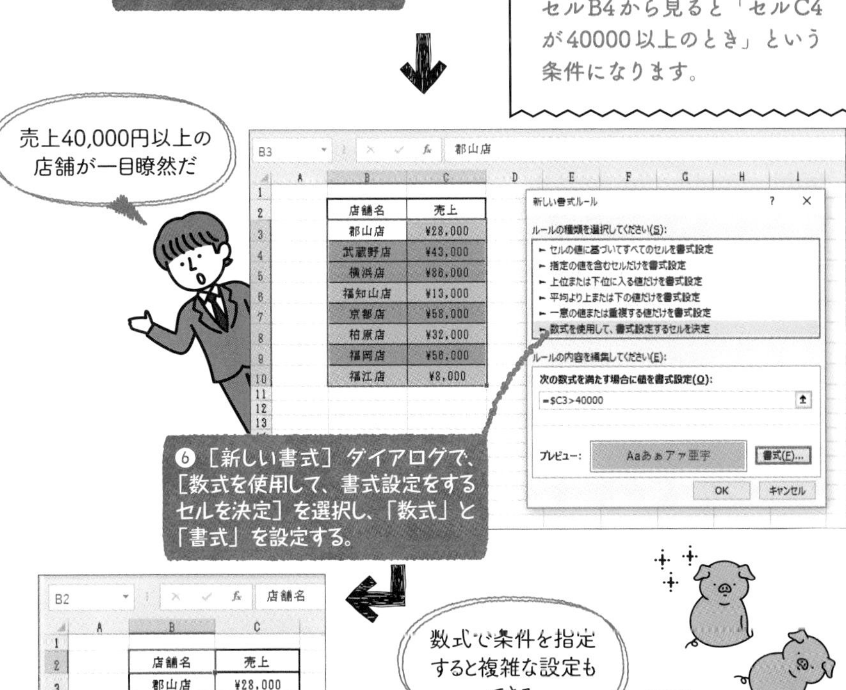

❻ [新しい書式] ダイアログで、[数式を使用して、書式設定をするセルを決定] を選択し、「数式」と「書式」を設定する。

B2 店舗名

店舗名	売上
郡山店	¥28,000
武蔵野店	¥43,000
横浜店	¥86,000
福知山店	¥13,000
京都店	¥58,000
柏原店	¥32,000
福岡店	¥56,000
福江店	¥8,000

❻ [OK] をクリックすると、値が入力されているセルだけでなく、ほかのセルの書式も変わる。

数式で条件を指定すると複雑な設定もできる。

Technique

8 パーセントスタイルで割合を見やすくする

時短 ★★☆
ミス削減 ★★☆
使用頻度 ★★☆

割合（比率）を表す数値は、小数で表示するよりも一目瞭然のパーセント表示にしましょう。

全体の中でどの程度の割合を占めるかという「構成比」や、前年度に比べてどれだけ売上が増えたかといった「伸び率」は、小数で表されます。しかし、小数のまま表示するよりは、パーセント表示にしたほうが割合（比率）であることや細かな値がよく分かります。**設定方法は、[ホーム] タブの [パーセント表示] ボタンをクリックするだけです**。

構成比はパーセント表示で

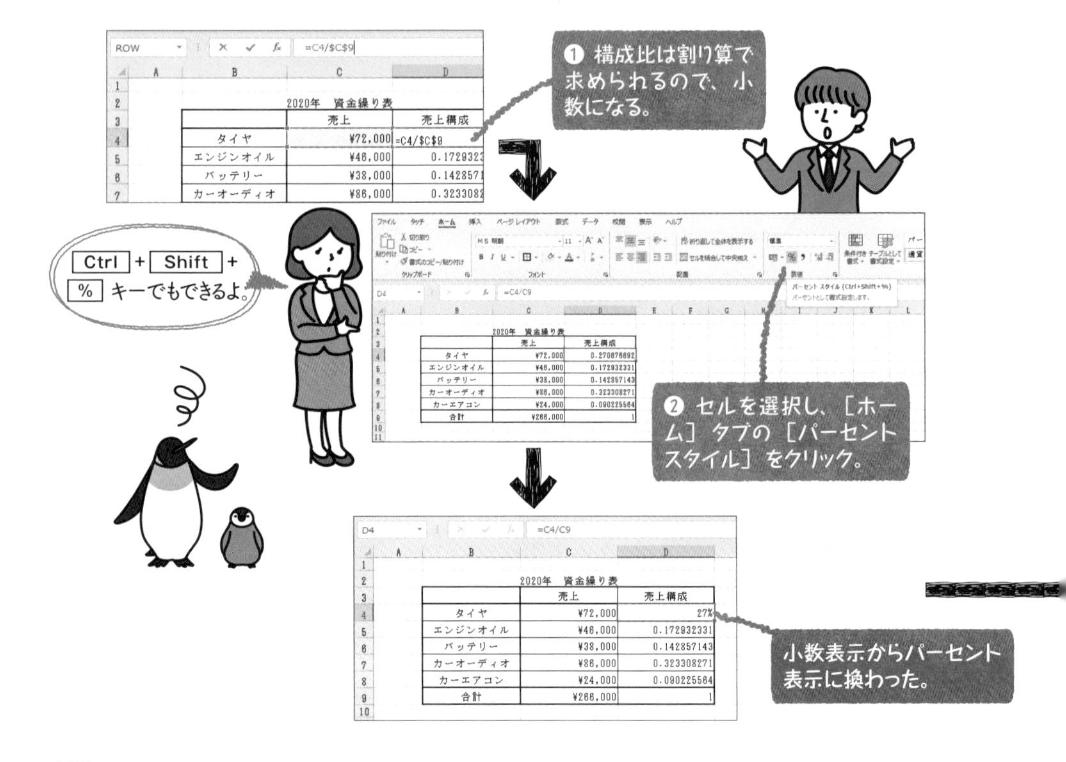

	2020年　資金繰り表	
	売上	売上構成
タイヤ	¥72,000	27%
エンジンオイル	¥46,000	0.172932331
バッテリー	¥38,000	0.142857143
カーオーディオ	¥86,000	0.323308271
カーエアコン	¥24,000	0.090225564
合計	¥266,000	1

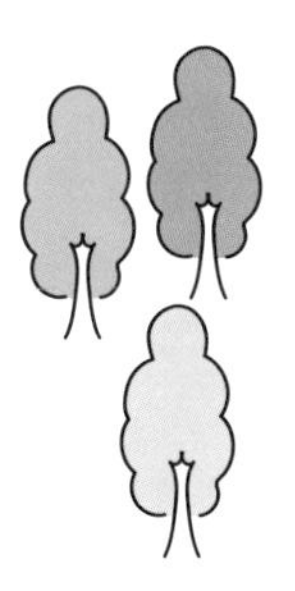

残りも同様に設定するために、セル範囲を選択し、［ホーム］タブの［パーセントスタイル］をクリック。

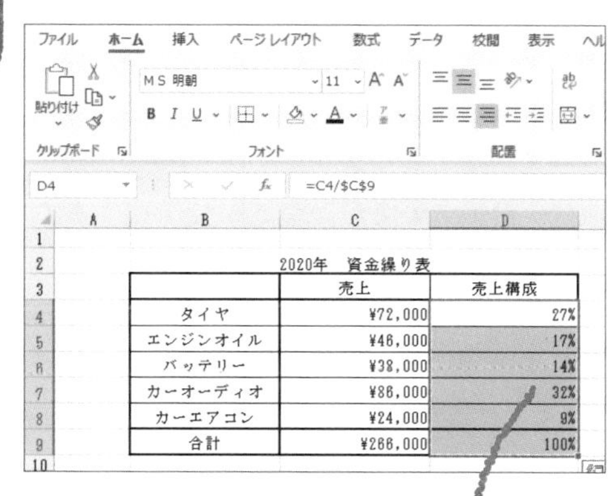

	2020年　資金繰り表	
	売上	売上構成
タイヤ	¥72,000	27%
エンジンオイル	¥46,000	17%
バッテリー	¥38,000	14%
カーオーディオ	¥86,000	32%
カーエアコン	¥24,000	9%
合計	¥266,000	100%

この例だと、最初からすべての範囲を選択してパーセントスタイルを設定したほうが手っ取り早いね。

すべてパーセント表示になる。小数点以下は四捨五入されて表示されるので、値を足すと「合計」の100%とは異なる値になることもある。

	2020年　資金繰り表	
	売上	売上構成
タイヤ	¥72,000	27.1%
エンジンオイル	¥46,000	17.3%
バッテリー	¥38,000	14.3%
カーオーディオ	¥86,000	32.3%
カーエアコン	¥24,000	9.0%
合計	¥266,000	100.0%

［小数点以下の表示桁数を増やす］ボタンをクリックすれば、小数点以下も表示できる。

小数のままだと細かな割合が分かりにくいけど、パーセント表示にすると、100分の1やそれ以下の値もよく分かるね。

One point

パーセントスタイルにすると、0.01が1%、0.1が10%と表示されます。なお、セルに「10%」というように入力すれば、自動的にパーセントスタイルで表示されます（セルに入力されている値は0.1です）。

西暦表示の日付を和暦表示に変更する

時短 ★★☆
ミス削減 ★☆☆
使用頻度 ★☆☆

西暦で表示される「年」を和暦での表示にするのも簡単。セルの表示形式を変更するだけでOKです。

資料や報告書としてワークシートを提出するとき、「年」を和暦で表示するように求められることがあります。特に何も指定せずに日付を入力すると、「年」は西暦での年とみなされますが、**［セルの書式設定］ダイアログボックスを利用すれば、和暦での表示に変えることができます**。「令和」「平成」「昭和」などの年号も日付から自動的に判定されて表示されます。

西暦を昭和・平成・令和の表示にする

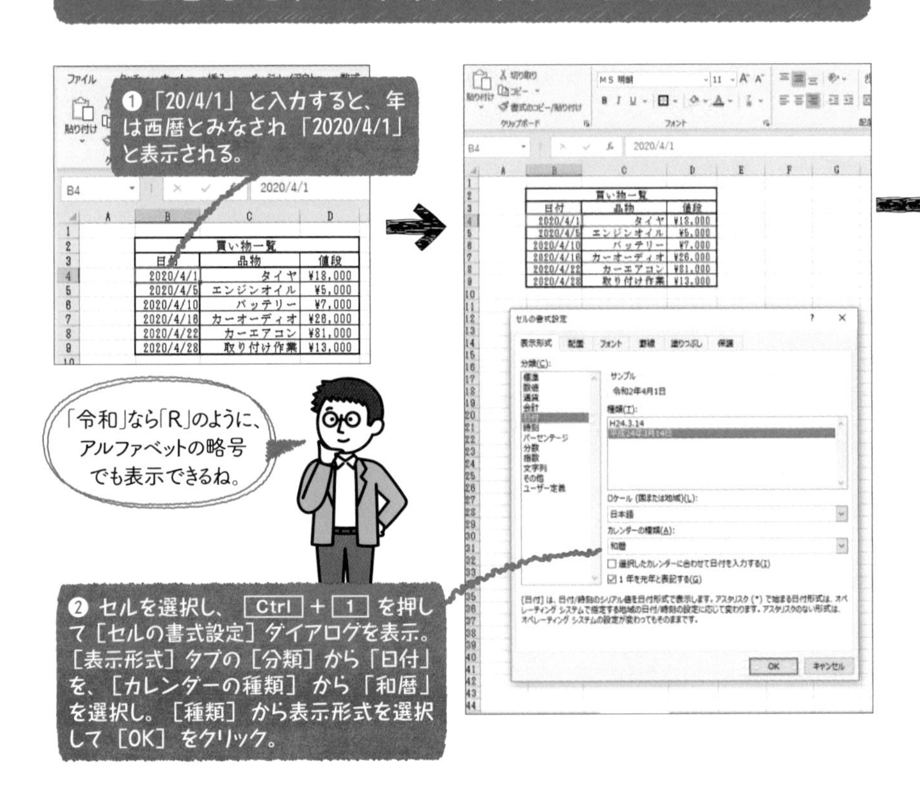

この例なら、最初からすべてのセルを選択して設定すれば操作が一度で済むね。

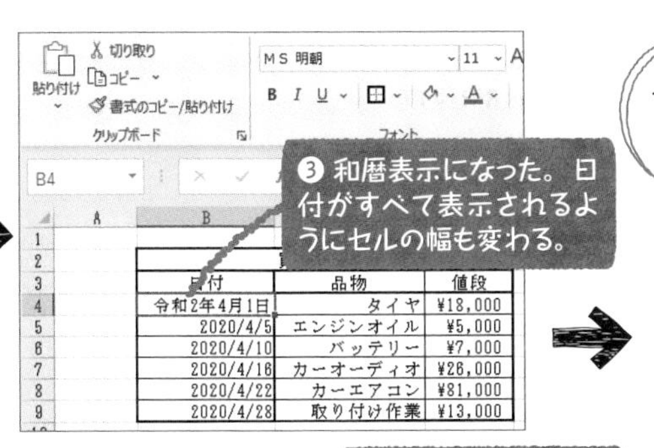

❸ 和暦表示になった。日付がすべて表示されるようにセルの幅も変わる。

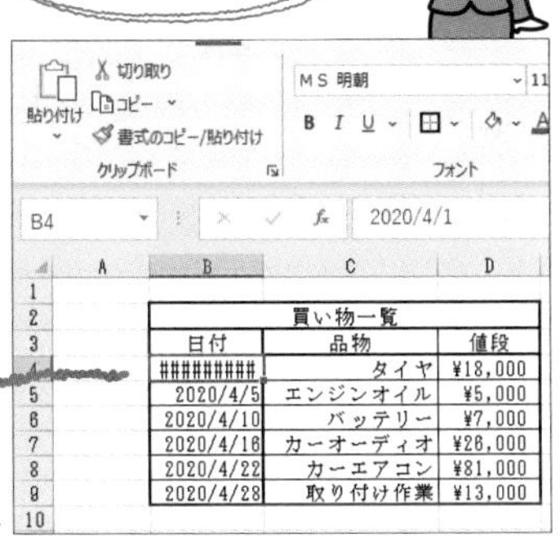

❹ セルの幅を小さくすると、表示しきれずに「#」が表示されてしまうことに注意。

❺ セル範囲を選択しておけば、同じ手順で一度に表示形式を設定できる。

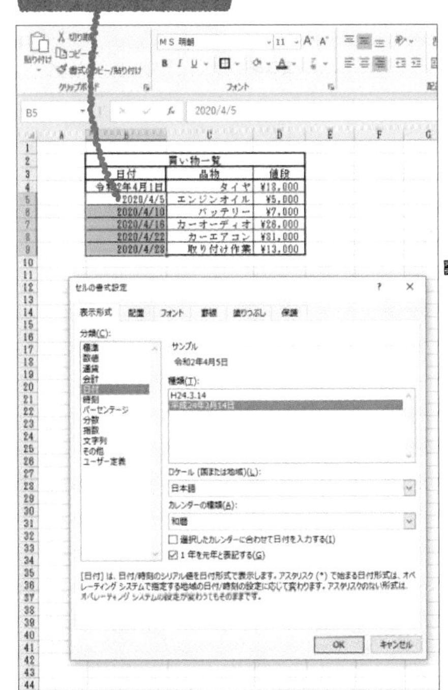

❻ すべて和暦表示になった。

日付	品物	値段
令和2年4月1日	タイヤ	¥18,000
令和2年4月5日	エンジンオイル	¥5,000
令和2年4月10日	バッテリー	¥7,000
令和2年4月16日	カーオーディオ	¥26,000
令和2年4月22日	カーエアコン	¥81,000
令和2年4月28日	取り付け作業	¥13,000

One point

最初から「R2.4.4」と入力しても和暦で表示されます。また、間違って「R1.4.1」と入力すると自動的に年号が訂正され「H31.4.1」と表示されます。なお、文字列とは異なり、数値や日付の幅がセルからはみ出すときには「#」が表示されることに注意してください。セルの幅を広げれば正しく内容が表示されます。

Technique

10 四捨五入を使い分ける

時短 ★★☆
ミス削減 ★★★
使用頻度 ★★☆

小数点以下の値がある数値を四捨五入して表示したり、値そのものを四捨五入する方法をまとめてマスターしよう。

平均点などを求めるときに、値が割り切れない場合には小数点以下の桁数が多くなります。すでにP.106で小数点以下の桁数を変える方法を見ましたが、その場合、値は四捨五入されて表示されますが、実際の値は変わりません。一方、四捨五入したい値そのものを求めたい場合もあります。それらの方法の違いを比較しながら使い分ける方法を見ていきましょう。

小数点以下の桁数は四捨五入される

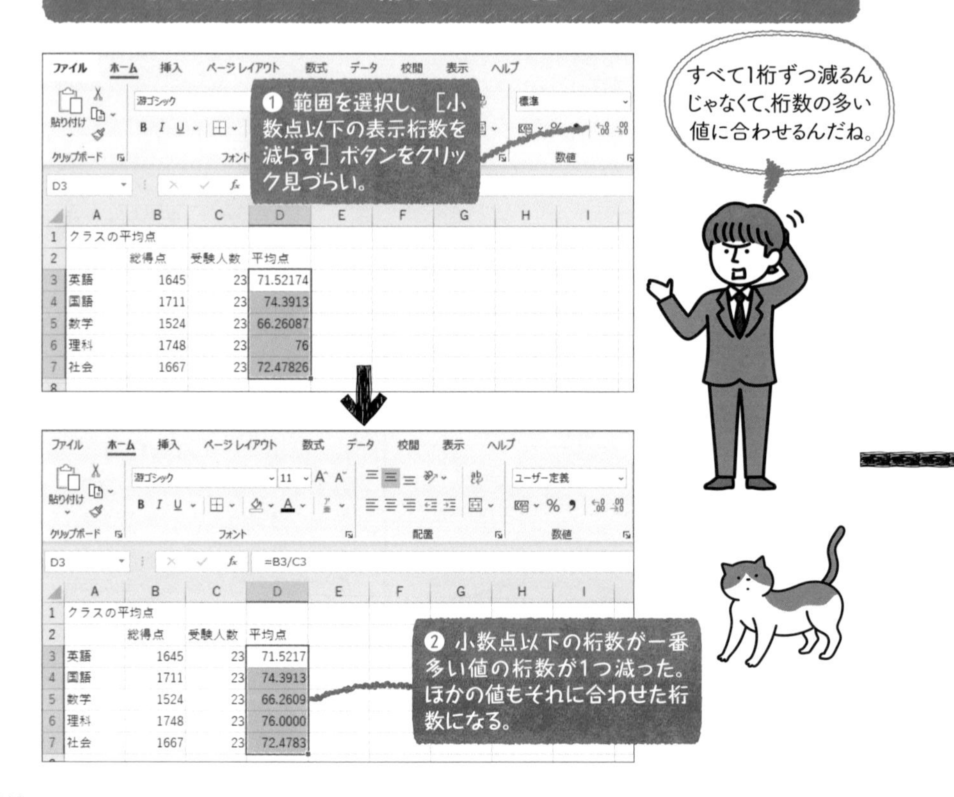

❸ 同じ操作でさらに小数点以下の桁数を減らす。最後の桁は四捨五入された値になっている。ただし、元の値は変更されていない。単に四捨五入された表示になっているだけなので、計算に使うときは元の値が使われる。

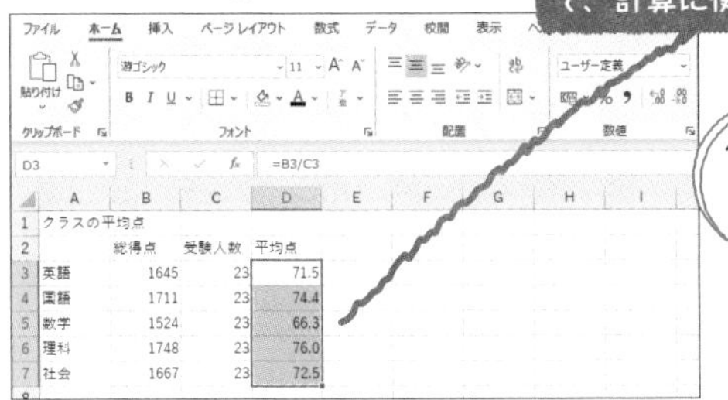

	A	B	C	D
1	クラスの平均点			
2		総得点	受験人数	平均点
3	英語	1645	23	71.5
4	国語	1711	23	74.4
5	数学	1524	23	66.3
6	理科	1748	23	76.0
7	社会	1667	23	72.5

	A	B	C	D
1	クラスの平均点			
2		総得点	受験人数	平均点
3	英語	1645	23	(B3/C3,1)
4	国語	1711	23	
5	数学	1524	23	
6	理科	1748	23	
7	社会	1667	23	

関数の引数
ROUND
数値 B3/C3 = 71.52173913
桁数 1 = 1
= 71.5
数値を指定した桁数に四捨五入した値を返します。
桁数 には四捨五入する桁数を指定します。桁数に負の数を指定すると、小数点の左側（整数部分）の指定した桁（1の位を0とする）に、0を指定すると、最も近い整数として四捨五入されます。
数式の結果 = 71.5
この関数のヘルプ(H) OK キャンセル

❹ 値そのものを四捨五入するには、ROUND関数を使う。［挿入］タブから［数学/三角］-［ROUND］を選択し、［数値］に平均を求める式を入力。［桁数］には四捨五入する桁を指定する。小数点以下1桁まで求めるなら、1を指定すればよい。

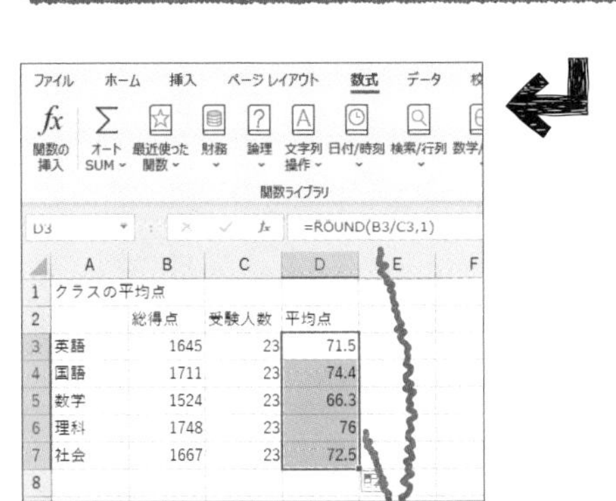

	A	B	C	D
1	クラスの平均点			
2		総得点	受験人数	平均点
3	英語	1645	23	71.5
4	国語	1711	23	74.4
5	数学	1524	23	66.3
6	理科	1748	23	76
7	社会	1667	23	72.5

❺ 関数を入力したら下方向にコピーしておく。この場合は、表示だけが四捨五入された値になっているのではなく、値そのものが四捨五入されている。

One point

表示形式の設定によって小数点以下の桁数を指定した場合は、表示が変わるだけで値そのものは変わりません。一方、ROUND関数を使うと値そのものが四捨五入されます。ただし、図のセルD6のように、四捨五入しても値が変わらない場合はそのまま表示されるので、小数点以下の桁数を揃えたい場合は、表示形式を変更する必要があります。

Technique 11

グラフのデザインを揃えて比較しやすくする

時短 ★★☆
ミス削減 ★☆☆
使用頻度 ★★☆

すでに作成したグラフをコピーして、データの範囲だけを変えれば、同じデザインのグラフが簡単に作成できる

同じ形式のデータを元に複数のグラフを作成して比較したいような場合、それらのグラフは同じデザインにしておくのが普通です。**いちいち同じ書式を設定するのは面倒なので、グラフそのものをコピーして、データの範囲だけを変えるというライフハックを活用しましょう**。また、比較する必要がない場合でも、異なる複数のグラフを並べるなら、サイズを揃えたほうがいいでしょう。

コピーを使って新しいグラフを作る

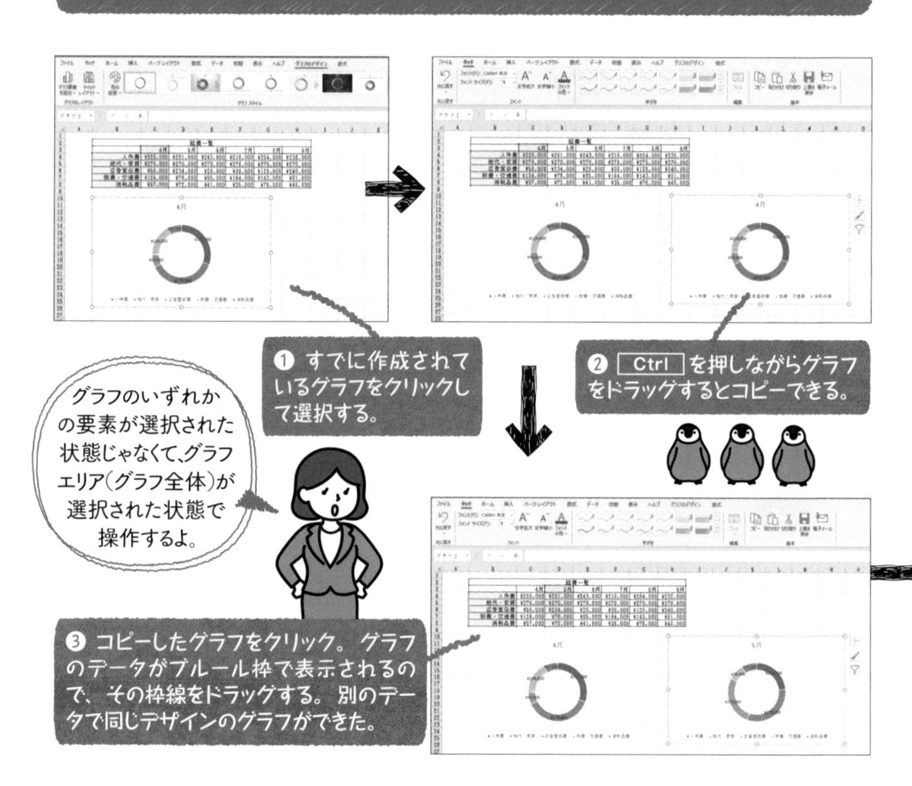

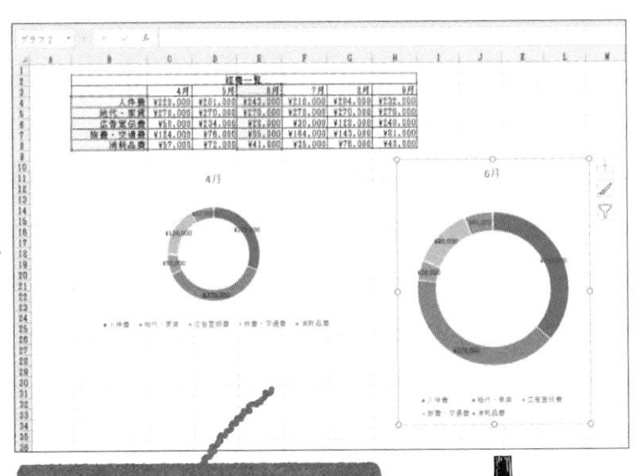

④ 同じワークシートにあるならグラフのサイズは揃えたい。

⑤ グラフエリアをダブルクリックして、[グラフエリアの書式設定] 作業ウィンドウを表示。[サイズとプロパティ] ボタンをクリックして、高さや幅を指定する。

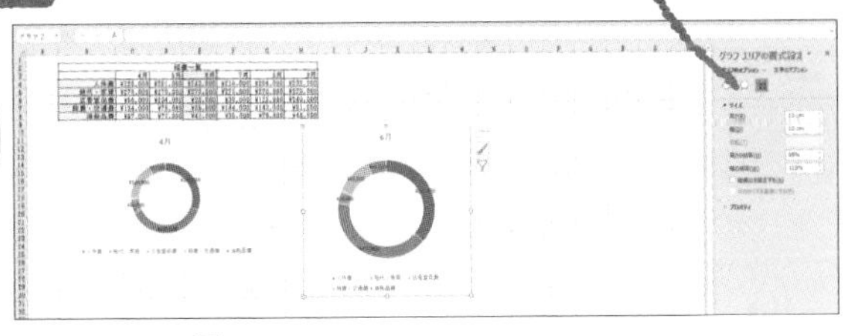

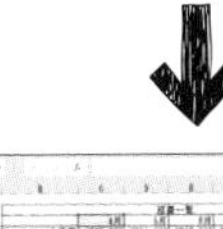

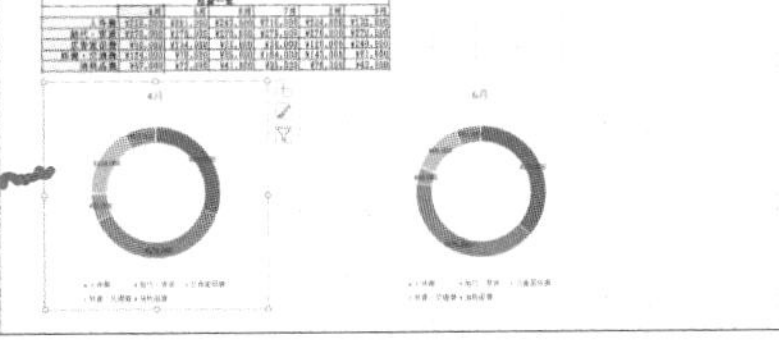

One point

[グラフエリアの書式設定] が表示されている状態で、ほかのグラフを Ctrl +クリックまたは Shift +クリックすると、複数のグラフが選択できます。そのまま、グラフのサイズを指定すると複数のグラフのサイズが同時に変わります。なお、複数の選択を解除したいときには Esc キーを押すか、グラフ以外の部分をクリックします。

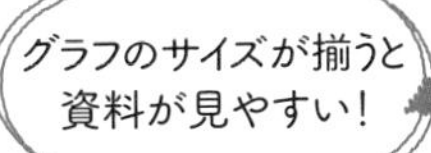

Technique 12

折れ線グラフが途中で途切れないようにする

時短 ★★☆
ミス削減 ★★★
使用頻度 ★★☆

欠測値のせいで途切れてしまった折れ線グラフをつないで表示する方法を紹介します。

データに欠測値があると折れ線グラフが途中で途切れてしまいます。欠測値があるということはよく分かるのですが、**傾向や推移を把握したいときにはグラフをつないだほうが見やすくなります**。［データの選択］で設定ができるので、その方法を確認しておきましょう。また、非表示にした行や列があっても、グラフに表示しておく方法も見てみます。

折れ線グラフをつないで見やすくする

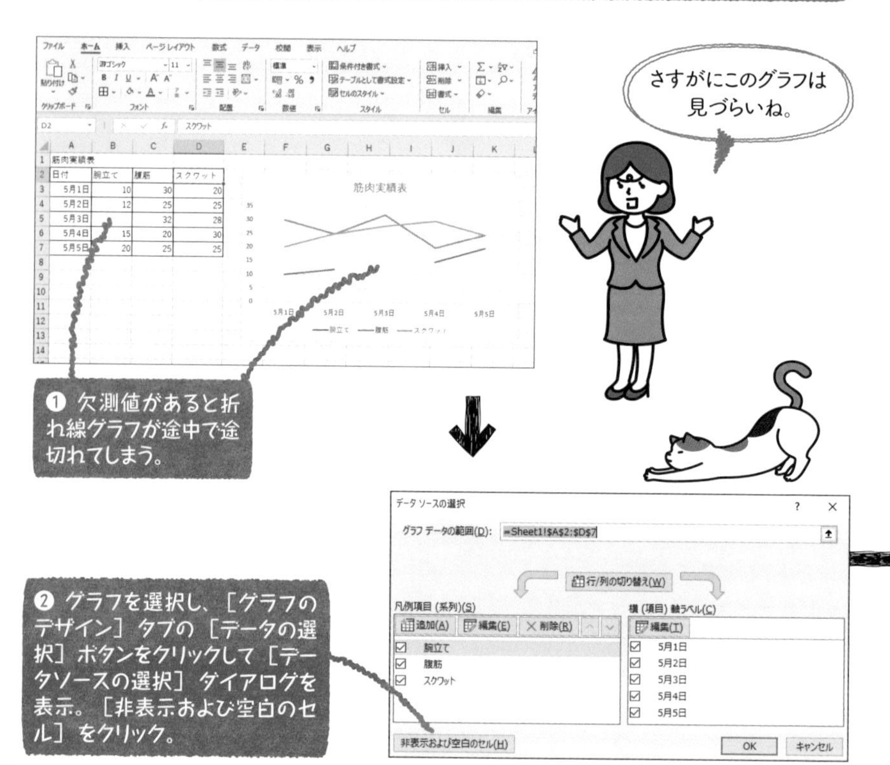

❶ 欠測値があると折れ線グラフが途中で途切れてしまう。

❷ グラフを選択し、［グラフのデザイン］タブの［データの選択］ボタンをクリックして［データソースの選択］ダイアログを表示。［非表示および空白のセル］をクリック。

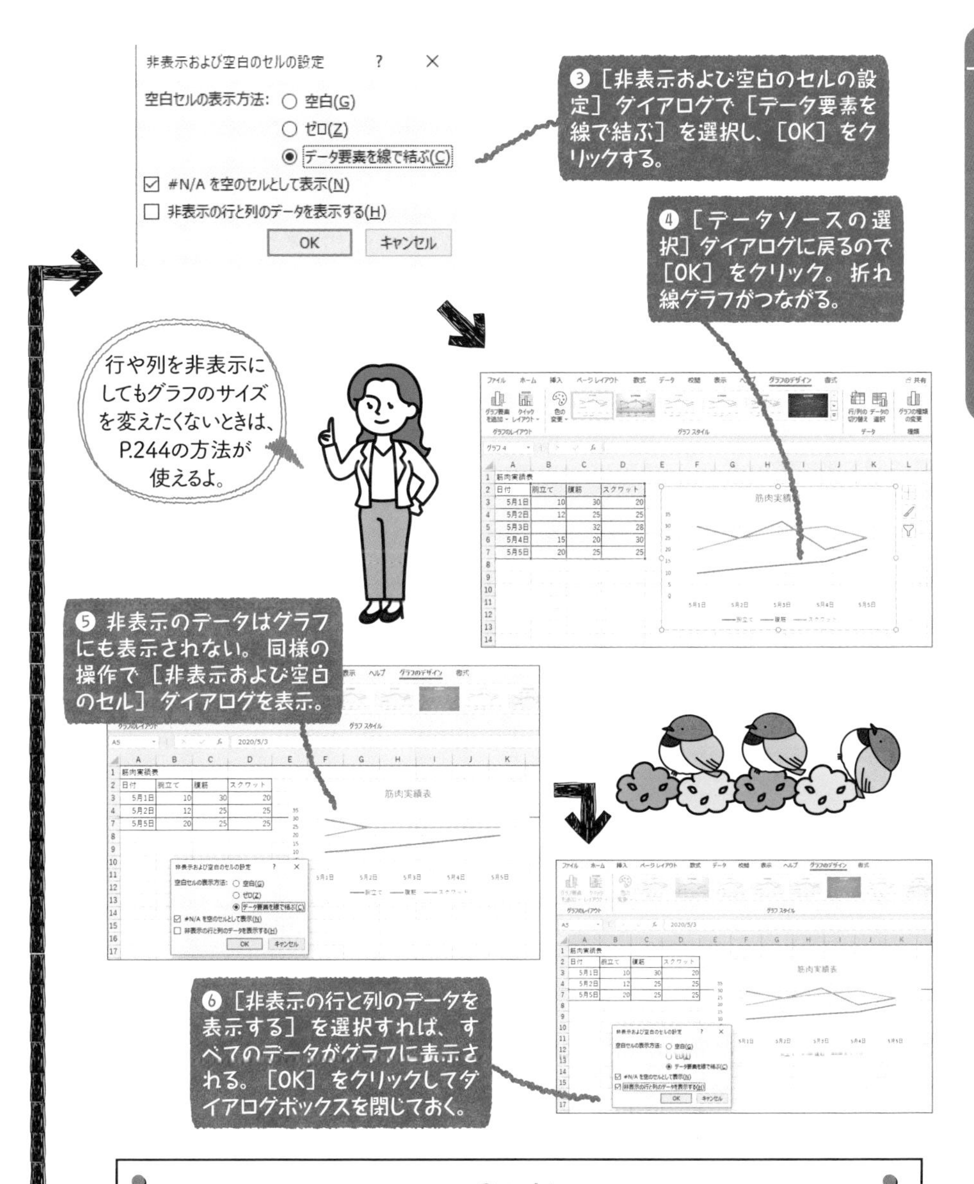

One point

欠測値（セルに何も入力されていないこと）と0という値とは異なります。0であることを折れ線グラフでも示したいときには、セルに0を入力しておいてください（その場合は、折れ線グラフは何も指定しなくてもつながります）。なお、欠測値であることを明示したいときには#N/Aと入力しておきます。

Technique

13 1つのセルの中に小さなグラフを表示

時短 ★★☆
ミス削減 ★★☆
使用頻度 ★★☆

表に羅列された数値の推移を、簡単なグラフでつかめるようにする簡易グラフの「スパークライン」を作りましょう。

多くの項目からなる表の場合、すべての項目をまとめてグラフにするとあまりにも細かくなってしまいます。かといって、項目別にたくさんのグラフを作るのも面倒です。もとより、グラフが多すぎて見づらくなってしまいます。**大まかな量の比較や傾向の把握したいのであれば、スパークラインを使ってセルの中に小さなグラフを表示する方法が簡単で、便利です。**

スパークラインなら値の推移も一目瞭然

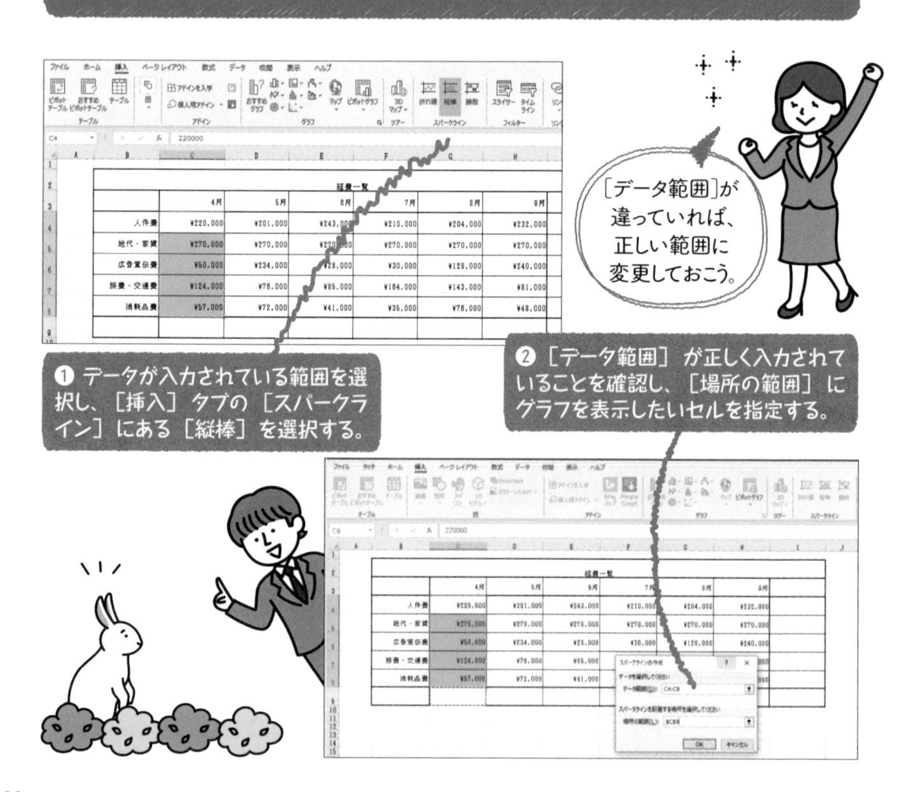

One point

スパークラインで作成されるグラフは、セル内に表示されるように調整されているので、ほかのセルとはスケール（目盛）が異なっています。したがって、隣のグラフと量を比較することはできません。［スパークライン］の［軸］ボタンをクリックすれば、最小値と最大値を同じ値にし、スケールを揃えることもできます。

07

column

美しい表を作る 3つのポイント

工夫せずに表を作成すると、表が見づらいものになります。
フォントや罫線などにこだわりましょう。

フォントを使いすぎない

Excelの標準フォントは「游ゴシック」です。見やすいフォントのため変更する必要はありませんが、表を飾るためだけに、同じ目的の要素に異なるフォントを適用すると統一感がない表になってしまいます。

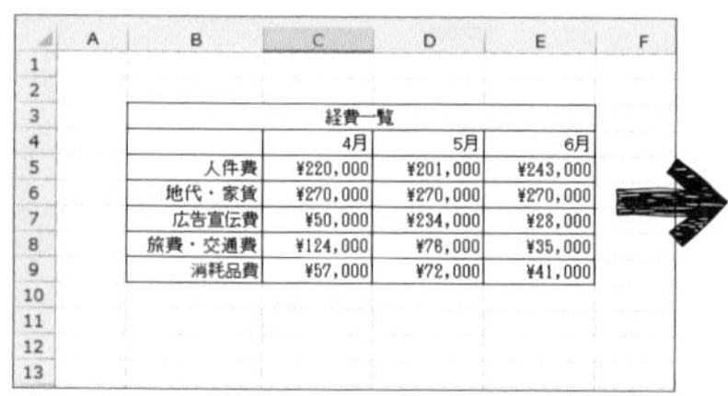

経費一覧			
	4月	5月	6月
人件費	¥220,000	¥201,000	¥243,000
地代・家賃	¥270,000	¥270,000	¥270,000
広告宣伝費	¥50,000	¥234,000	¥28,000
旅費・交通費	¥124,000	¥76,000	¥35,000
消耗品費	¥57,000	¥72,000	¥41,000

経費一覧			
	4月	5月	6月
人件費	¥220,000	¥201,000	¥243,000
地代・家賃	¥270,000	¥270,000	¥270,000
広告宣伝費	¥50,000	¥234,000	¥28,000
旅費・交通費	¥124,000	¥76,000	¥35,000
消耗品費	¥57,000	¥72,000	¥41,000

罫線の種類を使い分ける

印刷を前提とした表であれば、罫線を設定しておく必要があります。しかし、罫線が多すぎると、窮屈な印象を与えて、表が見にくくなります。区分が必要なところでのみ罫線を使う、小分類は点線で区切るなどすると、スッキリとして見やすくなるのです。

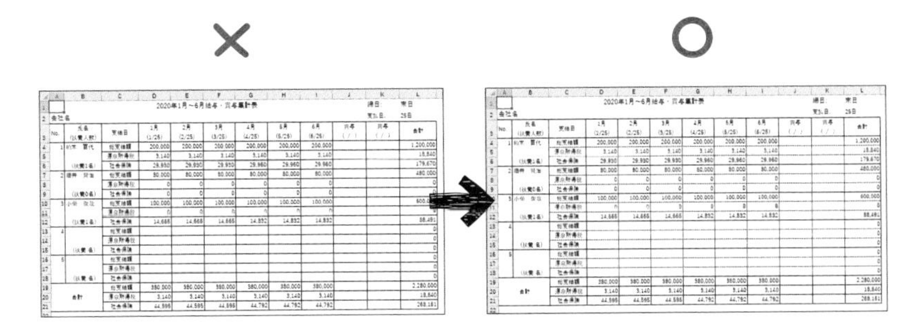

×

2020年1月～6月給与・賞与集計表　締日 末日　支払日 25日

会社名

No.	氏名（扶養人数）	支給目	1月 (1/25)	2月 (2/25)	3月 (3/25)	4月 (4/25)	5月 (5/25)	6月 (6/25)	賞与 (/)	賞与 (/)	合計
1	[illegible]（扶養1名）	総支給額	200,000	200,000	200,000	200,000	200,000	200,000			1,200,000
		源泉所得税	3,140	3,140	3,140	3,140	3,140	3,140			18,840
		社会保険	29,930	29,930	29,930	29,960	29,960	29,960			179,670
2	[illegible]（扶養0名）	総支給額	80,000	80,000	80,000	80,000	80,000	80,000			480,000
		源泉所得税	0	0	0	0	0	0			0
		社会保険	0	0	0	0	0	0			0
3	[illegible]（扶養1名）	総支給額	100,000	100,000	100,000	100,000	100,000	100,000			600,000
		源泉所得税	0	0	0	0	0	0			0
		社会保険	14,665	14,665	14,665	14,832	14,832	14,832			88,491
4	（扶養 名）	総支給額									0
		源泉所得税									0
		社会保険									0
5	（扶養 名）	総支給額									0
		源泉所得税									0
		社会保険									0
合計		総支給額	380,000	380,000	380,000	380,000	380,000	380,000			2,280,000
		源泉所得税	3,140	3,140	3,140	3,140	3,140	3,140			18,840
		社会保険	44,595	44,595	44,595	44,792	44,792	44,792			268,161

○

2020年1月～6月給与・賞与集計表　締日 末日　支払日 25日

会社名

No.	氏名（扶養人数）	支給目	1月 (1/25)	2月 (2/25)	3月 (3/25)	4月 (4/25)	5月 (5/25)	6月 (6/25)	賞与 (/)	賞与 (/)	合計
1	[illegible]（扶養1名）	総支給額	200,000	200,000	200,000	200,000	200,000	200,000			1,200,000
		源泉所得税	3,140	3,140	3,140	3,140	3,140	3,140			18,840
		社会保険	29,930	29,930	29,930	29,960	29,960	29,960			179,670
2	[illegible]（扶養0名）	総支給額	80,000	80,000	80,000	80,000	80,000	80,000			480,000
		源泉所得税	0	0	0	0	0	0			0
		社会保険	0	0	0	0	0	0			0
3	[illegible]（扶養1名）	総支給額	100,000	100,000	100,000	100,000	100,000	100,000			600,000
		源泉所得税	0	0	0	0	0	0			0
		社会保険	14,665	14,665	14,665	14,832	14,832	14,832			88,491
4	（扶養 名）	総支給額									0
		源泉所得税									0
		社会保険									0
5	（扶養 名）	総支給額									0
		源泉所得税									0
		社会保険									0
合計		総支給額	380,000	380,000	380,000	380,000	380,000	380,000			2,280,000
		源泉所得税	3,140	3,140	3,140	3,140	3,140	3,140			18,840
		社会保険	44,595	44,595	44,595	44,792	44,792	44,792			268,161

大きな表にはテーブルスタイルを

大きな表は、テーブルとして書式設定し、縞模様で行や列を塗りつぶしましょう。単なる装飾のためではなく、数値がどの行や列の値なのかをわかりやすくするためです。テーブル機能を使うと、美しく、実用的な表を作ることができます。

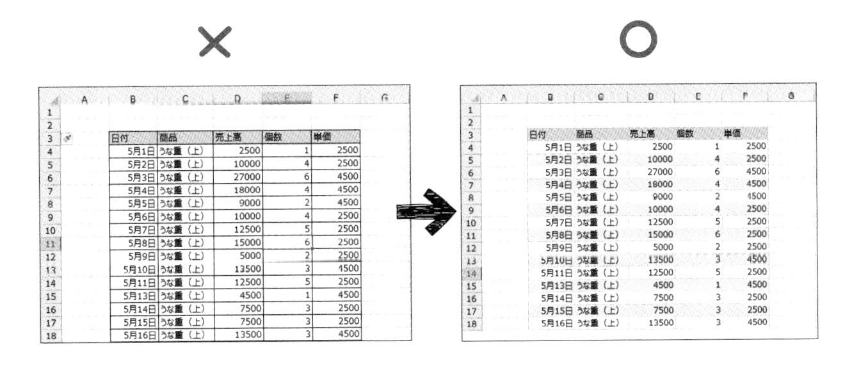

×

日付	商品	売上高	個数	単価
5月1日	うな重（上）	2500	1	2500
5月2日	うな重（上）	10000	4	2500
5月3日	うな重（上）	27000	6	4500
5月4日	うな重（上）	18000	4	4500
5月5日	うな重（上）	9000	2	4500
5月6日	うな重（上）	10000	4	2500
5月7日	うな重（上）	12500	5	2500
5月8日	うな重（上）	15000	6	2500
5月9日	うな重（上）	5000	2	2500
5月10日	うな重（上）	13500	3	4500
5月11日	うな重（上）	12500	5	2500
5月13日	うな重（上）	4500	1	4500
5月14日	うな重（上）	7500	3	2500
5月15日	うな重（上）	7500	3	2500
5月16日	うな重（上）	13500	3	4500

○

日付	商品	売上高	個数	単価
5月1日	うな重（上）	2500	1	2500
5月2日	うな重（上）	10000	4	2500
5月3日	うな重（上）	27000	6	4500
5月4日	うな重（上）	18000	4	4500
5月5日	うな重（上）	9000	2	4500
5月6日	うな重（上）	10000	4	2500
5月7日	うな重（上）	12500	5	2500
5月8日	うな重（上）	15000	6	2500
5月9日	うな重（上）	5000	2	2500
5月10日	うな重（上）	13500	3	4500
5月11日	うな重（上）	12500	5	2500
5月13日	うな重（上）	4500	1	4500
5月14日	うな重（上）	7500	3	2500
5月15日	うな重（上）	7500	3	2500
5月16日	うな重（上）	13500	3	4500

CHOUSOKU
Excel
MIRUDAKE
notes

Chapter 7

よくあるトラブルを一瞬で解決する便利ワザランキング

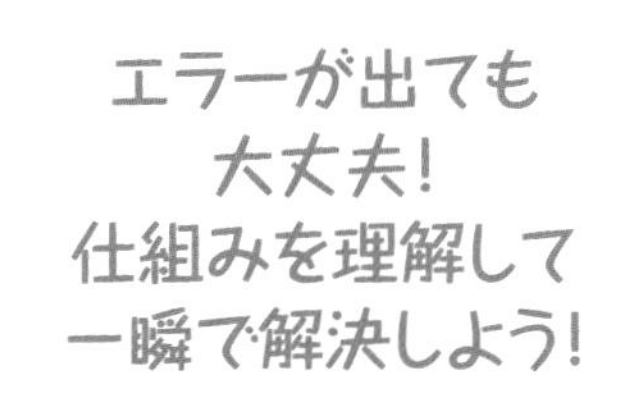

文字が入力できなかったり、勝手に文字が修正されたり、作業中思わぬトラブルにより時間を無駄にしてしまったことはありませんか？　本章では初心者がつまずきやすい、よくあるトラブルを厳選し、その理由と対策を紹介します。

Technique

1 保存し忘れても「自動回復用ファイル」で元に戻せる

時短 ★★★
ミス削減 ★★★
使用頻度 ★☆☆

自動的にバックアップが保存されるように設定しておけば、万一の場合でもブックを回復できます。

せっかく作成したブックを保存せずにExcelを終了させてしまったり、システムのトラブルでExcelが強制終了してしまった場合には、入力や編集内容が消えてしまいます。しかし、**Excelには自動回復機能があり、標準の設定で「オン」になっているので、万一の場合でも安心です**。自動回復の時間間隔を設定しておくこともできます。

安心のためのバックアップ設定を行う

❶［ファイル］タブをクリックして［オプション］を選択すると［Excelのオプション］ダイアログが表示される。左側の一覧から［保存］を選択し、［次の間隔で自動回復用データを保存する］に保存の間隔を入力。［OK］をクリックする。

自動的に回復ファイルが作られるから安心だね。

❷ バックアップが作成されているかどうかは、［ファイル］タブを開いて［情報］をクリックすれば、［ブックの管理］の下に表示される。

One point

自動回復の間隔にたとえば10分を指定すると、自動回復ファイルが作られてから10分経たない間に変更された内容は記録されません。安全性を高めるなら間隔を短くしておくといいでしょう。

自動回復の機能によって保存されたファイルがある場合、強制終了などの理由による場合は、ブックを開くと［ドキュメントの回復］画面が表示されます。作業内容を復活させたい場合は、自動回復で作成されたファイルを選択して開きます。一方、保存せずに終了してしまった場合は［ブックの管理］から以前に作成された自動回復ファイルを選択できます。

自動回復用ファイルは万一のときの救世主

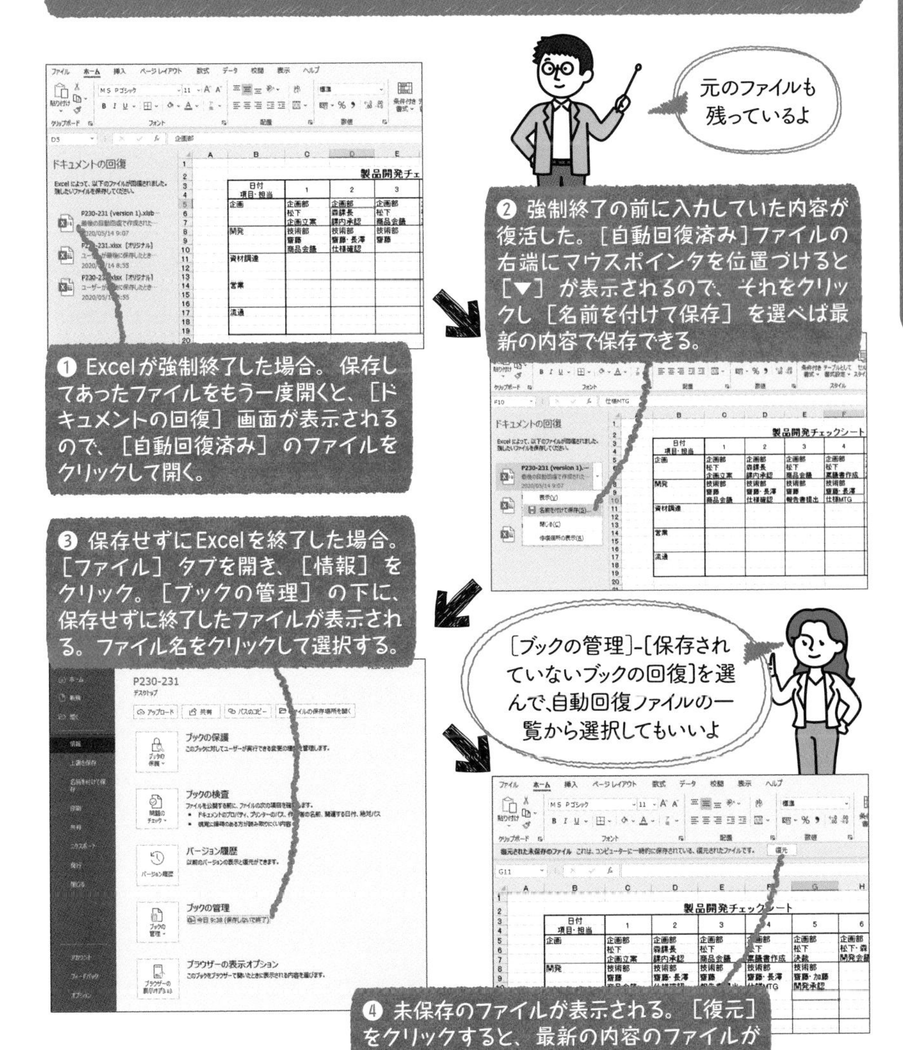

Technique 2

突然動かなくなったら3つのキーを確認する

時短 ★★☆
ミス削減 ★★★
使用頻度 ★★☆

作業中にキーボードの操作をしていて、「動かない」「不可解な動きをする」となったときは、3つのキーを確認してみよう。

調子よく作業をしていたのに、キーが「動かない」「不可解な動きをする」などといったことが起こった経験のある人は少なくないでしょう。作業の流れが妨げられるのは、イライラの大きな原因になります。よくあるのは**テンキーが効かなくなり、方向キーのような動きをするという問題です**。これは、Num Lock キーを押すと元に戻ります。

ミスタッチに注意しよう

● Num Lock キー

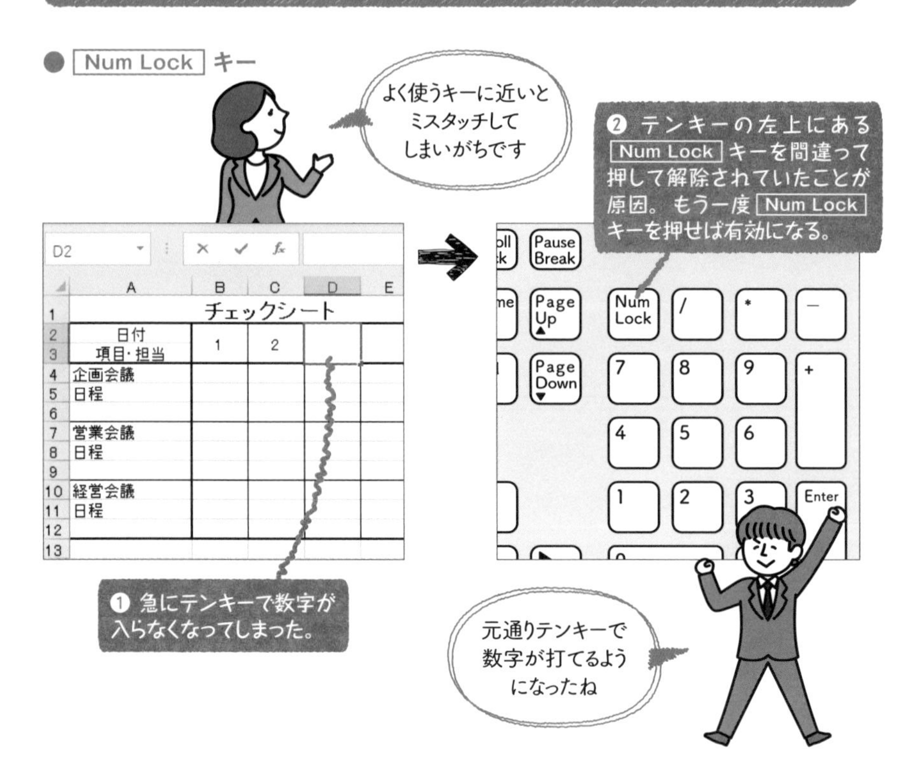

文字を入力すると、すでに入力されていた文字が消えるというのは、入力モードが「上書きモード」になっているせいです。この場合は Insert キーを押せば挿入モードに戻ります。また、方向キーを押してもセルの選択が変わるのではなく、画面がスクロールするトラブルもあります。この場合は Scroll Lock キーを押せば元に戻ります。

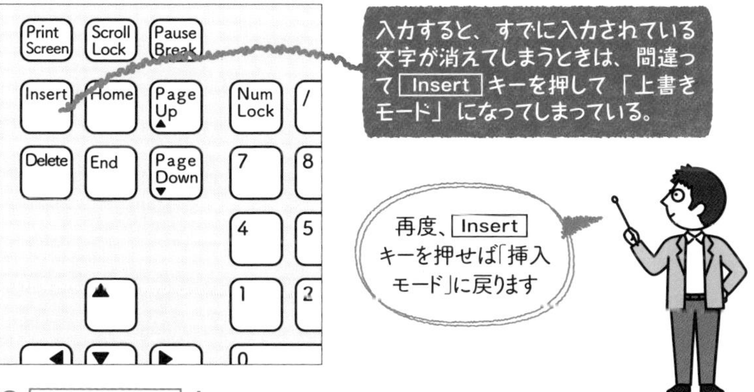

● Scroll Lock キー

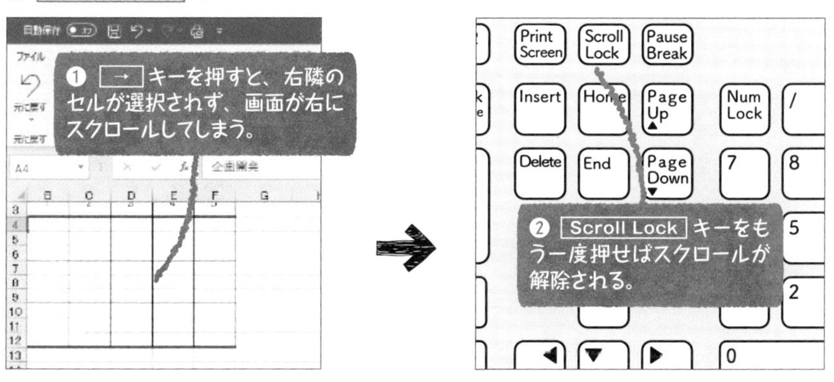

One point

ウィンドウ下部のステータスバーを右クリックすると、これらのキーの状態をステータスバーに表示するかどうかの設定ができます。また、現在の状態も一覧表示されます。どのキーを使えばいいか忘れてしまった場合は、この一覧を表示してください。効率の良くない使い方で操作し続けたり、最悪の場合再起動したりして、ムダな時間を費やさないよう、あまり使わないキーもチェックしておきましょう。

オートコレクトの設定で勝手な文字修正を防ぐ

時短 ★★☆
ミス削減 ★★★
使用頻度 ★★★

オートコレクト機能の設定を解除して、思い通りのスムーズな入力ができるようにしよう。

オートコレクトはよくある入力間違いを自動的に修正してくれる便利な機能ですが、逆に、修正が適切でない場合には「おせっかい」な機能と感じてしまうのも確かです。Ctrl + Z を押せば元の文字列に戻せますが、よく使う略号などが勝手に修正されると、いちいち元に戻さないといけないのでとても面倒です。そのような場合にはオートコレクトの設定を解除しましょう。

オートコレクト解除の方法

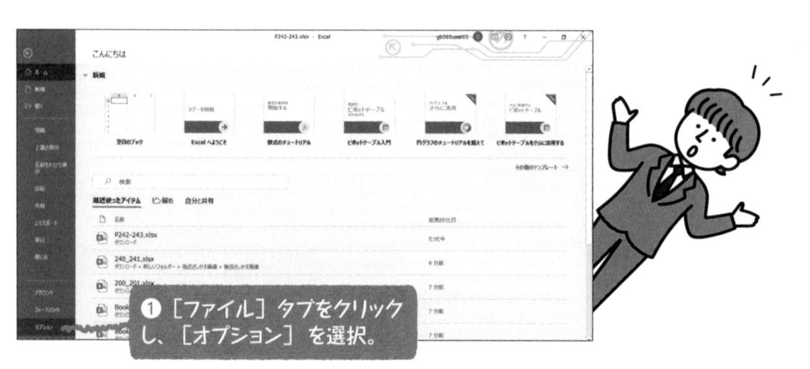

One point

P. 238で見たように、ハイパーリンクの自動設定も〔入力オートフォーマット〕タブで解除できます。操作に慣れれば慣れるほど、思い通りに入力できるようになってくるので、オートコレクトが逆に煩わしく感じるものです。操作をサポートしてくれる機能は、自分の使い方に合わせて設定を見直すようにするといいでしょう。

Technique 4

数字の頭に「'」を入れて先頭の0を表示させる

時短 ★★☆
ミス削減 ★★☆
使用頻度 ★★☆

会員番号や電話番号を入力したときに、先頭の「0」が消えてしまわないように入力するための方法を紹介します。

セルに数値を入力すると、先頭の0は表示されません。「01234」と入力しても、1234と表示されてしまいます。しかし、会員番号のように先頭の桁にも意味がある場合には、0を表示すべきです。対処法としては、先頭に「'」を入力して文字列として取り扱う、表示形式を文字列にする、数値の桁数を指定するなどの方法があります。

先頭の「0」を表示させるには

●表示形式を文字列にする方法

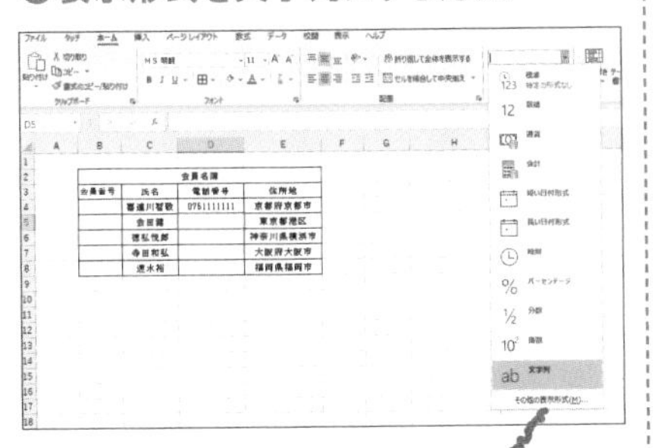

［ホーム］タブの［数値の書式］の右の［▼］をクリックし［文字列］を選ぶ。セルにこの設定をした後であれば、入力した先頭の0が表示される。

●数値の桁数を指定する方法

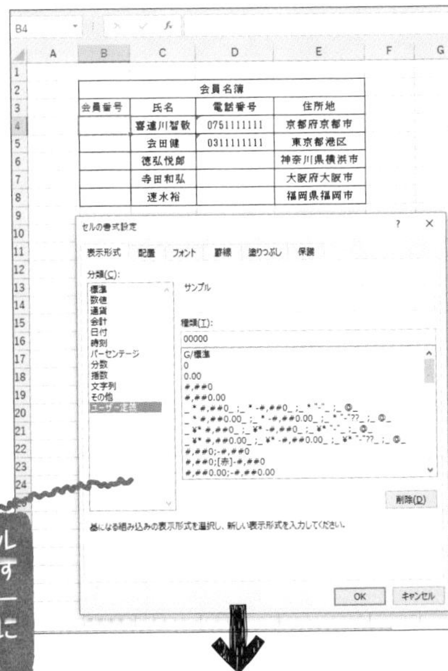

❶ ［Ctrl］+［1］を押して［セルの書式設定］ダイアログを表示する。［表示形式］タブで［ユーザー定義］を選び、［種類］に「00000」と入力する。

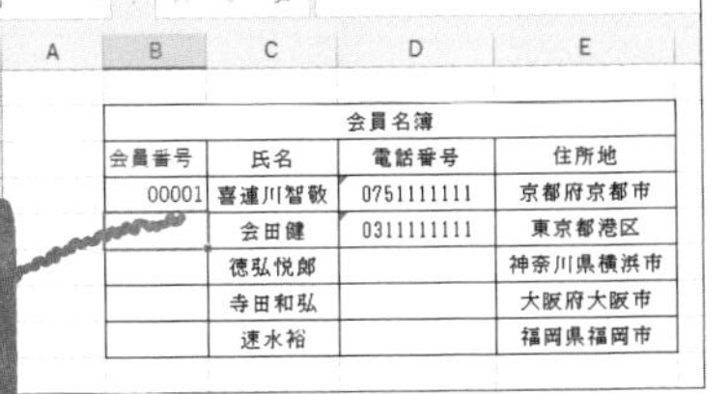

❷「1」を入力すると「00001」と表示される。数値として扱われる。

One point

先頭に「'」を入れるよりは、最初から文字列として扱うように表示形式を設定する方が楽です。いずれの場合もVLOOKUP関数などで検索する場合は「"00001"」のような文字列として検索する必要があります。一方、「00000」などの表示形式にした場合は、数値として扱われるので、先頭に「'」を入れなくても検索できます。

Technique

5 表示形式を「時間」にして時間の足し算をする

時短 ★★☆
ミス削減 ★★★
使用頻度 ★☆☆

Excel で時間の計算を行う場合、表示形式を設定し、時間が正しく表示されるようにしておく必要があります。

勤怠管理表などを作成する場合、時間を集計する必要があります。しかし、そのまま**時間を合計すると間違った計算結果が表示されることがあります**。これは、セルの表示形式が「時間」ではなく「時刻」になっているためです。時刻の場合、24 時を過ぎると翌日と見なされるので、たとえば、実際の合計が 25 時間でも、1 と表示されてしまいます。表示形式の変更で解決します。

24時間を超える時間の表示を正しくする

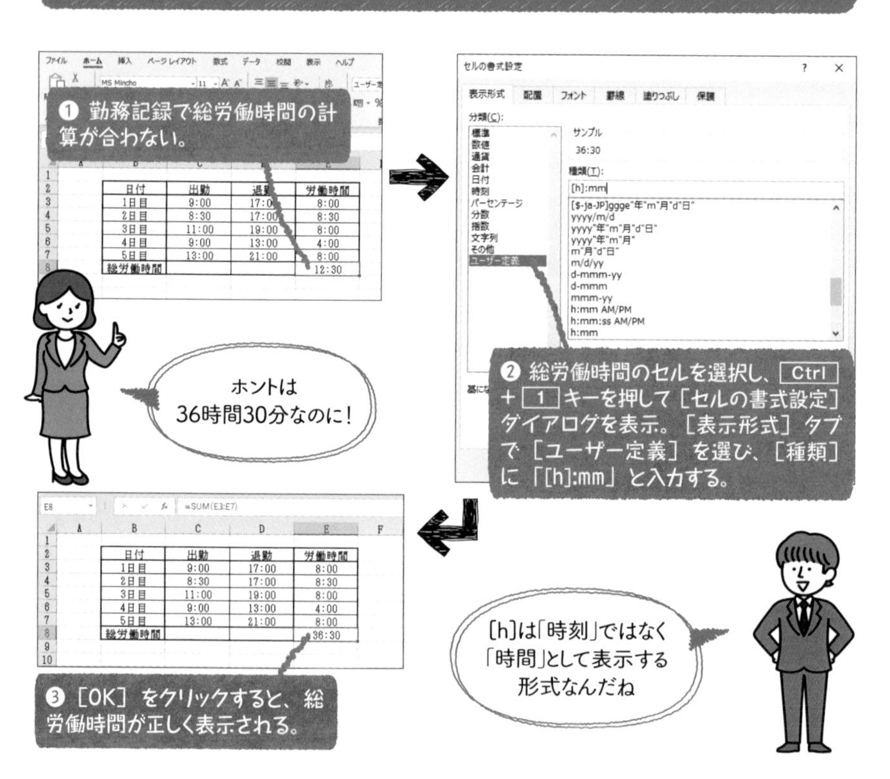

日付	出勤	退勤	労働時間
1日目	9:00	17:00	8:00
2日目	8:30	17:00	8:30
3日目	11:00	19:00	8:00
4日目	9:00	13:00	4:00
5日目	13:00	21:00	8:00
総労働時間			36:30

Excelでは、日付と時刻はシリアル値と呼ばれる値で記録されています。シリアル値とは1900/1/1を1としてそこからの経過日数を表したもので、たとえば、2020/1/1なら43831となります。したがって、時刻は小数で表されます。たとえば、正午(12時)なら1日の半分なので0.5です。シリアル値が使われているので、日付や時刻の計算が四則演算だけでできるというわけです。ただし、表示形式には注意してください。

総労働時間と時給から給与を正しく計算

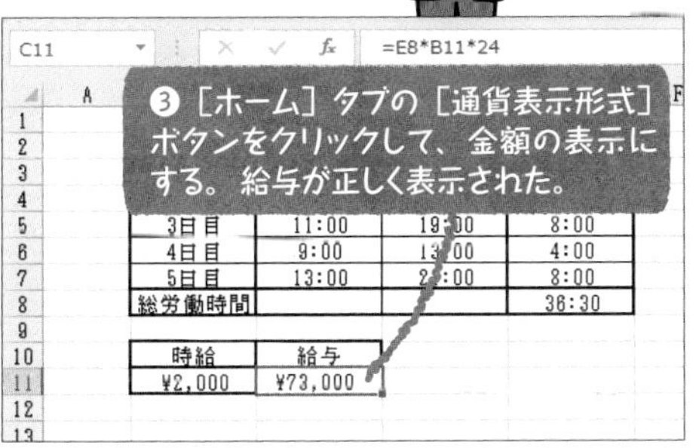

One point

Excelを使った表作成では、時間の計算はとてもよく行われる作業です。計算そのものは四則演算でできますが、正しい値を表示するためには、シリアル値の仕組みと表示形式の指定方法をよく理解しておく必要があります。

メールアドレスやURLの自動リンクを外す

時短 ★★☆
ミス削減 ★★☆
使用頻度 ★☆☆

ハイパーリンクの解除は右クリックから。ハイパーリンクの設定そのものを無効にするには「オートコレクト」で設定します。

セルにURLやメールアドレスを入力すると、自動的にハイパーリンクが設定され、クリックするだけでアクセスできるようになります。しかし、リンクの設定が不要な場合には、設定の解除が必要です。入力直後であれば、Ctrl + Z を押せばリンクの設定が解除され、文字列に戻ります。ここでは、すでに設定されているリンクを解除する方法と、設定を無効にする方法を紹介します。

ハイパーリンクを解除する方法

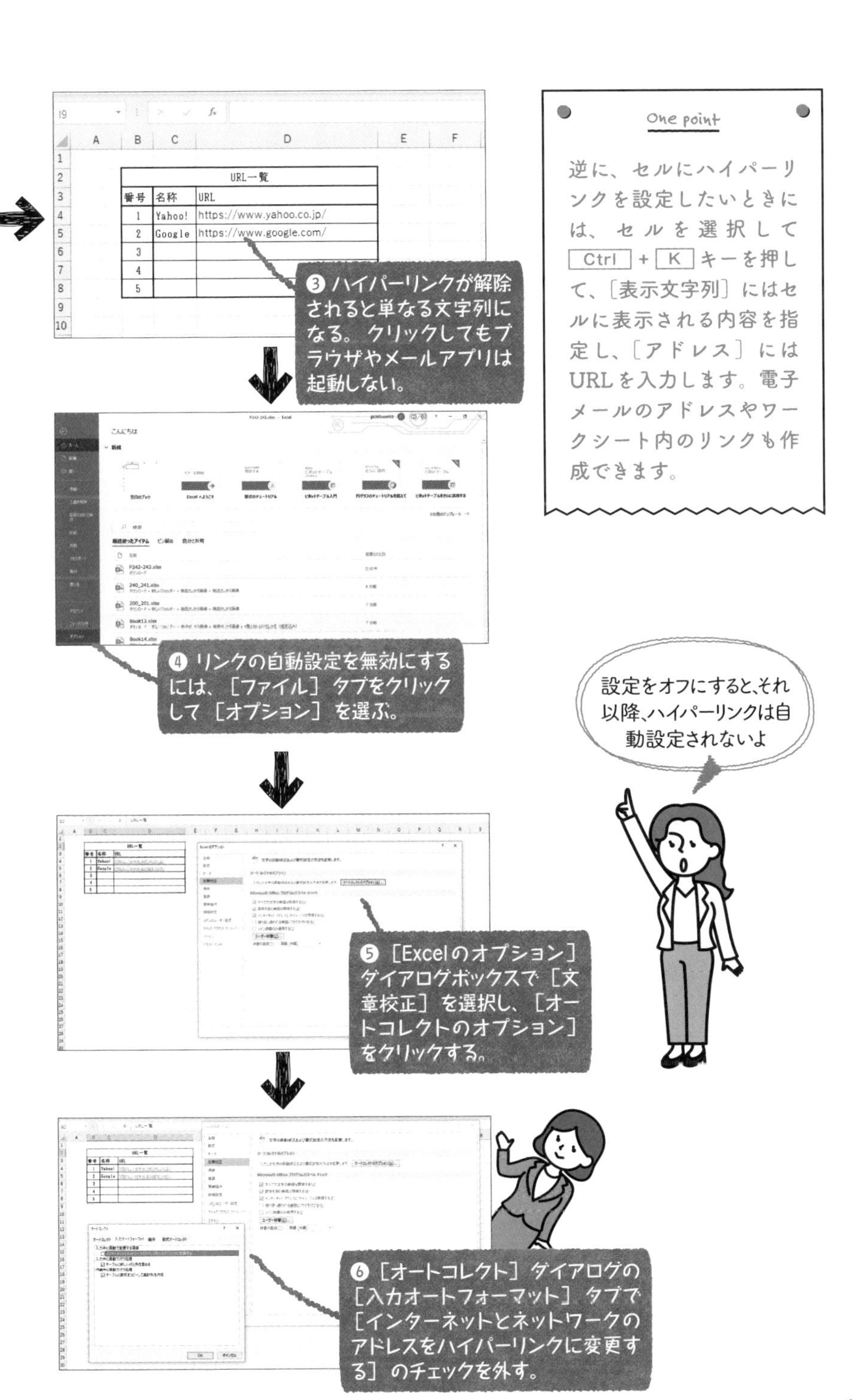

One point

逆に、セルにハイパーリンクを設定したいときには、セルを選択して Ctrl + K キーを押して、［表示文字列］にはセルに表示される内容を指定し、［アドレス］にはURLを入力します。電子メールのアドレスやワークシート内のリンクも作成できます。

Technique 7

エラーでないのにエラーが表示されてしまう

時短 ★☆☆
ミス削減 ★★☆
使用頻度 ★☆☆

セルに表示されるエラーインジケータを消去したり、必要な場合だけ表示されるようにしよう。

入力されているデータの種類や数式が周囲のセルから見てイレギュラーだと判断される場合、**セルの左上にエラーインジケータが表示されます。よくあるのは、数値の頭に「'」を付けて文字列として入力した場合です**(P.234)。エラーインジケータは間違いを知らせてくれる便利な機能ですが、意図して入力したものであれば、エラーが表示されないように設定しておきたいものです。

エラーインジケータを表示したくないときは

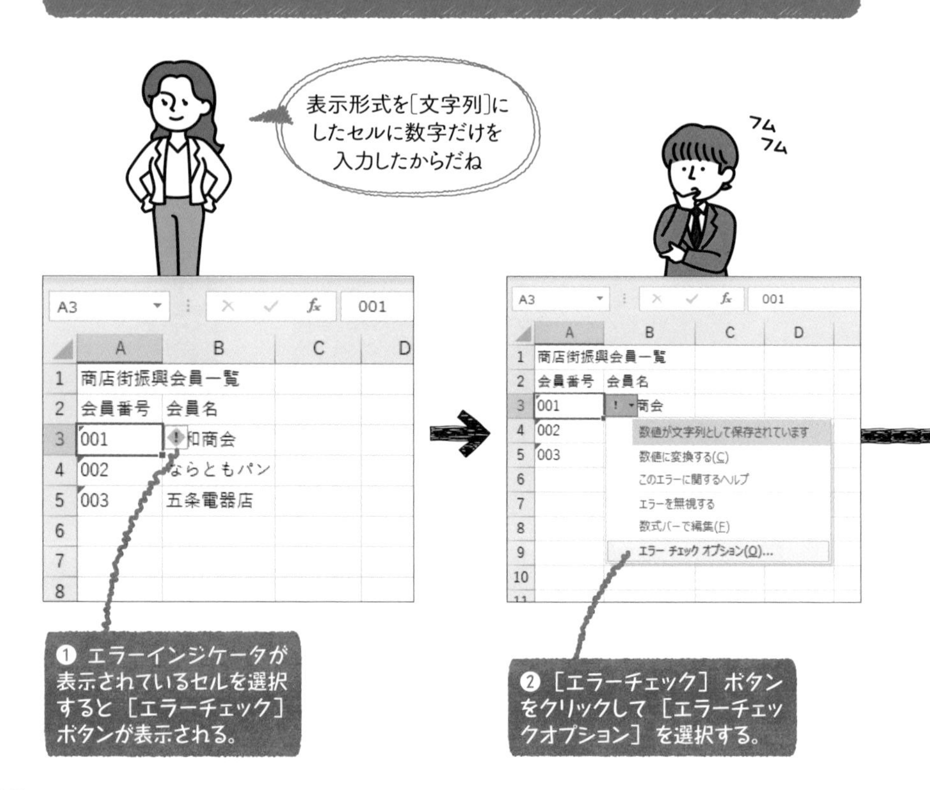

❶ エラーインジケータが表示されているセルを選択すると［エラーチェック］ボタンが表示される。

❷［エラーチェック］ボタンをクリックして［エラーチェックオプション］を選択する。

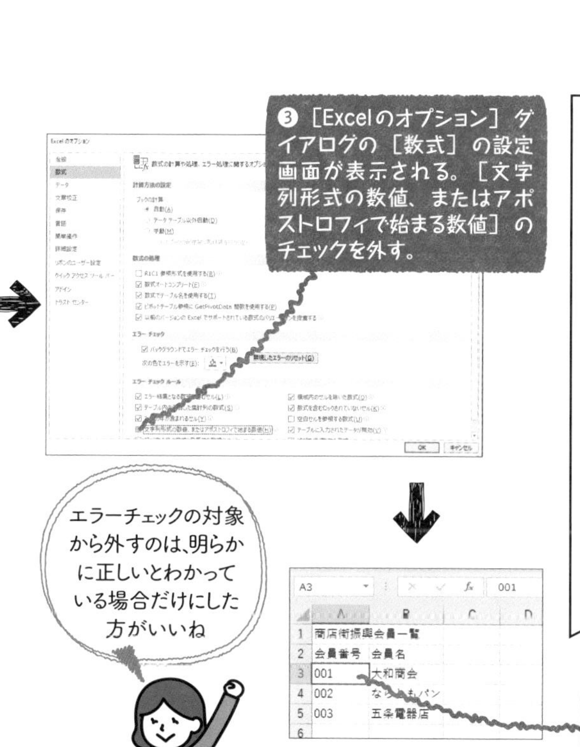

One point

一部のセルにだけ値を加算する必要が生じたなどの理由により、その部分の数式だけほかのセルと異なる計算方法に変更すると、エラーインジケータが表示されることがあります。計算に間違いがない場合はエラーの表示を消したくなるかもしれませんが、多くの場合、表全体で矛盾が起こらないような計算方法に修正するのが本来の対処法です。

エラーチェックの対象から外すのは、明らかに正しいとわかっている場合だけにした方がいいね

❹エラーインジケータと［エラーチェック］ボタンが表示されなくなった。

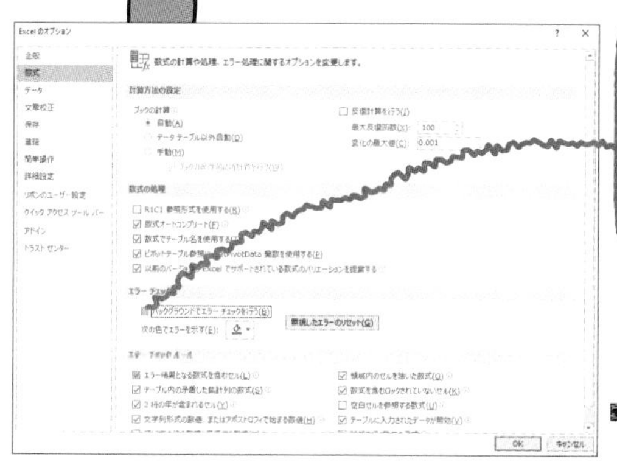

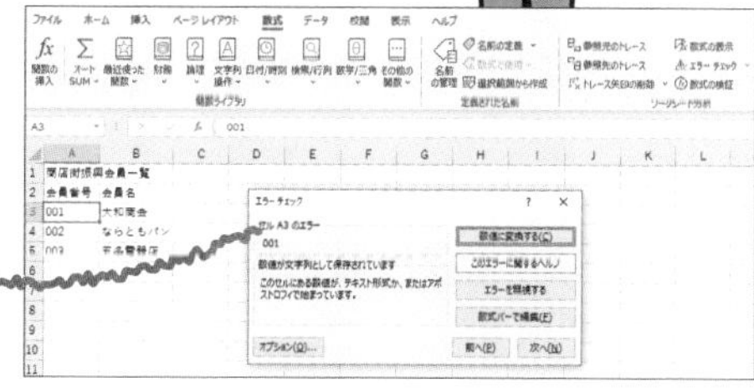

❻［数式］タブの［エラーチェック］ボタンをクリックすると、手動でエラーチェックができる。

Technique 8

数式を貼り付けたら、エラーになってしまう

時短 ★★★
ミス削減 ★★★
使用頻度 ★☆☆

計算されて得られた値を元のセルにコピーするときには、［値の貼り付け］を使いましょう。

数式が入力されたセルをコピーし、元の値が入力されていたセルに貼り付けると、エラーとなります。たとえば、数式を使って求めた新しい値を、元の値に代えて使いたい場合などにそういったことが起こります。そのような場合には、［値］だけを貼り付けるといいでしょう。

数式で計算した結果だけを貼り付け

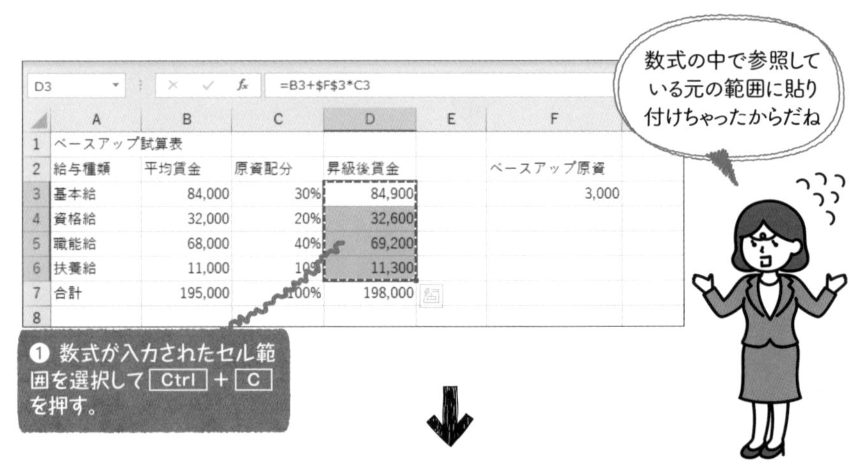

	A	B	C	D	E	F
1	ベースアップ試算表					
2	給与種類	平均賃金	原資配分	昇級後賃金		ベースアップ原資
3	基本給	84,000	30%	84,900		3,000
4	資格給	32,000	20%	32,600		
5	職能給	68,000	40%	69,200		
6	扶養給	11,000	10%	11,300		
7	合計	195,000	100%	198,000		
8						

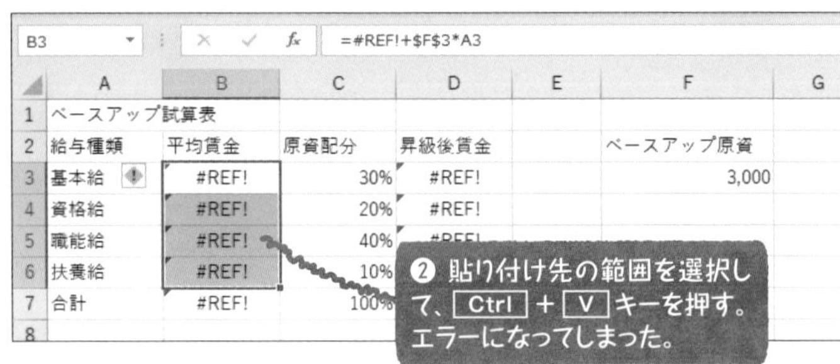

	A	B	C	D	E	F	G
1	ベースアップ試算表						
2	給与種類	平均賃金	原資配分	昇級後賃金		ベースアップ原資	
3	基本給	#REF!	30%	#REF!		3,000	
4	資格給	#REF!	20%	#REF!			
5	職能給	#REF!	40%				
6	扶養給	#REF!	10%				
7	合計	#REF!	100%				
8							

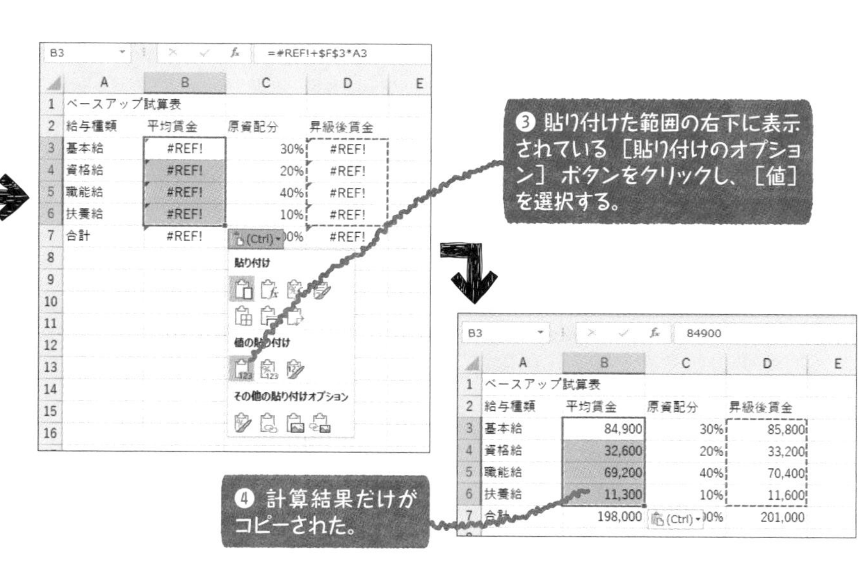

●貼り付け先の書式を崩さず数式だけコピー

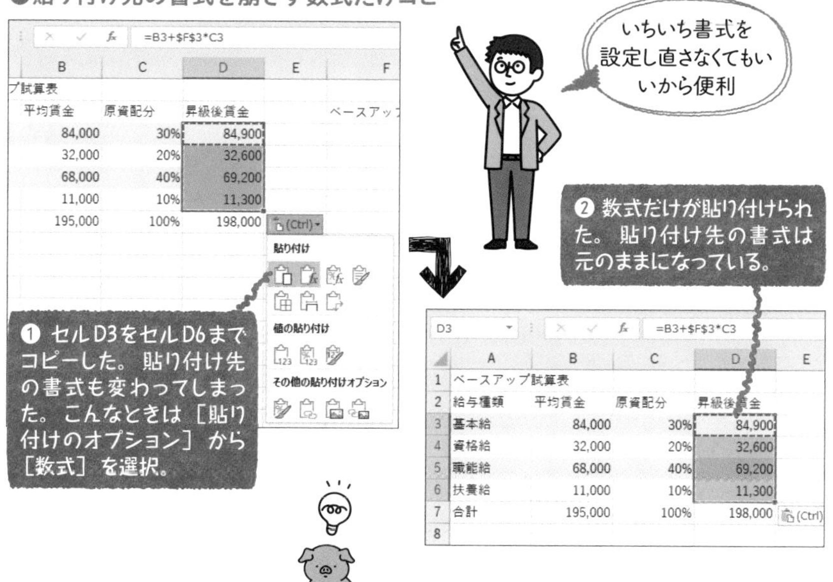

One point

手作業で書式を設定している場合は、コピー操作により貼り付け先の書式が崩れてしまうことがあります。条件付き書式を設定したり、テーブルとして書式設定していれば、貼り付けによって書式が崩れる心配はありません。

列幅を変えたらグラフのサイズが変わってしまう

時短 ★★★
ミス削減 ★★☆
使用頻度 ★★★

行や列を挿入・削除してもグラフのサイズが変わらないように、［グラフエリアの書式設定］でプロパティを変更する。

ワークシートの行や列を挿入・削除したり、セルの高さや幅を変えたりすると、グラフのサイズや位置もそれに合わせて変わります。全体のサイズを整えたい場合や表の内容とグラフの表示が重ならないようにしたい場合などには便利ですが、一方でグラフの見た目がおかしくなったり、思わぬ位置に移動してしまったりすることもあります。まずはその動きを確認しておきましょう。

セルの幅を変更するとグラフのサイズも変わる

挿入・削除が行われたり、セルのサイズが変更されたりしても、グラフのサイズが変わらないようにするには［グラフエリアの書式設定］ウィンドウで［サイズとプロパティ］ボタンをクリックし、［セルに合わせて移動やサイズ変更をしない］を選択しておきます。

セルの幅を変えても影響を受けないグラフの作り方

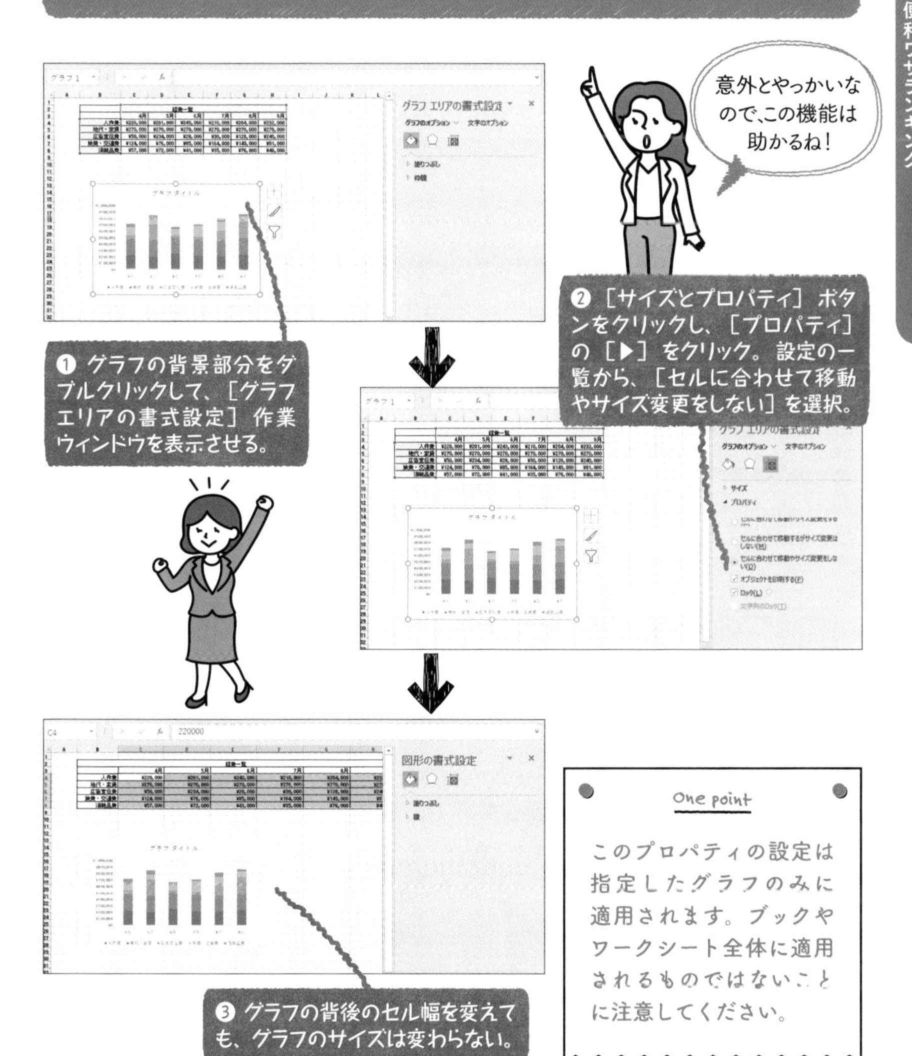

One point

このプロパティの設定は指定したグラフのみに適用されます。ブックやワークシート全体に適用されるものではないことに注意してください。

Technique 10

改ページプレビューでページの範囲を自由に設定

時短 ★★☆
ミス削減 ★★★
使用頻度 ★☆☆

区切りのいいところで改ページして、各ページの内容がきちんとまとまった資料を作成しよう。

大きな表をそのまま印刷すると、ページの途中から異なる表が印刷されたり、見出しだけが前のページに印刷されたりすることがあります。そのような問題が起こらないように区切りのいいところで改ページするには、ドラッグ操作だけで改ページ位置を変えられる[改ページプレビュー]の表示が便利です。なお、[ページレイアウト] タブでは、改ページの挿入ができます。

適切に改ページして見やすい資料を作る

❶ 大きなデータを印刷プレビューで確認。中途半端なところでページが替わっていることが多い。

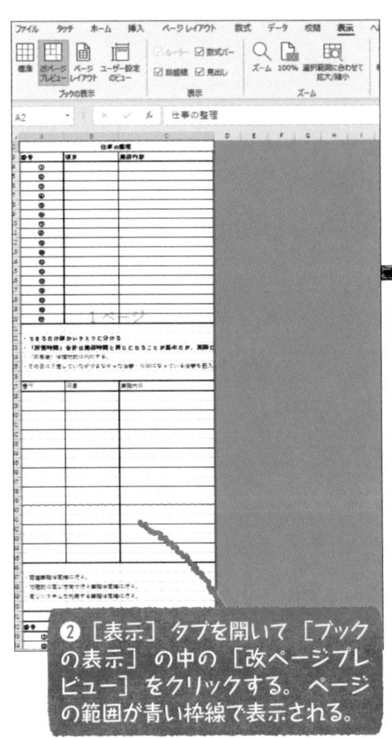

❷ [表示] タブを開いて [ブックの表示] の中の [改ページプレビュー] をクリックする。ページの範囲が青い枠線で表示される。

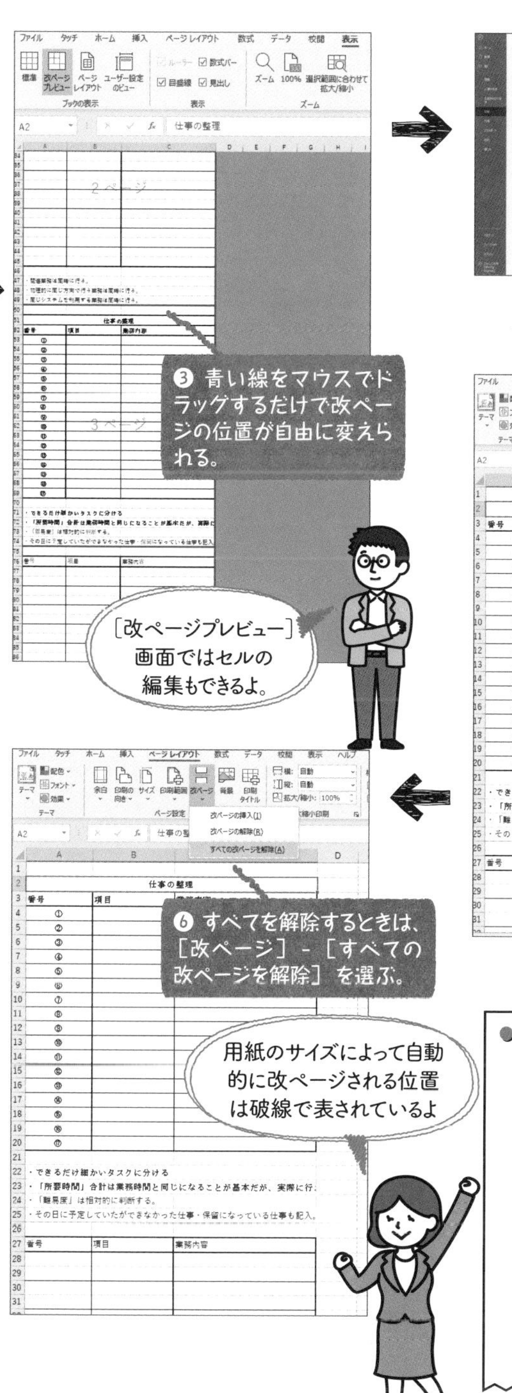

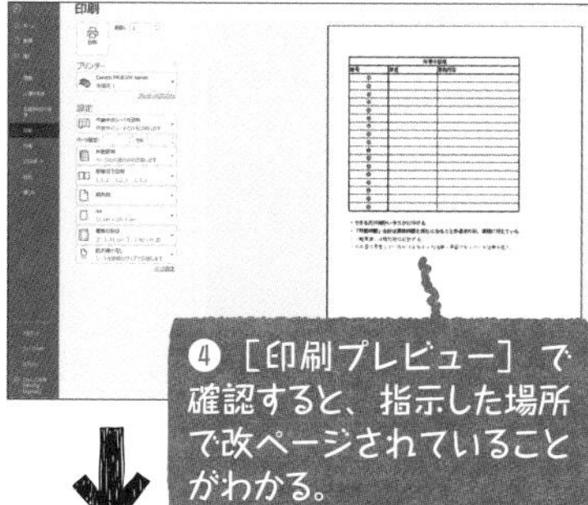

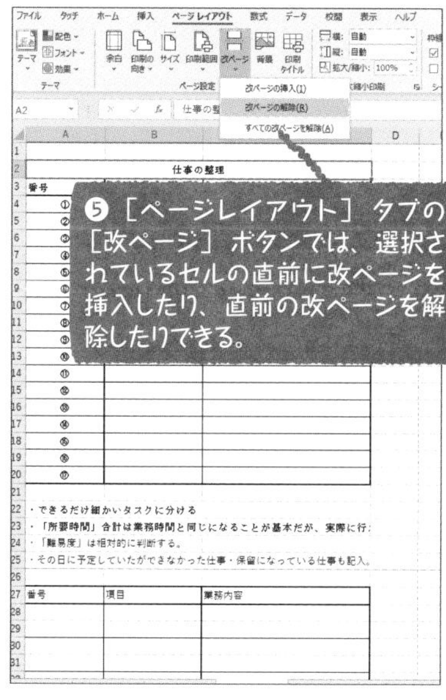

One point

［印刷プレビュー］画面を表示するには［ファイル］タブを開いて［印刷］を選択します。このあと編集画面に戻ると、薄い色の点線が表示され、印刷の範囲がわかるようになります。1ページの中にどの行/列までが収まるかよくわかります。

Technique 11

ほかのアプリのデータが文字化けしてしまう

時短 ★☆☆
ミス削減 ★☆☆
使用頻度 ★☆☆

ほかのアプリから読み込んだデータは、まれに文字化けしてしまうことがあります。その直し方を紹介します。

Excel では CSV ファイルと呼ばれるカンマ区切りのテキストファイルも利用できます。これは、ほかのアプリとデータのやりとりをするときなどに使われます。しかし、そのファイルを読み込んだときに、文字コードの違いによって文字化けが起こることがあります。そのような場合には、CSV ファイルを UTF-8(BOM 付き) という形式に変換すれば、正しく読み込めます。操作はとても簡単です。

CSV ファイルでほかのアプリとデータ交換

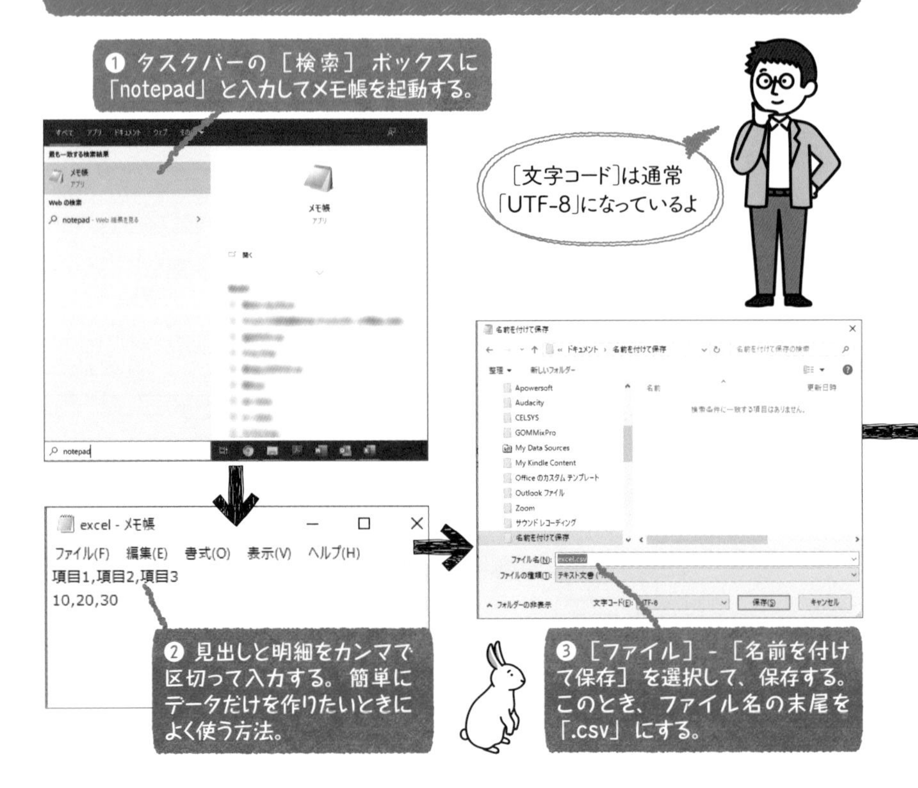

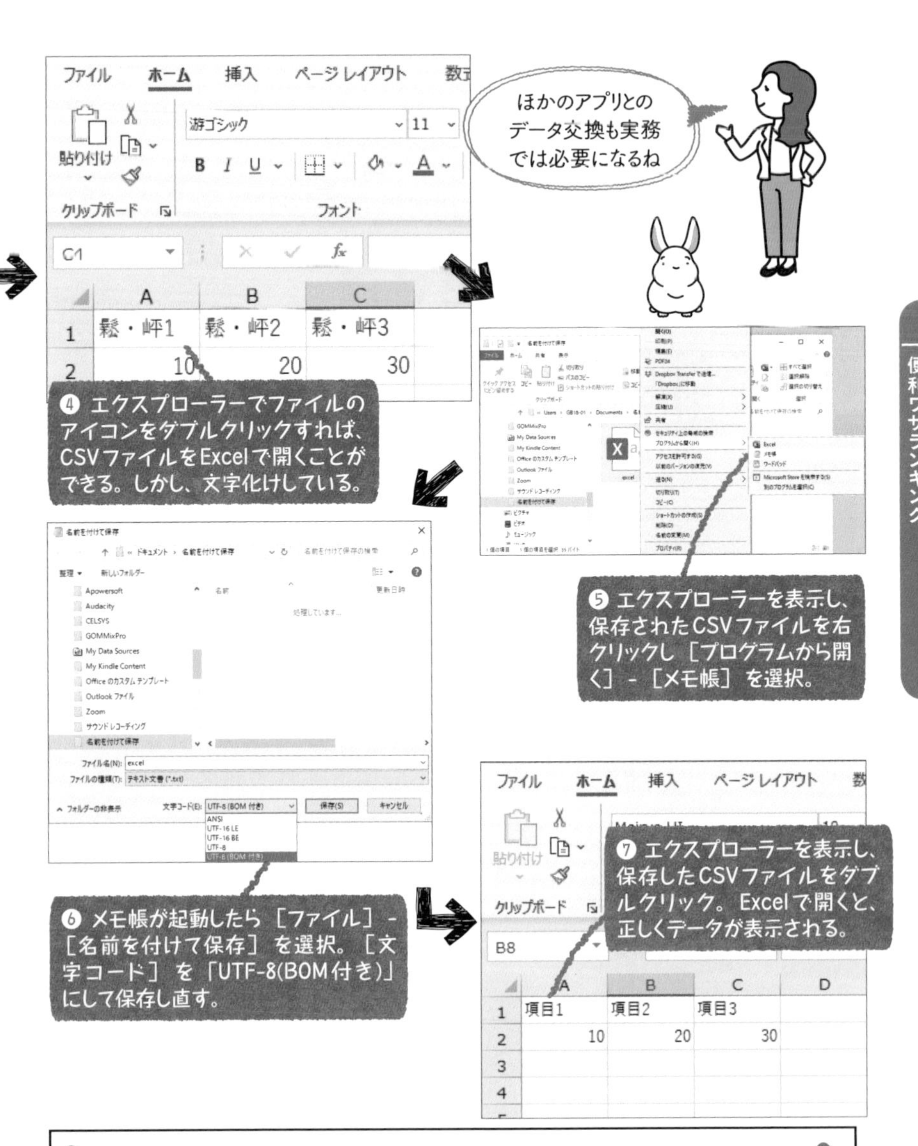

One point

CSVはComma Separated Valueの略で、単に「カンマで区切られた値」という意味です。また、UTF-8はパソコンやインターネットなどで標準的に使われている文字コードです。BOMはByte Order Markの略で、文字を表すデータをどういう順序で記録しているかを表すマークのことです。Excelではそのマークが付いているものと見なしてデータを読み込むので、マークが付いていないと文字化けしてしまうというわけです。

column

セル結合は避けるべき？

セルを結合させる機能は表の体裁を整えるのに便利ですが、
いくつかの不具合を起こしてしまうデメリットもあります。

並べ替えができなくなる

並べ替えの範囲に結合されたセルがあると、並べ替えを実行しようとしても、［この操作を行うには、すべての結合セルを同じサイズにする必要があります。］というエラーメッセージが表示されます。

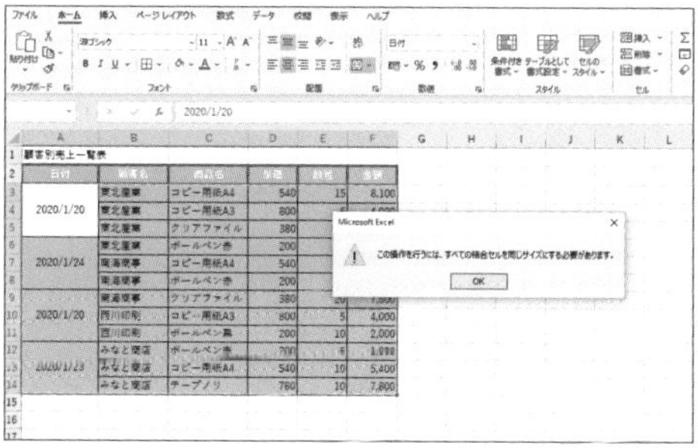

日付の昇順に並べ替えようとしたが結合セルがあったため、うまくいかない。

フィルターによる抽出ができない

特定のデータを抽出するフィルターの機能が、正確に作動しなくなるデメリットもあります。セルを結合していると、本来抽出されるはずのデータのすべては表示されず、先頭行のデータしか表示されなくなります。

思い通りにコピーと貼り付けができない

ドラッグ操作を使って、結合セルにほかのセルをコピーしたり移動したりするとエラーになってしまいます。また、貼り付けたとき期待した結果と異なる可能性もあります（値のみ貼り付けるとエラーになります）。

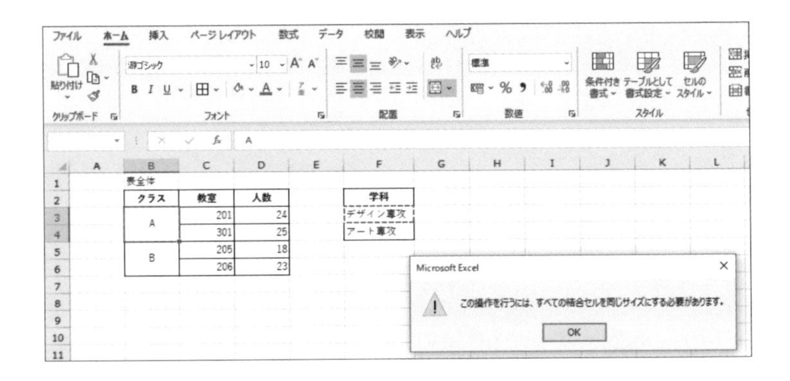

セル結合の注意点

- 変更・検索・並べ替えが行われる可能性のある表は、項目見出しや明細にセル結合は使わない
- 表全体のタイトルを中央に揃えたいときは、[選択範囲内で中央]を使う（P.198参照）

掲載用語索引

数字・アルファベット

あ行

か行

さ行

た行

な行

は行

ま行

や行

ら行

ショートカット

関数

主要参考文献

できる大事典 Excel 関数 2016/2013/2010 対応
羽山博　著／吉川明広　著／できるシリーズ編集部　著（インプレス）

できる やさしく学ぶ Excel 統計入門
難しいことはパソコンにまかせて 仕事で役立つデータ分析ができる本
羽山博　著／できるシリーズ編集部　著（インプレス）

Excel 5000 万人の入門 BOOK
尾崎裕子　著／日花弘子　著（宝島社）

一瞬で片づく！　超ずるいエクセル仕事術
中山真敬　著（宝島社）

エクセル［最強］時短仕事術　瞬時に片付けるテクニック
守屋恵一　著（技術評論社）

手順通りに操作するだけ！　Excel 基本&時短ワザ［完全版］
国本温子　著（SB クリエイティブ）

「伝わるデザイン」Excel 資料作成術
渡辺克之　著（ソーテック社）

Excel 2019 やさしい教科書［Office 2019 ／ Office 365 対応］
門脇香奈子　著（SB クリエイティブ）

STAFF

編集	柏もも子、木村伸二、細谷健次朗、 小芝俊亮、山口大介（株式会社 G.B）、平谷悦郎
執筆協力	西村秀幸、龍田 昇、川村彩佳
本文イラスト	フクイサチヨ
カバーイラスト	ぷーたく
カバー・本文デザイン	別府 拓（Q.design）
DTP	ハタ・メディア工房株式会社

監修 羽山 博（はやま ひろし）

京都大学文学部哲学科（心理学専攻）卒業後、NECでユーザー教育や社内SE教育を担当したのち、ライターとして独立。ソフトウェアの基本からプログラミング、認知科学、統計学まで幅広く執筆。読者の側に立ったわかりやすい表現を心がけている。2006年に東京大学大学院学際情報学府博士課程を単位取得後退学。現在、有限会社ローグ・インターナショナル代表取締役、日本大学、青山学院大学、お茶の水女子大学、東京大学講師。

ビジネスで使える順！

超速Excel見るだけノート

2020年6月25日　第1刷発行
2022年8月 3日　第3刷発行

監修　羽山 博

発行人　蓮見清一
発行所　株式会社 宝島社
〒102-8388
東京都千代田区一番町25番地
電話　営業：03-3234-4621
　　　編集：03-3239-0928
https://tkj.jp

印刷・製本　サンケイ総合印刷株式会社

ISBN978-4-299-00490-1